公司改造

"日本企业再造之王"三枝 匡的经营笔记

ザ・会社改造

[日] 三枝 匡 _____ 著

十字路 _____ 译

天津出版传媒集团

天津人民出版社

图书在版编目（CIP）数据

　　公司改造："日本企业再造之王"三枝 匡的经营笔记 /（日）三枝匡著；十字路译 . -- 天津：天津人民出版社，2019.10
　　ISBN 978-7-201-15462-6

　　Ⅰ . ①公⋯ Ⅱ . ①三⋯ ②十⋯ Ⅲ . ①企业管理 – 经验 – 日本 Ⅳ . ① F279.313.3

中国版本图书馆 CIP 数据核字 (2019) 第 225169 号

HE KAISYA KAIZOU
By TADASHI SAEGUSA
Copyright © TADASHI SAEGUSA 2016
All rights reserved
Original Japanese edition published by NIKKEI PUBLISHING INC., Tokyo.
Chinese(in simplified character only) translation rights arranged with
MISUMI（China）Precision Machinery Trading Co.,Ltd. through Beijing
LINGDU Culture & Media Co.,Ltd.
图字02-2019-315

公司改造："日本企业再造之王"三枝 匡的经营笔记
GONGSI GAIZAO："RIBENQIYE ZAIZAOZHIWANG" SANZHI KUANG DE JINGYING BIJI

出　　版	天津人民出版社
出 版 人	刘　庆
地　　址	天津市和平区西康路 35 号康岳大厦
邮政编码	300051
邮购电话	（022）23332469
网　　址	http://www.tjrmcbs.com
电子信箱	reader@tjrmcbs.com

责任编辑	李　荣
装帧设计	私书坊 _ 刘俊

制版印刷	北京金特印刷有限责任公司
经　　销	新华书店
开　　本	880×1230 毫米　1/32
印　　张	12.5
字　　数	400 千字
版次印次	2019 年 10 月第 1 版　2019 年 10 月第 1 次印刷
定　　价	108.00 元

献给

开拓下一个时代的

经营人才

序言 "公司改造"，成败的较量

初见之缘

"三枝先生，能请你作为我的接班人来担任米思米的总裁吗？"

很突然。三个月前，我接受了东证（东京证券交易所）一部上市企业米思米（现米思米集团总公司）的独立董事职位，开始出席每月一次的董事会议。从第一次算起，到那天才是第四次去米思米，却突然从创业总裁田口弘先生口中听到了担任总裁的请求。

当时我正在以自己的公司三枝 匡事务所为基地，为业绩不振的企业进行业务重建。泡沫经济破灭让众多的日本企业生意低迷，陷入了困境。"企业复兴"这个词还没在日本普遍使用的时代，我就开始了这项工作，一路摸爬滚打过来。

收到米思米的邀请时，我正受当时小松公司总裁安崎晓先生的委托，承担着重建该公司亏损业务的职责。当时我接受那个项目已经过了约两年，改革渡过了一个大的关头，看起来业务重建最后应该能成功了。（当时的改革故事写在了我的上一本书《重返问题现场·逆转篇》里。）所以我负责米思米独立董事工作时并不会受时间限制，但担任总裁就是另一回事了。

参与"业务重建"工作的这十六年以来，曾经三次有人问我能否担任上市公司总裁。每一次我都拒绝了。这三次的公司都是在东证一部或二部上市的企业，但都没有让我兴奋的要素，没能让我感觉"热血沸腾"。到底米思米会怎么样？刚当上独立董事三个月就收到做总裁的邀请，说实话，我多少起了点戒心。

不过，我当时已迎来人生的终局，追求新人生的心情也变得更强烈。我感觉，这个邀请说不定会是人生最后一个新发展的开始。能说出要引退，创业总裁肯定是有了相当的觉悟，但作为被邀请的一方，我需要的觉悟比他更大。

"田口先生，我有自己的事业。如果担任米思米的总裁，我将不得不结束做了十六年的工作，把自己的公司关掉。"

他用"那是肯定的了"的表情看着我。我没有当场拒绝，也许这让他放下了心。后来在总裁更迭的记者招待会上，这位创业总裁是这样说的：

"我在9月份时就确信了，自己的接班人只能是三枝先生。"

话虽如此，但我当上独立董事才三个月，什么事让他认准了我的能力？我一件也想不出来。可能是他听说了外界对我作为业务重建专家的评价，或者读了我的作品后，对我作为战略经营者的想法有同感吧。

这是邂逅的瞬间，我们两人走过了各自不同的人生道路，然后在交叉点初会时碰撞……

米思米看起来是家很独特的公司。但是，它是否有趣到让我下决心放弃现有事业，把以往人生中积累的经营本领和战略手法、领导风格等全都倾注进来，然后"埋骨于此"？不看准这一点，我是下不了决心当这个总裁的。

三十多岁，挑战成为经营者

最后，我还是接手了经营米思米。上任后我在米思米进行了众多改革。每一个改革都伴随着接连不断的磨难。结果是，我担任CEO

的十二年间，米思米实现了堪称"公司改造"的巨大改变。

当然，改革的成本是很高的。如果用错了手法和战略，反而会让公司陷入困境，甚至还有公司会跌进"死谷"。改革和业务重建的成败，在于事先能在多大程度上正确地积累思考与战略的章法。到底业务的什么出了问题，改革者必须鉴定出"真正的原因"。

哪本书上都没写，其实大侦探波洛和神探可伦坡当年也曾错过重要证据、抓错犯人，以致把案子搞砸。但是，没有那段菜鸟的经验，就不会有后来的大侦探。

商务人士也是一样的。面对眼前烂泥般的**混沌**，我们必须直面现实，快刀斩乱麻**解开谜团**，逼近问题的本质。但这个能力不是一朝一夕就能提高的，我们必须花上很多年的时间积累丰富的经验，包括失败的经验。

一个上市企业的总裁不是谁都做得了的。那这个委托为什么还是到了我这里？我这个人物是否配得上这份委托？读者中应该也有很多人将信将疑吧。

承担风险，挑战先行于时代十年甚至二十年的职业，这是我从二十多岁起一以贯之的生活态度。当然，这其中也包括了许多失败。按社会的标准，我的职历中称得上正常的部分是到大学毕业进三井石油化学工业（现三井化学）工作那段时期。两年半我就从三井跳出去了。在那个年代，跳槽还被认为是社会边缘人才做的事。

早早脱离日本的大企业组织以后，我当上了波士顿咨询集团（BCG）在日本国内录用的第一位咨询师，在东京和波士顿两地工作。BCG当时连在美国都近乎无名，但进去后我发现，那里真是一流的专业集团。"经营战略时代"这一潮流，就是 BCG 在 20 世纪 70 年代给世界带来的。

作为经营者，我**逻辑性和战略性**的原点就是 BCG 时代。此外，我开始自觉用专业人士的姿态和思考方式工作也是在这个时期。

就任这份工作以后，我逐渐开始想要在将来把"经营者"作为自己的目标。拿到斯坦福商学研究生院的 MBA，又过了而立之年以后，我幸运地在三家企业里积累起了作为经营者的经验。

最开始，我三十二岁时作为常务空降到住友化学和美国企业的合资公司，一年后当上了总裁。三十五以后四十岁之前，我为大塚制药工作，给他们救助的一家风险企业做复兴。然后，快四十的时候，我设立了拥有约 60 亿日元基金的风险投资公司，经历了那里的总裁工作。这些在当时日本保守的商业环境中都是很难得的机会，而我却一个接一个地都抓住了。边缘人也有自己的"野兽小径"，从外面看不见，其实在社会的内部四处相连。

二十多岁时那个想成为"经营者"的梦想，在三十岁出头就成真了，但作为经营上的一把手，我遇到过了各种各样的壁垒，其中大多是"人"的问题。这时的经营者经验有多痛苦，就给我带来了多少教益。这种绝对庞大的"知识量"，只有"自己动手"、积极生活的人才能享受。

四十而立——业务重建专家之路

到了四十岁，我的经历已经包括了战略顾问、两家商业公司的总裁和风险投资公司总裁。在当年就不用说了，这种职历的组合放到现在也很少见吧。

四十一岁时，我下定了决心，不再跳槽而是索性独立，用自己的活法一路较量下去。我设立了株式会社三枝 匡事务所，当时《日经产业新闻》这家报纸上登载了我自立门户的报道。

周围的人曾担心我会活不下去，但那些担心都是多余的。当时我想的是如何让自己的经营本领变得更高，有一天达到能被称为"专业经营者"的水平。独立前夕我在做的是风险投资公司，所以一开始我的工作是向风险企业的经营者提供建议。进入泡沫经济破灭的20世纪90年代，我开始从大企业接到亏损业务重建的委托。

这成了我人生的下一个转机。

当时我还只是四十多不到五十岁，却要进入东证一部上市企业，以**战略性手法**为切入点谋求业务的重建。日本后来出现了重建基金、重建机构等等，"企业复兴"这个词逐渐普及，但我的挑战比那早了十年还多，当时连这作为职业能否成立都还不知道。

在日本自称"扭转局面专家（业务重建专家）"的，我应该是第一人。与其说是自己的新工作，不如说是一种在日本创造"新职业"的挑战。没有一个能教自己的前辈，我是孤独的，一切都要反复摸索。

受一位有缘听说我这个人并来咨询的公司总裁委托，我进入了业绩低迷的某上市企业。当年紧追日本的经济高度成长大潮时，这家大企业是很有劲头的，但我去时那里完全失去了活力，一副颓势。员工们的表情没有光芒。他们失去了对工作的热心，也失去了活着的喜悦。那是一个不断"上班族化"的组织，感觉不到有任何主导力量的存在。

在这本书里"上班族"一词会经常出现。日本在战后长达半个世纪以来，蔓延着一种论资排辈的人事制度，即"只要职员年龄增长就给予一定的升职加薪，而不严格查问其是否作出了配得上工资的贡献"。

因为不论工作成果如何待遇都会提高，所以中产阶级被大量地制造了出来，他们虽然不能指望发大财，但生活安定，家人也能安心。不知从什么时候起，日本开始将这样的人叫作"上班族"。"不用做什么挑战，只要每天完成公司给的职位上的工作，自己就是安全的"。这半个世纪以来，日本急速地"上班族化"，能够对抗风险的领导者减少了。结果就是，越来越多的企业失去了活力。我每次进入这样的企业，一定会看到为自己不能完全发挥作用而苦恼的经营者。

我在这里找到了新的人生任务。如何能让当事人走投无路即将放弃的业务重新活跃起来呢？我对自己的职业（专业）做出了选择，那就是挽救陷入困境的企业。

我的工作风格是担任委托公司的副总裁或业务部门总裁，从公司的内部推进改革。也就是说，不是在野党，我必须做的是进入公司执政党的正中心去发挥自己的经营"切割力"，以阻断负面的潮流，让企业重新向着业绩改善的方向动起来。

开解经营者的谜团

1
经营的切割力

所谓切割，不是要裁员。它的意思是割断全凭惰性在动的"经营流"，导出组织的新方向并加以执行。它是要给业务打个结（kink：屈曲）。首先必须要潜到问题的底部迫近其本质，然后将问题的构图**单纯化**。以此为基础建立新的战略，将**现有成员**的头脑再次集结起来，出发去打新的外战。

但是，对方是历任经营者都改革失败了的业务。也就是说，如果我没有比上市公司的总裁更高的经营本领，该项业务的重建就不可能成功，业务重建这种工作更不可能成为一门生意。在那家公司迷失的"死谷"，我也要穿上长靴、挽起袖子，只身趟入泥沼。我必须找到能打开局面的战略，牵顿人家从死谷里爬上来。

做业务重建，到任何一家公司都一定会遇到一次堪称"修罗场"的状况。明明我被聘来可能是公司得救的最后机会，职员当中却会出现抵触、怠工的人，甚至有时会把我在精神上逼得走投无路。

夜里 10 点左右，我从工作的地方回到自己的事务所。那是一间装修高雅、能让人静下心来的事务所，我在那里放了一套音质动听的音响。秘书傍晚就回家了，只有我一个人。我放上喜欢的古典音乐，把身体陷到沙发里，马上就沉沉地睡了过去。

过了一会儿，我会渐渐醒过来。朦胧之间，可以听到微微的古典音乐声，声音渐渐大起来，将我拉回现实。

倦怠之中，这是一段无比幸福的时间。看看时钟，已经过了夜里 11 点。好啦，得回家睡觉啦。对于当时的我，这类似一种仪式，让我能恢复元气，面对明天。

每次着手一家公司的复兴，总会发生这种事。这种时候就是文字意义上"死谷的紧要关头"。有时现实逼人太甚，我的心境也变成歌里唱的"永远走不到头的泥沼"。

明明是别人的公司，为什么我要如此拼命？商务人士如果积极进取，一生中都有那么一、两次一头扎进堪称修罗场的难局，可我经历的次数和频率能有普通商务人士的十倍甚至更多。

一般而言，修罗场指的是事态开始脱离自己的掌控，自己被别人的意图、得失、保身、感情等折腾，被逼到走投无路的状态。在修罗场里，逻辑的力量（对还是不对）被削弱，感情的力量（喜欢还是讨厌）会增大。也就是说，修罗场的原因很多是战略方面的，但使其痛苦增幅的却是人方面的、政治方面的活动。

通过这些，我积蓄了和普通商务人士相比绝对大量的经营经验和经营素养（经营上的理解和表达能力）。渐渐地，无论发生什么我都能以平常心应对的情况多了起来。"似曾相识的风景"这种说法（它本身就是一个经营框架）就是这个时期记住的。大侦探波洛和神探科伦坡也一定是这样提高的水平。

年近花甲，最后一次改变前进的方向

历经了十六年的业务重建，我最后经手的是当时综合销售额为1万亿日元的小松公司亏损部门的重建。对于已经持续萎靡了十年的产业机械业务部门，当时小松的总裁安崎晓先生，在向公司内外宣称"两年内不能复兴就把它关闭"后，把这个项目委托给了我。

我作为扭转局面专家磨炼的经营本领，大致可以分成三种。

1. 将"战略"落实到组织基层、让大家活跃起来的"战略之术"

不将战略作为企业高层独有的工具。从高层到组织末梢的年轻人，大家必须都要眼光向外（竞争），找到一种简明的"战略方案"，让大家共享。改革者要热情地宣讲这个"战略方案"，将其落实到经营现场中去。

2. 让僵化组织复活的"组织之术"

这是让组织生龙活虎动起来的"组织学"。对于员工光磨刀不砍柴的组织，必须将其打破。要以变身"战斗组织"为目标，像定制建筑那样设计新组织。这时我们可以换掉"组织"这个词，称之为"业务流程"。

3. 识人术

在走投无路的公司里，有很多员工是决心要悠闲地看热闹的。如果选错了改革团队的成员，业务重建毫无例外会遇到挫折。重建的修罗场中"一个人是真把式还是假把式"会在短期内得到验证。通过这种被压缩的经验，看人的眼力会急遽增强。

幸运的是，这个时期的经验让我在后半生得到了回报。过了五十还没到五十五岁时的某一天，我意识到了这一点——不知从何时起，我的经营本领有了相当的长进，很多个瞬间我都切实地感受到了这种长进。

什么是专业经营者

从三十多岁开始，我心中的目标一直是有一天能被叫作"专业经营者"。为此我自己承担风险，积累了相当的经验。但是，我那时怎么也没法觉得自己达到了专业境地。在经营者中，尤其那些被称作"专业经营者"的人们，到底是怎样的存在呢？我作为目标的定义是：

1. 不论去什么状况的公司，都能在短期内发现**问题的本质**的人。

2. 能将其对干部和员工进行**简要**说明的人。

3. 能以此为基础将干部和职员的心与行动**拧成一股绳**，力图让组织前进的人。

4. 然后，当然是能在最后出**成果**的人。

即使著名的、被称作天才级经营者的人，也不一定是"专业经营者"。如果只有一家公司的经验，那么他可能不过是"那家公司的经营者"，其经营只在那里才行得通。而专业的经营者——

5. 专业经营者能超越行业、规模、组织文化等的差异。他（她）积累的**通用**经营技巧、战略能力和企业家头脑无论去哪里的企业都能通行。

6. 这种能力从哪里来？来自专业经营者积累的包括修罗场在内的**丰富的经营经验**。即使直面艰难的状况，也能将其视为"似曾走过的路""似曾相识的风景"而坦然处之。

然后，专业经营者的另一个特征是比普通的经营者领的薪水更高。这和专业的棒球选手或足球选手是一样的——专业选手即使某天突然转会到别的组织，也能从第一天就表现出高超的本领。

7. 专业人士会自然地得到**相应的高价**。

专攻销售或开发等按功能划分的工作并做到极致，当然是一种优秀的做法。但是，"只要长时间坚持按功能划分的工作，那么作为经营人才的本领就会同时上升，早晚会有经营管理层的工作等着自己"，这种想法就是一个天大的误会了。这个误会是历史上由日本式经营所重视的论资排辈制度在日本人脑中栽下的。

如果想成为经营者，你必须清楚地意识到经营者的工作是一个独立的职业——最迟在三十四、五岁以后就要专心寻求恰当的生活方式，以此来提升自己作为经营者的技能。

与世界性"业务创新大趋势"相对抗

我决不希望读者认为本书只是拼凑了一些散碎进行过的改革主题。业务创新的潮流在世界上如大河奔涌，也冲击到了日本，我在后面的《三枝 匡的经营笔记❺世界性"业务创新大趋势"》中，对它做有解说。

这种变化的源头要追溯到 20 世纪 80 年代的美国。从那里产生了"时间策略"和"业务流程重组""供应链"，进而是被称作"ERP"的综合业务软件，还产生了与德国的"工业 4.0"关联的业务革新，和以美国亚马逊为代表的"EC（电子商务）业务"抬头的潮流。我把这些叫作从美国及欧洲兴起的历史性"业务创新大趋势"。

另外，这个潮流的起源其实是日本，那就是丰田生产方式。明确的一点是，对于这种源于日本的手法，日本人既没将其作为日本企业的革新概念加以提升，也没能吸取到经营中来，而是让美国及欧洲企业走在了前头。从丰田生产方式衍生而来的"时间策略"是美国及欧洲企业从 20 世纪 90 年代以后能恢复强劲的重要因素。

也就是说，从前在世界市场取得了压倒性胜利的日本企业，之后走上凄惨的倒退的历史道路是因为对美国及欧洲发生的"业务创新大趋势"只做到了被动招架。这可说是日本人经营素养（经营上的理解和表达能力）的失败。

至今多数日本人对这个潮流还没有充分的认识，而米思米在本书出版的十四年前就在新总裁的领导下着手进行了各种各样的改革。我们花费漫长的时间爬过失败之墙，切实地积累了业务战略和平台组织的改革经验。随后，每一个改革在公司内部都互相联系起来，经过几年后，它们不仅整合了实施改革那些岗位的强项，更使得作为公司整体业务模式的优势开始被整合了起来。这个概念和我们在现场的踏实努力聚合起来，让米思米变成了不一样的公司，变化之大堪称"公司改造"。

这场进化并不简单。本书的各章都会在前一半描写改革项目进展不顺的"失败状况"，在后一半描写打破壁垒走向成功的突破口，一切都是真实发生过的。各章出现的框架具有在多数公司适用的通用性和普遍性。

本书沿用了我以前完成的《重返问题现场》三部曲（《决策篇》《经营篇》《逆转篇》）的方式。读者面对的不是古板的理论书，而是在实况转播般的故事中模拟体验活生生的现实，同时学习经营的**逻辑性和战略性**。

不过，我希望读者知道，本书和以往那三部作品有一个很大的区别。

以往那三部作品，每一本写的都是将走投无路的公司或业务用两年到三年复兴的"短期决战"。与此相对，本书跟踪记录的是我就任上市企业 CEO 以后长达十二年来执行的"公司改造"，即"改革的连锁"。将员工仅 340 人的超"国内型"商社转换成全球员工总数直逼一万、在世界范围战斗的企业，需要的是什么呢？

也就是说，相对于三部曲是为了挽救公司在山里冒险"溯溪"的故事，本书讲的是我们如何来到平原上，花了十二年进行将宽阔的河流大变样的高难工程。本书的各章是相当于该高难工程各个部分的"危险工程"，它们全部被完成、整合后才实现了"公司改造"这一工程的完工。

写给以成为经营者为目标的人们

各章记述的各项改革不是自然发生的变化，每一项改革都是由出场的米思米领导者们有意识地、人为引起的。每场改革中，有因能力不够或判断失误而将潮流用堤坝堵住的失败者，也出现了将那堤坝一口气全打开的、真正的改革者。

我既有像老鹰那样从上空俯瞰状况的时候，也有落到地面上指挥的时候。如果你读到最后，应该能看出各章不是被分割开的"事件"，而是十二年来米思米这家公司变身成为完全不同的企业的流动过程。

此外，以往的三部作品中出场公司用的是化名，但本书从开始就点明故事的舞台是米思米（现米思米集团总公司），是用实名写的。主人公就是十二年来作为该公司的 CEO（首席经营负责人）历任总裁、董事长，在本书出版时担任董事会议长的我本人。

创业总裁是田口弘先生（现米思米集团总公司特别顾问，创始人），这也是为公众所知的事实，所以我就用真名记述了。我担任总裁以来一直约束自己，不能向公司外泄露任何会对前任的经营方针构成否定的事情，但在本书中我将坦率地倾诉当年是怎样做经营上的判断的。

被外界视为优秀企业的米思米，为什么我刚一上任就不得不着手进行那么激烈的改革？我害怕的是什么？想避免的是怎样的事态？如果不能诚实地写出这个过程，这本书就几乎失去了意义。

本书的原稿在交给出版社之前请田口先生读过。"这些全都是事实，所以这么写没问题。"田口先生笑眯眯地，连一个词都没有要我修改。

本书中即使有些内容对田口先生的时代持否定观点，也不是对创业者功绩的否定。田口先生是一位充满创意的、出色的企业家，正因为有他在的那四十年历史，我才能在此之上构建了下一个时代。

这不是只属于米思米的特别的故事

其他出场人物用的都是化名。有些是将实际存在的特定的某人作为模特，有些是将几个人组合到一起写他们的"平均像"。

为了写作本书，我请了约三十位米思米在籍的现役干部寄来关于当时状况和他们经历的文章。而对于中层以上的员工，当我请他们将记忆中我的"言行录"写在卡片上送来时，收到了大约五百张卡片。

现在留存着丰富的资料，能证实本书写的事实关系。但是，关于对话或发言者心理等的正确记录不可能留下，当时每段场景的变迁和解释都是按照笔者的主观写就。对于那些引用职员们寄来文章的部分，也由我一边回忆当时一边做了添加或修改。所以，文责全在我一个人身上。

最后，关于本书的读法，我有一个建议——

读者如果将这本书当作"只属于米思米的特殊故事"来读，那么能学到的东西就会大大减少。这是米思米的事，但其中展现的经营现象和人的行动、感情、战略逻辑等，包含着在任何公司都行得通的普遍性和通用性。读之前如果能明了这一点，从本书得到的收获将成倍增加。在这点上，以往的三部作品也是一样的。

如果我推辞了米思米总裁的职位，在别的公司做了 CEO，很有可能我在那里也会实行巨大的改革，并将其经验在从 CEO 职位退下来后出版。如果是那样，不论读那本书还是这一本，读者能吸取的逻辑应该会有很多的重合。**到哪里的公司都一样**，这就是经营和战略的**普遍性**。掌握大量能共通适用的框架，这会成为提高经营者力量的武器。

因此，为理解本书，读者需要了解米思米，但不该把故事舞台是米思米这一点看得太重。

希望将来"想成为经营者""想以专业经营者为目标"而努力的人们一定要读读本书。本书如果能为哪怕多培育一个经营者做出贡献，我写它的目的就达到了。

那么，第一人称"我"的文章就到这里，让我们开始第三人称的主人公三枝 匡与"公司改造"的成败较量吧。

第 1 章

公司改造 1

开解谜团，看透
公司的优势与劣势

仅用四年就把创业四十年、销售额500亿日元的上
市公司扩大到销售额1000亿日元，在渡过了世界经
济不景气的阶段后又将其发展为销售额超2000亿日
元的企业——传奇经营者出马进行公司改造前，先
开解了怎样的谜团？

第1节 描绘业务模式

还剩四个月

"三枝先生，能请你作为我的接班人来担任米思米的总裁吗？"

米思米的独立董事三枝 匡收到这个请求是在9月。接受还是不接受，恐怕过完年在1月左右就要做出最后的选择了。三枝估计自己还剩下四个月。在这段时间内他必须要理解米思米的**优势与劣势**，判断它是否能成为让自己热血沸腾的**有趣事业**。他必须用最快的速度行动。

现在三枝面对的情景，很像过去接手某亏损公司复兴项目后刚进那家公司时那样。他要在大型迷宫中徘徊一阵，判断的切入点不是马上就能看到的。

几乎所有的先例中，公司准备的内部资料都是没有用的——对事物的看法和切入点都和他不一样。所以，坐等是什么都看不到的。

开解经营者的谜团 **3** 死谷	不论什么样的公司，对于想要引领新事物的人来说，一定会有某种形态的"死谷"在等着他。这是宿命，是躲不过的。但是，如果能先认识到前面有死谷，事先做好充分的准备，就能提高成功渡过死谷的概率。个中关键在于改革者要同时具有"高度的经营素养"和"热情的领导方式"。

三枝作为业务重建的专家已经工作了十六年。刚进入委托企业开始工作时，他对于员工来说只是个外人，员工们会提防他。但他不会对此介意，而是径直地深入公司。

在公司里到处活动时，会有瞬间能看到问题征兆的闪现——从干部或员工无心的话语或玩笑、微小的表情变化背后。刚觉得窗子开了，能看到对面的风景了，窗子就会立刻关上。那一瞬间的印象有时会让人感觉不对劲——或是本来该在那里的东西却不存在，或是不该存在的东西却在那里。

即使感到了异常，也没法马上明白是真有问题还是自己想多了。这样的时候，要让人将关上的窗子再次打开，然后把里面好好地窥视一番。

如果感知到了什么，就要踏进现场，自己动手接触实物，确认问题的本质是什么，对周围的外人也要听取其意见。确定没问题了，就抽身离开。触碰，抽身，回原位——优秀的经营者的工作就是每天重复这些动作。

米思米强大的秘诀

三枝和创业总裁见面时，米思米已经于八年前就在东证二部上市，升级到东证一部之后也已经过了四年。

米思米是一家朴素的 B2B（企业间交易）商社，销售机械工业零件。它销售的零件主要用于工厂的自动化机械、机器人、模具等各种生产线上的机器设备中。换句话说，它的零件并不用于组装汽车、电脑这些消费者可以直接接触的商品。

在那些喜欢 B2C（企业和消费者间交易）商品的人们中，有些会觉得朴素的机械零件行业缺乏市场因素、战略余地较小，因此不太想接近这个行业，但这其实是先入为主的误解。根据三枝过去的经验，这样的行业里也包含着战略和市场等各种商业的强劲要素。

以往米思米的业绩是很出色的。销售额约 500 亿日元的规模在东证一部上市企业中要算小号，但其毛利率为 35% ～ 40%，营业利润率在 10% 左右。即使在日本经济低迷的时期，它也一直保持了高收益和高增长。作为通常以薄利多销为常态的商社，它的利润率高得简直不正常。三菱商事或三井物产等大商社是不可能做出这样高的利润率的。

"米思米的业务特点是什么？"

向公司外的普通人这么问时（不过原本知道米思米的人就没那么多），知道的人会异口同声地说："用产品目录卖机械零件"。

米思米的产品目录让人看了会吓一跳——有 1500 页，重得到了没法单手拿着走路的程度。翻开看看，如果你期待着漂亮的模型和彩色插图的话，可就会大大地失望了——上面只有数字和记号，既不漂亮也不好玩。

三枝开始了在公司里的走动。他问员工米思米的业务特点，从每个人口中得到的回答都是一样的：

"米思米用产品目录向顾客提供零件的'标准化'，很多技术人员简直是在把我们的目录当辞典用。"

三枝一下子没能听懂。"标准化"是什么呢？

让人吃惊的是，原来这个词的背后隐藏着米思米惊人的业务革新史。

约半个世纪前米思米创业时，最初的业务是销售模具零件。我们每天的生活都被用模具生产出的商品围绕着，比如汽车或电器制品、个人电脑、手机等，塑料的东西更是从水桶到玩具，各种各样的商品中使用的零件都是用模具造出来的，模具是堪称产业脊梁的重要存在。

比如，有家汽车零件厂商要在车间里设置冲床来生产汽车零件。要想做出和设计图一样的零件，必须在冲床上安装"模具"。只要产品的设计上有一点儿改动，就必须换上适合新产品的新模具，不然就生产不出想要的零件。而为了组装这个模具就需要"模具零件"，米思米开始的业务就是卖这个零件。

◎ 荒垣正纯的话（荒垣正纯当时任董事，五十三岁）

以前，我们作为米思米的销售员，要挨家挨户地拜访顾客即模具厂商，拿到他们需要的模具零件的订单后再去下一家。米思米会把这个订单发给模具零件厂商，等零件做好了以后，米思米再把它交给模具厂商。

模具厂商在做新模具时，会对它的每一个零件都画出详细的图纸（设计图）。而我们就将这个图纸交给零件厂商，让他们做出图纸要求的零件。

当时，模具零件从接订单到交货花上两、三个星期是理所当然的。有时生产上还会发生失误，送来的模具零件尺寸不对，这样就要重做，要花更多天。

此外还要讨论图纸的细节，零件送来后要逐个检查（验收）是否符合图纸设计等，总之采购零件是件既费时又费力的事，这使得当时的模具零件价格非常之贵。

米思米发起的创新

在这种做法被视为理所当然的行业里，米思米的创始人发起了一个堪称革命的创新。在创业十五年后，米思米发行了一本模具零件的"产品目录"。

目录里面登载了数目庞大的零件表，尺寸的差异以微米为单位。虽然目录里只有数字和记号，但正是这种表示方法省去了模具设计师"画图纸"这项麻烦的工作，是一个划时代的发明。

· 看目录取代了画图纸，设计师只需照着米思米产品目录的数表用数字和符号指定自己想要的零件尺寸。

· 该数字和符号的组合，就是米思米的商品号码（叫作"型号"）。设计师要把这个型号用电话或传真发给米思米的客服中心。

· 米思米会将该型号发给合作厂商（模具零件厂商），然后厂商的工作人员也只需看型号就能判断该如何加工。

· 合作厂商连微米单位的高精度产品也能一天就生产出来，在当天夜里之前发送给米思米的配送中心。米思米在第三天（后来进一步缩短，本书出版时是在第二天）发货。如果顾客急着要，就收他们一笔加急费用然后一天内发货。

· 产品目录上写着商品价格，报价和讲价都不需要了。

在米思米开始这项业务之前，顾客每画一张图纸，都会认为自己要的零件是"特别订制品"。订制品变得可以用产品目录挑选，就和标准零件一样了，米思米所说的"标准化"就是这个。

"对模具厂商的设计师来说，这是一个让他们省掉好多工夫，提供方便的机制。而且，米思米讲究品质，在这方面也赢得了顾客的信赖。"

订单开始从全国聚集了过来。米思米成长扩大的历史就从这里开始了。

米思米的革新与亚马逊和 ASKUL 等在各自领域实现的流通革命很相似。很多人有个误解，以为和米思米相比 ASKUL 才是历史的先驱，但其实米思米引入产品目录的短交期模式后过了近十五年 ASKUL 才创业。米思米是领先世界的短交期模式的创造者。

描绘米思米业务模式

在公司内走动了一段时间以后，三枝产生了一个疑问。虽然员工嘴上会说"标准化"，但业务的特点中应该还包括很多更复杂的东西，却没有一个人能把这一切概括说明。

米思米"强大的源泉"就只是"标准化"吗？

开解经营者的谜团

4

对业务模式的认识和在公司内共享

如果一家公司的业务模式非常优秀却又整理不出其**结构**，很可能是这家公司忘记了以**业务模式**为切入点进行讨论，并且将强化业务模式的综合战略放置不顾。如果竞争对手公司看出该模式的价值而进行模仿，自己这方的优势就会在不知不觉中消失。

重要的分界线——经营者的解谜和判断

· 员工对业务模式不太思考这一现象，在三枝过去的业务重建经验里毋宁说是普遍的。

这是一种弱者的特征，即把心思都放在仿效别人上，只会向大多数看齐。

- 但是，一直保持了高增长、高收益的米思米可不是弱者。三枝想要的"米思米业务模式"图，是要把员工们用只言片语描述的优势进行综合化、体系化的设计方案。
- 如果在对业务模式理解不够的状态下就任总裁，很可能出错招数。这样一想，三枝决定自己来试着把"业务模式"画出来。

业务模式的说明并不简单。必须要从错综复杂的公司内体制和公司外竞争要素中抽出重要的因素，然后将其归纳成尽可能简单的方案。

花上几天时间画了好几张图表后，三枝终于来到了一张"画"前。米思米的干部和员工以前应该从没见过这样的说明。因为这是自己花心思做的，所以是三枝的"自论框架"，他给这张图表取名为《米思米 QCT 模式》。

1. 不论哪里的企业，其商品的优势主要由"品质（Q）""成本（C）""时间（T）"这三个要素决定。如果高品质（Q）的商品能花比哪里都便宜的成本（C）、在最短的时间（T）内送达，只要没有其他特殊的因素，就一定会有很多的顾客选择这个商品。

2. 三枝给从米思米角度看的顾客一方取名为"前端"。历史上米思米在流通路径上作为根本性变革发起的创新是在工业机械零件市场上首家引入"产品目录销售"。这是一支"引爆剂"，QCT 的武器由此开始动作了。

   Q：产品目录中记录的信息比业内模具零件厂商提供的信息要充实得多，而且无需通过销售人员，所以送达顾客的信息在品质上有了绝对的提高。

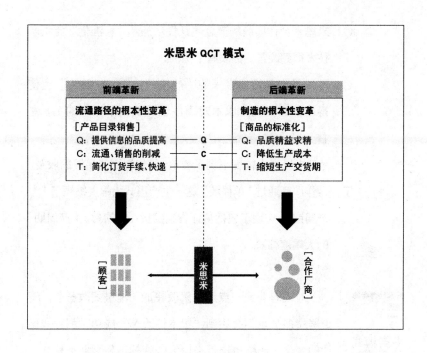

C：引入产品目录和通过传真（后来是网络）直接受订，让米思米不必再雇用销售人员。直接销售减少了中间差价，米思米得以大幅度削减了流通成本。

T：从前要花两、三周的交货期，米思米将其缩短到了第三天就能发货（标准模式）。

3. 三枝将米思米背后的合作厂商一方取名为"后端"。米思米的根本性变革"商品标准化"成了"引爆剂"，后端的 QCT 革新也有了进展。

Q：米思米合作厂商的产量飞跃性增加，"标准化"让生产技术得到改善，品质有了提高。

C：不仅是产量增加带来的"规模效益"，"熟练"也使得成品率提高，成本戏剧性地降低到了原来的 1/3 左右。

尽管米思米大幅度下调了售价，仍然得到了足够的收益。

T：合作厂商通过"单件流"这一生产形式大幅度缩短了"生产周期"，实现了包括从订货到发货在内的"总生产周期"的大幅度缩短。

开解经营者的谜团
5
业务模式的引爆剂

对现有业务一点点积累改良的"渐进式改善"，不论坚持多久也不会达到"根本性改革"成功时那种戏剧性的变化。能给市场带来巨大改变的革新型业务模式，其中一定会有某种技术革新或创意能带来一气呵成的变化。这就叫"引爆剂"。

其实，"时间"是三枝的商务生涯中起了堪称决定性作用的战略概念。对于以成为经营者为目标的人来说，"时间策略"是一门必修课。

开解经营者的谜团
6
时间策略

20 世纪 90 年代初美国人就看出，丰田生产方式不仅是单纯的生产改善手法，同时还作为企业的"时间策略"发挥着功能。这是一个历史性发现，它让改善的范围不仅限于车间而是升级到业务整体。这和"业务流程重组"或"供应链""ERP"，以及最近欧洲的"工业 4.0"等历史性概念的变迁是相通的。要想提高企业的竞争力，需要重新审视公司内的工作流程，引入**缩短时间的武器**（《三枝 匡的经营笔记❺》或前作《重返问题现场·逆转篇》第4章内有详述）。

米思米的产品目录对于当时陈旧的工业机械零件流通方式有着堪称"引爆剂"的革新性。三枝觉得自己画的这张《米思米 QCT 模式》很是有趣，一个人高兴了片刻，随后这张图就冲他发出了一个新的"谜团"信号。

这个商业模式是否已经陈旧了呢？换句话说，这个模式现在还没被竞争对手学过去，没让米思米变成一家普通的企业吧？还有，干部和员工对于"业务模式"这种形式没有明确的认识，这一事实又意味着什么？难道说，这是一个信号——他们还在为过去构建起来的业务优势而骄傲，懒于创造下一次革新？

能够发出这样的疑问，这正是框架的强大之处。三枝画的《米思米 QCT 模式》内容是否妥当，必须要经过米思米员工的检验。

◎ 荒垣正纯的回忆（同前）

三枝先生当上独立董事大约半年后，有天他邀请我喝一杯聊聊，我们就去了附近的寿司店。正喝得高兴，三枝先生突然把一次性筷子的纸套用手指展开，在背面的白色部分上开始写起了什么来。

"米思米的业务，就是这么回事吧？"

当时我真的很吃惊，因为那张图一下子就把我们的业务给说明白了。他明明是个门外汉，做的说明却连我都觉得耳目一新。

当然，那个时候我根本没想象过三枝先生会担任米思米的总裁，我以为米思米永远都会是田口先生的公司。

为什么做到了持续高增长、高收益？

三枝接着调查公司内部。为让一路从模具零件起家的业务更强大，米思米在强化基础设施部门上用了各种招数。米思米一直在扩充接受订单的客服中心、配送中心及支撑它们的信息系统。此外，米思米的基础设施部门还历史性地打出"按期交货"作为公司方针。干部们自豪地说："这种精神已经浸润了米思米的 DNA（遗传基因）"。

有趣的事实显现出来了。基础设施部门原本是为了最初的业务即模具零件业务而构建的，但后来它的功能日渐充实，等大家认识到它已是米思米的优势之一时，公司里自然地生出了如下的想法——

"用这个机制卖别的商品也错不了，能让公司壮大发展。"

于是，商品的多样化开始了。恰巧这时冲压零件市场的增长势头开始变弱，米思米的增长也出现了下滑。

首先，米思米开始发展塑料成型用的塑模零件。然后是生产现场的自动机械用的零件（工厂自动化零件），接着是电子零件和接线零件、现场使用的工具等，以米思米的基础设施部门作为"平台（根基）"参与了一个又一个新的领域。如果米思米只停留在最初的模具零件业务上，估计它早就失去高收益和高增长了。

到此为止调查得还算顺利，隐约看见了"米思米**高收益和高增长**

的机制"。三枝暗自高兴，相信了这确实是家独特的公司。

但是，对于判断是否接受总裁职位，重要的是米思米隐藏着多大的潜力可以向海外出击。三枝想在人生的最后阶段培育出一家"日本造"的新国际企业，在里面培养能在国际上通行的经营人才。

他打听了一下，据说以这个业务模式执行业务的竞争企业目前在国外还不存在。现在很多日本企业都失去了世界性优势，这个米思米说不定能开展出有趣的国际事业呢。三枝开始有所期待了。

到这时大概经过了四个星期，10月也快过完了。

什么是经营框架

领导能力由"框架"的量和质决定

本书中"框架"一词会频繁出现。按我（笔者）的想法，经营者的优劣取决于框架的有无。框架，就是为了理解事物的本质和结构并对其进行简明易懂说明的"构造"。

有能力的领导者在看到什么异常时会想"怎么感觉这不是原本的样子呢"，在脑子里敲响警钟。不这么想的人，则不会觉得异常，会径直走过。

也就是说，能注意到"什么东西不对劲"的人，其头脑中的抽屉里，已经有了"本来是这样的""正常是这样的"的印象或想法。他会与之进行对照，判断眼前的状态是正常还是异常。

这说的不仅是商务人士。所有人在生活中都会把看到的事物与自己拥有的印象相对照，瞬间做出判断并采取行动，动物也是如此。比如，头脑中的抽屉里如果装着"人很可怕"的感觉，这只动物见人就会逃跑。抽屉里没有这种想法的动物，会毫不在乎地接近人。

对于技术人员，是有关技术的抽屉，对于擅长战略的商务人士，是有关战略的抽屉，他们各自都有很多个抽屉。同样，优秀的高层经营者，有着很多个关于高层经营的抽屉。我把这种装在抽屉里的想法和看事物的方法叫作"框架"。

框架不限于咨询顾问或学者造出的复杂的图表和概念。更单纯的"想法"和"看事物的方法"也可以称为框架。比如，如果你曾想过"这种状况下要让大家**活跃起来**，重要的是明确**最终目标**"，你就在头脑里拥有了"让大家活跃起来"和"明确目标"的经验和想法，并将其作为框架一直保存着。

越有能力的领导者拥有的框架越多，他们会按不同场合区分开来使用——这种情况用这个想法，下次可以用别的想法。这就是有能力的领导者们的实际做法。

冷冻保存，解冻，适用

我们从经验和课本知识中学到各种各样的东西。但是，记忆所学到的东西时，重要的是不能让其保持复杂故事的状态，而是要只将本质用简单的"言词"抽出来并收藏在自己的抽屉里。我把这叫作"冷冻保存"，类似把不知何时还会用但又觉得很重要的东西保存在头脑中的"冰箱冷冻室"的感觉。

人类的冷冻室里沉睡着很多的框架，其中有些已经结了霜并过了最佳食用期。但是，遇到了什么新状况并因理不清头绪而烦恼徘徊时，某一瞬间我们会对自己说"说不定和那件事有关系吧"——想起了冷冻保存着的言辞。于是我们打开冷冻室，取出那句言词，把霜掸掉并给它"解冻"。当时的记忆会一连串地苏醒过来，然后我们就把它们套到现在的状况上试试。

也许我们冷冻保存的东西是从以前读的学者著作中学到的理论，或是听别人说话时感动了自己的话语。我将这些叫作"借用框架"，借用框架还可以写成"假借框架"。哪怕是别人的框架也好，最开始时多抄多学是很重要的。

但是，"借用框架"几乎从不会正好适用于自己目前的状况。这时就要自己动脑筋把用法修改一点儿，使其适用于眼前的问题。顺利的话它就成了自己能用的东西，那么即使改动很微小，也不能再叫作抄袭的东西了。它已经成了新的自己的道理。我将它叫作"自论框架"。

"自论"不是辞典里能查到的"持论"，它是我造的词。甚至这个词本身，对我来说也是一个重要的自论框架。

就这样，通过积累借用框架和自论框架，这个人会变得能比其他人更快说出"这个问题是这么回事吧？"。所以，经历或者学到了什么时，把它用简单的语言保存在冷冻室这一操作对于日后提高自己的能力是很重要的。

即使经历了什么复杂的问题生气或懊悔时，也要就事论事把情绪性的部分抛弃，然后把事情削减到只剩抽象化后的词语，看不到一个专有名词的状态。如果不这样，其经验就不能在今后遇到的状况中适用。也就是说，要先提高言词或想法的通用性，再把它以单词或短句的形式放到冷冻室里。

对于自己那些包括情绪性问题在内的经验之谈，不要任由它和这样那样的琐碎细节黏在一起，变得像乌冬面一样然后又直接放入冰箱。人脑的冷冻室并不大，一下子就会装满。

产生框架，自己将其储存在冰箱冷冻室里，"适用"于将来的事件——这一过程会带来领导能力的提升。没了这个过程是无法提高领导能力的。

第 2 节 从多元化业务撤退

一天就发现的异常

三枝理解了"米思米 QCT 模式"的强大之处。但在那之后，米思米经营的不同侧面浮现了出来。他一直对于米思米频繁上媒体和做派张扬而感到不安，现在他意识到了原因——米思米这几年都没有真正用心去做"正业"，而是把精力倾注在了别的业务上。

三枝被选任为独立董事那年的股东大会上，创业总裁公布了如下的新业务计划（"业务团队"相当于普通公司的"科"或"处"，详见第 8 章）：

· 包括既有的工业机械零件相关团队在内，米思米上年度的业务团队数量是 12 支，本年度变成了 17 支。
· 我们要进一步加快启动新业务，要让 5 年以后的新业务数量达到 20 项。

三枝听了一圈公司内风投的业务内容，结果连连吃惊。

"在日本修理进口车价格太贵了。米思米的新业务要从海外采购便宜的非原装零件，然后卖到日本的进口车修车厂。"

"商店的招牌从订货到交货的时间太长，价格也很贵。新业务要在短交货期内造出价格公道的招牌。"

"个人住宅安装固定式家具的价格相当高。新业务将以低价、短交货期提供设计或制作及安装的服务。"

"街上的小酒馆铺面太小，品种也有限。新业务要以短交货期向小酒馆配送用微波炉热一下就能给客人的加工食材。"

调查一轮回来，当天三枝就得出了一个判断：

"这可不行……这么搞米思米的多元化不会成功的。"

仅仅调查了一天，就否定了上市公司持续了近十年的新业务——他的论据是什么呢？

三枝在三十五岁以后曾担任过风投公司的总裁，进行过约 60 亿日元的基金投资活动。也就是说，他经历过了专业的风险投资家的世界。他知道什么样的风险项目散发着"有希望"的气味，也明白就算把资金投到了有前途的项目里，如果"管理"粗糙，最后的结果还是倒闭。这些三枝都经历过，而且经历时还伴随着眼睁睁地看着自己提供的资金消失这种剧烈痛苦。

听了米思米新业务的内容，三枝的脑子里警铃大作，红灯旋转。他断言不行的是什么呢？

没有战略的杂货店

米思米的员工给三枝的感觉就是——远离"正业"，从上空高高飞过，在像月亮或火星一样完全不同的世界着陆，到处兴办不同性质的业务——怎么看都不会有增效（协同效应）。

在对这个问题的认识上，三枝还有另一个从经验中取得的框架。看到米思米多元化业务的内容时，他想起了 20 世纪 80 年代中期一场多元化风险事业的无聊闹剧，由以新日铁（现新日铁住金）为首的日本巨无霸企业们上演（《重返问题现场·经营篇》第 1 章中有详述）。

当时《日本经济新闻》报纸上几乎每天都报道他们的多元化事业，比如游乐园或健身俱乐部、度假村、教育培训、出版、人力派遣、影印服务、餐厅、蘑菇栽培、巨型迷宫、高尔夫练球场、鲍鱼养殖、原木房屋等。但这样的事业没法挽救巨无霸企业的经营颓势。

三枝把这叫作"没有战略的杂货店"。他也见过当时推进这些活动的人们，不含糊地说，那里没有真正的"企业家精神"，有的只是上班族行动的延续。

这场多元化闹剧经过大约三年就偃旗息鼓了。大企业花了那么多的时间和资金，总算明白了这些生意是不可能有任何收益的。

三枝从中看到了日本企业"经营能力的枯竭（经营能力的危机）"。

而二十年后的现在，米思米不正是做着一样的事情吗？米思米采取的不正是"没有战略的杂货店"的行动吗？三枝担心的就是这个。他又打听了一下，结果听说这三、四年来米思米因新业务而远离主营业务的倾向还愈演愈烈了。

开解经营者的谜团

7

业务的增效

获得业务增效的条件是：①业务、商品有关联性，②使用共通的技术，③市场、顾客重合，④销售渠道重合，⑤能利用已有的品牌效应，⑥因竞争对手相同而有战略上的联动效果，⑦能打胜仗的重要竞争因素相同，我方习惯于这种战斗，⑧所需的公司内组织强项相同，所以能使用该强项，等等。

米思米的多元化业务不符合这①到⑧的增效条件中的任何一个。不仅新业务和正业之间没增效，新业务之间也没有，真的是各自为政。

三枝做出了判断——各自为政到这种程度，一定是因为公司没有进行控制，很有可能公司本身就欠缺整体战略。三枝觉察到米思米在经营上犯了一个大错。

胜负的关键是什么

在风险事业中，当事人一旦拿到一定程度丰厚的资金，往往就会强硬起来，一心认为事业的发展难不到哪里去。但是，风险事业经营中最棘手的问题其实不是金钱而是战略。

经营素养低的人，危机没接近时是意识不到危机的。他们把资金拿到手就会激情燃烧，玩儿命地工作，普通的上班族根本没法与之相比。他们整个人都笼罩着光环。但是，如果除了"金钱"和"干劲"以外没有其他可依靠的武器，他们终将会遇到极限，他们会累。结果就是——金钱和努力中断之时，就是与该项事业分手之日。

干劲非常重要。但是，即使跨越了启动初期的壁垒，如果想在经过持久战后真正打胜仗的话，光有干劲还不够，必须要有"机制带来的优势"，因为它能产生出事业战略。没有这种优势，风险事业的成长就会撞上天花板。

也就是说，事业可以做大到某种程度，但成长到那里就停止了。暂时还能靠大家的干劲坚持，但事业成功是有时间性的。错过了时机，事业不久就会开始枯萎，因为竞争对手已经走在前面，开始消解我们这方的战斗力了。

如果是能清楚地理解这个概念的战略经营者，即使事业很弱小，他也会从开始就做谋划——弱有弱的办法。这就是"战略能力"。

米思米业务队的人们个个看起来都富有热情。他们有拼劲，年轻得仿佛干多少活都不知道累，所有人的眼睛都是闪亮的。

作为一直在做旧日本企业重建的人，三枝觉得创业总裁能创造出米思米这种气氛真是很了不起。但遗憾的是，那些员工的战略能力和经营素养并没有显得特别高。说实话他们看起来就是外行，是一群所谓普通人的集合。

◎ 西堀阳平的话（西堀阳平，当时最年轻的经营高管，三十七岁）

当年我是作为应届毕业生被招到米思米来的人中的一个。当时的总公司是一座二层的简易房，我看到它的时候还暗暗吃惊来着。但米思米是以独特的经营为目标的，所以我一边多少觉得它有些古怪，一边还是很兴奋地进了公司。

创业总裁田口先生在我进公司的时候就在提倡"标准零件的先锋""生产资料的流通革命"等革新，建构起了模具零件业务的压倒性优势。

随后模具零件业务进入了成熟阶段，增长率有所下落。看到这点后，我们开始了工厂自动化（FA）零件这一新业务。后来三枝总裁上任，这项业务在他的指导下实现了爆发性增长，成为米思米全球发展的骨干业务，取代模具零件业务成长为米思米的顶梁柱。

但是，当时工厂自动化零件业务规模还很小，别的业务看起来也不像能有大发展。因此，对公司前景怀有不安的创业总裁做出了改变米思米历史的决定。他打出了方针，要在和现有业务无关的领域接连启动新业务。

公司内的战略素养

12月的第一周，每年一次的下年度业务计划评审会议召开了。这个会议被称作"愿景发表会"，由经营高管们公布自己的业务计划，对他们为期一年的任命也会在会上更新。经营高管们都希望自己的业务计划好歹能被承认，所以他们一个接一个进行发言时相当的紧张。

不知为什么，在每人各自的发言中，很多人会打出数字以夸耀自己团队瞄准的"潜在市场"如何之大。三枝推测："潜在市场表现得越大在获得承认时就越有利"这种错误的看法应该已经作为公司内常识蔓延开来了。

接连好几次都是这种模式，三枝终于举起了手要求提问。因为此前一直沉默着的独立董事要求发言，所以员工们的视线都集中了过来，仿佛在说："他要说什么呢？""这个人是谁来着？"。

"你说自己瞄准的市场规模是3000亿日元。不过，你的业务团队在五年后的销售额计划是多少来着？"

那个人的计划是五年后达到10亿日元。作为东证一部上市企业的多元化战略素材，这单薄得简直不像话。在这个场合出现这样的计划，这件事本身就够低水平的了，但三枝的问题并不在这件事上。

"市场规模3000亿日元，你瞄准的销售额是10亿日元……作为新业务的提案，你不觉得不正常吗？"

做发言的人没明白自己被问的是什么，三枝帮了他一把。

"五年后，剩下的2990亿日元由谁来做呢？"

他总算理解了问题的含义，却又答不出话来，手足无措。对于竞争这一战略的基本要素，他的认识有着决定性的欠缺。

"你的业务听着就像要打败仗，空洞得像泡沫一样。瞄准的市场小也没关系，重要的难道不是力争在那里成为绝对的龙头老大吗？"

这可以说是打胜仗的诀窍了吧。进行发言的经营高管坦率地点了点头，会场一派信服的气氛。

风险企业成长的壁垒

当时的经营高管，每个人麾下都有若干个不同行业的业务团队。但在三枝看来，这些不过就是"个体商店"。

一个经营高管上台，进行了在美国开展工业机械零件业务的阐述，但米思米的美国业务规模很小，计划听起来也不太积极。

过了一会，同一个高管再次上台了。三枝以为这次他要说什么，原来是对自己管辖的某食品销售业务的说明。他讲述了把章鱼烧作为新商品出售给小酒馆的计划。

三枝不禁吃惊。虽然不想太引人注意，他还是举起了提问的手。

"刚说完'美国战略'，紧接着就是'章鱼烧'？在你的脑子里，哪一个是最优先的业务呢？"

会场爆发出了笑声。发表者本人也不知该如何回答，和大家一起笑着。三枝也笑了，但他内心觉得米思米病得还真是不轻。

如果是自己，瞬间就会答出美国比章鱼烧更重要。三枝感觉，这次发表的最大问题——"没能从公司整体的角度明确各业务的战略优先度"就出现在这个其实并不好笑的场面中。

窗子只开一瞬间，是否能注意到窗子对面"缺少了本来该有的东西"和"存在着本来不该有的东西"——刚才的场面算是个典型了。

公司内风险业务的弱点是：在"探索"→"实验阶段"→"挑选"→"一气呵成的大较量"这一基本步骤的关键点上的审查，比外界的专业人士的审查要宽松。因此，做业务的员工往往在不了解资金调配的紧迫感和苦处的状态下就通过了审查。即使说得好像很懂的人，也大多不出上班族的见识范围。如果把这叫作风险业务，则很可能变成轻易的战略，培养出半瓶子醋的人才。

没有一项业务让人感觉兴奋，让人感觉"这肯定能打胜仗"。

"公司就往这种水平的业务内容里拨款？这要是在社会上的风险企业，不会有投资家投钱的。"作为前专业风投专家，三枝想道。

即使所谓公司内相对增长较大的业务，也在销售额达到 20 亿～30 亿日元后就止步不前了，而且盈亏上并没摆脱赤字。一般的看法认为，这个程度的销售额算是风险企业成长的第一道壁垒，事实上很多公司确实就停在了这个水平。三枝感到米思米也发生着同样的现象。

让我们先行一步，在这里把后来知道的事实写下来。三枝就任总裁以后，让人调查了最近十年来多元化业务团队的赤字总计金额。

累积赤字的合计是 50 亿日元。再加上咨询费用等总公司负担的经费和高管的人工成本等现在已经很难统计的经费，金额超过了 70 亿日元。多元化是在米思米的年利润为 20 亿～30 亿日元的时期开始的，所以这是相当大的一笔钱——要是"正业"的利润率再低一点儿，米思米的经营早就陷入困境了吧。

当然，三枝也想得很开——这些钱现在都是沉没成本了。

沉没成本就是已支付成本，已经出现并付完了代价的损失。今后在决定最佳战略时，对这笔既往费用还是别去考虑为妙（在《重返问题现场·经营篇》第1章内有详述）。

或者不如说，三桩已经开始看到了比沉没成本更重要的问题——严重的"损失利益"现在已经在发生了。

"公司里一开始多样化风潮，整个气氛上，大家马上就对老本行工业界零件业务冷淡起来。新业务阳光普照，而同时大家甚至隐隐觉得做老本行的员工有些土气"。

有活力的员工转去了新业务，原有业务只剩下最低限度的人手。工业零件的产品目录发行次数被减少了，甚至有些商品在受到新兴竞争企业的降价攻势时没能迅速采取对抗策略，因而失掉了市场份额。

这就不能叫沉没成本了——如果米思米的市场地位和收益性一直衰弱下去，现在也会流血。

多元化业务的转机

12月上旬开过愿景发表会，一周后的12月19日又召开了董事会。会上将要决定经营高管各自的业务计划和接下来一年内的任命。

如预想的那样，起初会议的讨论标准相当宽松。令人吃惊的是，会议的气氛已经发展到连开始至今第八年仍在亏损的业务都要不太经讨论就被放行了。

这个业务要是就这么活下去，接下来的一年里中途都不会有检查。眼前所发生的事情，决定的不是一年的而是八年的放任。

米思米平时常说"自由与自我负责""结果责任"，可现实中难道不是既不问"结果"也不问"责任"了吗？三枝觉得这个场合自己该作为独立董事发言，而幸运的是，现场也逐渐酿成了支持他意见的气氛。

这是因为，他上个月受创业总裁委托对全体高管做了一整天的战略培训，那场培训开始发挥意义了。在高管之间，战略的"共同语言"增多了。

三枝说了意见：

"我觉得，应该对照《战略论》有逻辑性地决定业务的好坏。"

这句发言在董事中激起了浪花，多元化业务好坏"判定标准"的横杆突然被抬高了。

紧接着，大家又看到了另一件意想不到的事，当时在场的创业总裁对事态没有做出任何否定的反应。于是董事们开始把以往克制的话说了出来。

"我认为这项业务没有他说明的那么大的优势和发展性。"

"这边这个业务也是，走不到摆脱亏损的地步吧。"

这样的意见连续不断，结果很多项多样化业务被打上了问号。随即，让人吃惊的结果在会议室的白板上出现了，众多的业务被标上了"裁撤""停止启动"的记号。

七个撤退

当时的米思米总是在什么地方飘荡着某种游戏感——既好像生死攸关，但又不是真的生也不是真的死。这种游戏感让大家精神振奋，当时的公司里好戏连台。

但是，那个时代的终点到来了，对于很多的员工不啻晴天霹雳的事件发生了——董事会决定了要裁撤或停止启动七项多元化业务。以往全凭惰性驱动的"经营流"，现在被下了"切割力"（开解经营者的谜团1）的决定。

· 前景差的 3 支既有业务团队要进行结算并裁撤。
· 已进入开业准备阶段的 4 支团队也要停止启动，团队解散。
· 团队的解散要在 3 个月内进行，成员转去公司内的其他业务。

公司内发生了剧烈的震荡。自己的业务突然消失不见这种事对长年处于风险业务那种火热气氛中的干部和员工们来说，就像被施了魔法一样。

被许可接着做的业务有三项，每一项都是销售额达到了 20 亿～30 亿日元的规模，虽有亏损但金额已经缩小，出血较少。这次决定日后再对它们进行判断，要公开发行股票、卖掉业务还是清算。为此要将各业务从米思米分离，另开公司。这也是根据三枝的创意定下的新招数。

让我来写写这三项业务后来怎么样了。现实是，哪一项都没达到能公开发行股票的程度，三项都在几年内卖给了其他企业。虽说能卖掉已经要算幸运，但哪一项的卖价都不够挽回累积损失。

三枝对于决定多元化业务的七个撤退感到满意。他的结论很明确——这家公司的正确战略是全力集中在工业机械零件这项正业上

"瞄准世界"，他对此达到了确信的程度。

高层的心理困境

好啦，让我们回到原来的故事。即使在这个阶段，三枝也并没有决定接任米思米的总裁。

对于十年来一直推进多样化战略的创业总裁来说，抛弃既往方针的决心不是简单就能下的。但是，因为他没有对董事会的决定提出异议，可以推测出他就是在那时下定了决心要告别既往的经营方针。

高层经营者要彻底改变经营方针时，还会受到一种很大的、来自公司外在的心理制约。

米思米在当时被媒体和股市追捧，作为上市企业规模不大而名气不小。创始人出版了好几本著作，经营风格十分张扬。米思米在庆应义塾大学商学院也成为案例，被收入 MBA 课程中有关独特的日本企业的教材。此外，很多一流大学的教授都评论过米思米，报纸杂志也报道过，这些人的论调几乎都是在赞美米思米经营独特。

公司的特别之处被强调，其形象在世人眼中十分耀眼，而现实却是公司里经营上的停滞感越来越强。

高层被世人眼中的形象所累，难下转换经营的决心——这种困境读者们是否知道呢？这是只有经历过的人——而且恐怕伴随着相当痛苦的记忆——才能了解的。对于三枝来说，三十多岁时体验这种心理的经历也是无法忘记的教训，作为一个鲜明的框架留在了头脑里。

第3节 出示改革方案"第一页"

再次请求

没等三枝决定是否接任总裁的职务，创业总裁就来找他谈新总裁的待调条件了。那一天创业总裁提的是具体的年薪和股票期权的数量，他提的方案比传统日本企业总裁的待遇高出了很多很多。

这件事谈完后，三枝打算干脆趁此机会把以前想着一定要问创业总裁的事问了，那是比待遇要重要得多的事。

"田口先生，我已经听说了您有引退的意向，但有件事我想确认一下……您是真的打算引退吗？"

对这样的问题要直话直说——这就是三枝的风格。

一般而言，创业者嘴上说引退却一直作为幕后大佬君临公司，造成公司内二头政治的例子很多，三枝过去也在身边看到过好几次。这种老年经营者有个共同的毛病，就是随着年纪变大疑心也会变强，不把公司里的什么人树成恶人就不痛快。

这次的情况，创业总裁在公司如神明般有着绝对的威信，如果因为他的引退而开启了他与外来新总裁的"二头政治"，毫无疑问公司里会成为"政治斗争"的坩埚。

说出这番话后，三枝脸上表现出了明确的意思——不管面对的是上市总裁的机会，也不管自己面前堆着多少钱，如果不整备好体制，让他能在担任一把手的同时执行基于自己信念的战略，那他是不会接受的。

创业总裁盯着三枝的脸开口了，这是他以前就一直在思考的：

"三枝先生，如果辞掉总裁，那公司的代表权就不用说了，我连执行上的立场也不需要。我做一个非全职的董事顾问怎么样？我唯一的希望是你能让这家公司发展壮大。米思米今后变成什么样都可以。"

读者们明白了吧？他说的这些如果是出于真心，那就是世上大多数创业者都不会说的话。

创业总裁看起来对长年的经营觉得累了，三枝感到他是从心底盼望着引退的，这对于三枝做决断是一个重要的分界线——他最大的疑虑消失了。

接受总裁职务

三枝又花了一个月左右接着对公司进行查点，接下来的重点是基础设施部门。

我们已经从历史的角度分析过：随着基础设施部门越做越强，米思米机械工业零件的商品多元化成为可能，这催生了高增长。这个优势现在还保持着吗？三枝对负责接受订单的客服中心和物流、信息系统、销售组织等进行了一番巡视。

让人吃惊的是，衰弱的症状已经开始出现了。三枝对于公司内到处都在实行的外包方针有了危机感。创业总裁标榜"不拥有的经营"并在媒体造势，三枝对此很有疑问。

这家公司是商社，所以从开始就把"生产"交给了合作厂商，也就是说，它原本的企业形态就是外包。在此基础之上，三枝还发现进行负责接受订单的客服中心、配送中心、信息系统的工作全都被外包了，米思米员工在哪一个岗位都只有几个人。

米思米甚至把财务部门的工作也外包了，米思米的员工在那里只有两三个人。人事部是从最初就被废除的，所谓总公司人事部的工作原本就不存在。

这很了不起。但这样没问题吗？三枝将这个疑问用下面的方式表达了出来：

"这样一来，这家公司独有的核心竞争力还剩下什么呢？"

读者如果不知道这个词，就说明平时学习不够。核心竞争力指的是支撑公司优势的"核心能力"。

一家公司如果不能对此做出明确回答，那很可能它的增长性和收益率都会恶化，进而走向失败。

在公司里米思米自己做的工作是商品企划和目录制作，但让顾客满足的要素可不只这些。在三枝看来，米思米外包得过多，而在各自的功能领域为公司负责任地推进改革的员工过于少了。

米思米沉迷于过去辛苦构建的业务模式的优势，近年来疏于长远谋划,这样下去不就落伍于时代而堕落为高成本结构的老式公司了吗？

虽然感到了巨大的不安，但通过这样的分析，三枝这四个月来感觉"看见"的事情也增加了。能将这样的米思米进行根本性改造并托举到下一个成功舞台的人，现在的日本应该没那么多吧。可能听起来有些过于自信，但三枝在以往的人生经历中总是从承揽别人做不了的事中找到干劲，他一直努力这样磨炼自己成为独特的专业人士。

三枝找出了米思米的优势和劣势，他的结论是：今后如果做得好，这里还是相当有潜力的。要在人生的最后赌一把，这还真是个有趣的公司呢。这样一想，他终于决定了接手米思米下任总裁的工作。

给五十七岁的人生划一段落，三枝决定了要选择一条有风险的新道路。比起继续已经从事了十六年的扭转局面专家的工作，他的野心来得更强，也就是说，他想在最后只做一家公司，在这里亲自着手进行"公司改造"，培育经营人才，做出一家国际性企业。

这四个月里三枝从连公司历史都不知道的零水平开始了解米思米，他当时仍然在继续小松公司的产业机器业务重建项目，只能抽空来考察，考察的工作量要换算成全职工作顶多不到一个月，但即便如此他还是走到了下决心接手米思米这一步。

对未知的工作也要勇敢进取，这种姿态从二十多岁起贯穿了他的人生，即使知天命之年都即将过完，仍在他心里生生不息。

1月中旬，三枝向创业总裁表达了接任的意愿，总裁对于他提前做出决定非常高兴。

"那么，在2月20日的董事例会上对总裁更迭表决以后，马上就对外公布吧。"

程序是这样的：6月的股东大会上要进行总裁更迭，以此为前提，三枝要在3月1日就任代表董事副总裁，早些开始总裁的权限移交。

新总裁的就职演说

在总裁更迭正式决定之前，创业总裁拜托了三枝一件事。

"三枝先生，在表决认可的董事会之前，能请你在员工干部面前做一个'就职演说'吗？"

关于挑选继任总裁的方法，据说创业总裁一直有个梦想——从公司内选出来几个候选人，由他们进行"竞选演说"，然后在其中决定下任总裁。

这是怎样的游戏感觉！别说日本了，这种手法就是在世界上也没有先例。在挑选的一方来看也许很有趣，但对交战的几方来说，这就是被强迫在角斗场的众人环视下进行弱肉强食的争斗啊！

三枝可不想再遭份罪，不过这次只是走个形式。据说顺序会是：首先他自己要作为候选人对干部们进行就职演说，然后将在两天后的董事会上正式被选为新总裁。

但是，演说的难度增加了。还有两天才是董事会做决定和对外公布的日子，所以不能让员工知道自己要当总裁。但他又必须要讲得像个总裁，在自己接任总裁的消息公布时，要让员工回想起来能领会自己的话。

三枝不论经手哪家企业的复兴，在开始后的第三、四个月一定会安排一个决定成败的演说，这次只当是那个演说提前了就好。这样一想，他爽快地接受了下来。

开解经营者的谜团
10
改革的决定之战：出示第一页

改革能否成功，胜负基本取决于出示《第一页》（直面现实、问题的本质、深刻的反省论）。决定之战会在改革初始突然到来。干部和员工们会本能地觉察到高层出示的《第一页》有没有迫近本质。如果《第一页》不够深刻，那从它导出的《第二页》（改革方案）也会松散，即使实行了也很难得到改革的效果（在《三枝　匡的经营笔记❷》里有详细说明）。

米思米的八个弱点

2 月 18 日下午 3 点，米思米总公司五楼的大会议室里，全体高管和以团队领导为主体的员工干部共约 120 人集合在一起。大厦外边是像要下雪的天气，会场却很温暖。

"我受田口总裁的委托，在这四个月里作为独立董事找出米思米的经营课题，今天我想坦诚地把结果告诉大家。"

三枝开始说明那张他命名为《米思米 QCT 模式》的图。这个框架说的是以"创，造，卖"的快速循环来决定业务的胜负。对于在场的员工们来说这张图很新鲜。最初画在寿司店一次性筷子纸套上的说明图表，现在已经变成了漂亮的 PPT。

开解经营者的谜团

11

创，造，卖（生意的基本循环）

如果公司得了大企业病，"开发→生产→销售"的协作速度会变得迟缓，把顾客的要求带回公司再把答复告诉顾客的速度也会变慢。能将这个循环往复转得比竞争对手更快的企业将逐渐在市场胜出，而慢的企业会输掉。我在三十年前将此命名为"生意的基本循环"，其速度就是企业竞争力的原点。虽然历史起源不同，看板方式和供应链的思路与我这个是同一种思想（在《重返问题现场·经营篇》第 3 章有详述）。

"在日本能描绘出强有力的'业务模式'的公司并不多。但是，米思米的各位完成了不起的业务模式。"

后来三枝想到了一句宣传标语——米思米的事业是"世界制造业的坚实后盾"。但当时，他对在场员工的夸奖就到此为止了。他随后抛出了八个问题，创业总裁也坐在旁边的位子上听着。

问题1 业务和销售组织间产生了断裂

· 我看到一种症状，那就是《米思米QCT》的轴心"创，造，卖"的循环实际上并没有转得很快。这和在患病的公司常见的现象相同。

· 尤其是我们在各地与顾客的接点即客服中心和销售，这两者与总公司之间的组织协作已经断裂了。

问题2 客服中心的问题

· 客服中心在全国居然有十三处，这难道不是长途电话费很贵的年代的旧商业模式吗？各地的工作方式各不相同，效率很低。

· 外包是个问题。对企业来说绝对重要的是不能把与顾客的接点交给派遣职员，要让我们的员工自己来倾听"顾客的痛处"。

问题3 物流也看不出是一流

· 我看了配送中心，那里也是依赖外包，现场没有一个我们的员工。看不出服务体制在与时俱进。

问题4 信息系统的弱点

· 米思米的信息系统已经开始落后于世界的潮流了吧。在这里也能看到外包的问题。

· 在互联网的普及方面，总公司组织力量很虚弱。公司内各自为政，到处做着相似的事，发生了双重甚至三重的投资。

会场鸦雀无声，这时三枝把他在基础设施部门所观察到的内容做了**总结**。

这是他们第一次听到警告，而且，是完全颠覆创业总裁方针的外包否定论，这是对以往经营的警告。一个连总裁都不是的人，为什么敢把话说得这么清楚？

但是，他们似乎并没有向三枝投去敌视的目光。他们不时地把视线转向坐在讲台附近的创业总裁。他们在乎的是总裁的反应，就像孩子看父母的脸色。

创业总裁还是平时的冷峻样子，表情没有变化。

迫近员工

七个撤退和停止启动的董事会决议已经在公司内公布了，三枝的讲话就是建立在这个基础上的。

问题5 对于多元化业务的开展有疑问

· 每个新的多元化业务和主营业务的增效都过于薄弱了。这样和社会上的人从零开始做业务并没有太大区别，也就是说看不出米思米自己动手的优势。

· 这次董事会决定撤掉的每一个业务都被判定为战略构思薄弱。

· 新业务需要果断投资。以往不允许大笔投资，投资都零敲碎打。

对于员工来说，撤退的公告是晴天霹雳，而公开场合对此做说明则是第一次。会场气氛十分紧张，谁都没想到两天后会有新总裁上任的公告。但这个人讲话的内容又远远超过了"说到底是独立董事的话而已"的水平，不能当作没听见。

问题6　国际发展落后了

· 这个时代对海外业务参与太迟可能是致命的，而这不正是在
逼近米思米的现实吗？

· 以往对海外业务的"投资"方法可能是半吊子式的。

三枝在过去的三十多年里进行过很多次这样的演说。自己的话是
否说到了当时在场的人们心里，只要看大家的眼神和表情就知道，没
成功的时候也能感到冷场的气氛。今天没问题，大家都听进去了，他
觉得自己成功了。

三枝进入了最后一个话题。为了联系上两天后举行的总裁就任公
告，这是今天一定要先说的话，是决定胜负之战的最后一击。

问题7　没有充分的平时危机感

· 米思米的"自由与自我责任"原则作为"专业规格"是非常
出色的理论。但是，大家有没有真正地理解其含义并把"平
时的危机感"维持在高水平上呢？

问题8　人才没有培养起来

· 这家公司的"经营人才"培养起来了吗？

· 在米思米工作对于你们来说是"光荣的经历"吗？可别说这
家公司只是你们的"暂住房"，很快就打算搬走哦。

这句发言是根据米思米的高离职率说的。对于这个提问，会场里

的干部和员工们用目光说了话：

"经营人才？这个难道是在说我们？"

也就是说，虽然正在大跨步进行公司内风险业务的经营，他们看起来并没有意识到自己的定位是经营人才。

演说的最后是今天的总结——《米思米的八个弱点》。当时会场里没有一个人想到，即将成为米思米新总裁的三枝今后十二年追求的改革的方针就是这一张纸的内容。

大约四十分钟的演说结束了，会场所有人都默默地一动不动。

三枝从当场的空气中感到了沉静的热情。这不是批判或拒绝的气氛，但，也绝不是喝彩。更准确地说，是"他说的好像是对的，但又不能马上领会……怎么回事呢……"。在这样困惑的同时，人家的脑子都在骨碌碌地转。

《米思米的八个弱点》起到了决定性的作用。三枝在上任之前就理解了米思米的改革构想，正是这种速度意识让他在上任后迅速地展开了行动。

当然，三枝事先说了今天的指摘只是暂时的。在就任总裁后，他细心检查了一遍自己的指摘是否正确，结果发现事先的"诊断"什么错也没有。后来很多的改革项目就是从这些指摘出发的。

如果委托顾问，想得到这个程度的"诊断"要花非常多的钱。读者是否还记得序言所述"专业经营者的七个条件"中最前面的两条？

1. 不论去什么状况的公司，都能在短期内发现**问题的本质**的人。

2. 能将其对干部和员工**简要**地说明的人。

米思米的八个弱点

❶ 业务组织和销售组织间产生了断裂

❷ 客服中心有十三处，效率低，士气也低

❸ 物流依赖外包，没有进化

❹ 信息系统也因外包化而衰弱，IT 落伍

❺ 多元化业务重重失败

❻ 海外发展停滞

❼ 公司内危机意识淡薄

❽ 经营领导者没培养起来

三枝觉得这一天自己满足了这两个条件。他还感觉自己的自信传递给了员工。

总裁更迭的公布

按照计划，两天后的 2 月 20 日召开了董事会，正式决定了两件事：6 月的股东大会上三枝将就任总裁；作为前期准备，三枝将从 3 月 1 日起担任有代表权的副总裁（在下文中，将从担任副总裁时起对三枝的称呼统一为"总裁"）。

那天的傍晚，公布文章在东京证券交易所被发给各大媒体，次日早晨各大报纸都刊登了带照片的报道——三枝只有向前走下去了。

因为创业总裁当时是名人，所以在帝国饭店召开了记者招待会。

创业总裁说：

"大家都说，相对于传统的日本经营，我做的是展望未来、有先见之明的经营，但我可能有些得意忘形，往那边摆得过远了。"

在那三年之后，创业总裁上了《日经产业新闻》的连载《工作者秘闻录》。在那里，他吐露了卸任总裁的理由：

"坦率地说，我退下来的理由是感到了自己的局限。我的经营手法是做别人不做的事，所谓'弱者战略'。我的做法是寻找没有竞争对手的市场，在那里成长。"

"可是，销售额超过了500亿日元后，和竞争对手冲突的场面增多了。这时需要的是能正面作战并且打赢的力量，而且全球战略也重要起来了。我没有这样的能力。"

"（三枝先生）是外来的人才，这一点其实倒让我喜欢。我觉得只知道米思米的人反而是危险的。米思米只要都交给三枝先生就够了，我打算用余下的人生寻找能再次发挥自己的能力和经验的道路。"

三枝也受到了记者的提问。

"我想问新总裁：独立董事担任上市企业总裁是以往日本没有过的模式，您在上任后的经营中重视的是什么？"

记者的问题很平常，但三枝的回答并不平常。

"我担任总裁最大的目的是'培育经营人才'。"

记者们露出了疑问的神色，三枝马上接着往下说。

"第二大的目的是让事业成长。我想把米思米培育成日本制造的新国际企业。"

读者也能注意到新总裁的回答不那么普通了吧。即将就任上市企业总裁的人在其就任目的第一条说要培育经营人才，这是很少见的。如果是普通的经营者，估计首先要讲自己将如何增加业绩，然后才是为了这个目的培育人才很重要云云。

但是，三枝是非常认真的·

"我这十六年来做的是帮助陷入困境的日本企业进行'业务重建'，我感觉现在日本经济的衰退是经营人才的枯竭造成的。"

和继续做业务重建的工作相比，三枝觉得最后把一家企业做大更能集自己人生之大成，所以选择了这条路，这里也有他自己的野心。

三枝想一边对上市企业进行改造，一边将它变成日本经营的新"实验场"。他当然想要取得作为一名经营者的成功，但同时也希望不是在教室而是在实弹纷飞的野战战场培养经营后备军。

"我想把自己余下的人生用来亲手培养全球通用的、有前途的经营人才。幸运的是，我遇到了米思米这家有趣的公司。"

差点就迟了的到达

新总裁在 3 月 1 日走进了米思米为他准备的房间。

终于，三枝 匡的漫长挑战开始了。

三枝马上就明白的事就是：即使他从早到晚待在总裁室里也"谁都不来！"。创业总裁是彻底的放任主义，他的风格是让"各高管随兴做个体商店"，所以听起来可能像个笑话，但米思米甚至有种"高管不习惯自己去总裁室报告或商量"的气氛。

再加上这是创业四十年来的首次社长更迭，员工和高管都怀着紧张和疑虑远远观望，看今后会开始什么。大致的感觉就像这样：他们用眼角瞄着新总裁的一举一动，等目光快对上了就迅速把目光挪开。

但是，三枝全不在乎。他从第一天起就哼着歌，一副好像在米思米已经待了十年的样子。他从三十多岁起就经历了各种企业的总裁，还因为业务重建而进过很多的公司，每次单人空降都会经历这样的场景，这也是"似曾相识的风景"嘛。

应对这种事态很简单——不要等着，要走出总裁室，径直走进公司内部。要自己主动打招呼，还要把干部一个接一个叫到总裁室来。就像在动物园一样，彼此接触多了就熟了。

一位外部审计师说过这样的话：

"三枝先生，您再晚来一步可就迟了。"

他的意思是公司陷入困境，可能会来不及了。

◎ 西堀阳平的话（同前）

新总裁刚一上任就指示所有高管交一份报告，题目是"为让米思米走上增长轨道，作为经营者应该打出的改革方案"。在那之后我被三枝总裁叫了去，开始了一段让我坐立不安的对话。

"你想对这家公司做些什么呢？"

这个问题出乎我的意料，以前从来没有上级这样问过。

"自己的业务倒是一直在考虑，但对全公司就没太……"

"上市公司的高管这样可不行哦。"

过了一会儿，他又问我：

"你今年多大年纪？"

"三十七岁。"

"你觉得自己还很年轻呢吧？人生可是很短的哦，稀里糊涂的话，转眼就过完了……"

这就是我和三枝总裁最初的对话。

那以后我在三枝总裁麾下用了十年以上的时间挑战米思米的业务成长。我能切实感觉自己的经营力量有了相当大的提高。

三枝总裁上台后的十二年里我们经历了暴风骤雨般的变化，走到这一步感觉就是"米思米的成长＝我的成长"。

三枝在上任之后马上就接连发起了公司内的改革项目，对他的这些挑战，我们将从第 2 章开始进行介绍。

米思米改革地图的全景——对公司改造全力以赴

序言中陈述过："我决不希望读者认为本书只是拼凑了一些散碎进行过的改革主题"。本书讲的是如何对抗在《三枝　匡的经营笔记❺世界性"业务创新大趋势"》里讲解的奔腾巨流，如何将米思米变成完全不同的公司。

如果本书各章介绍的改革中有一个以失败告终，米思米今天就会欠缺了一些重要的东西，并且在世界战略中处于严重不利的状况。十二年间执行的改革多种多样，本书不能尽述，只把那些主要的列举出来就成了下面的图表。

图表的中央是"高层的战略志向、对本质的理解"，这是改革的大前提。

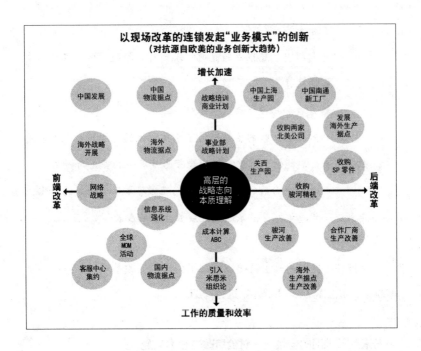

以现场改革的连锁发起"业务模式"的创新
(对抗源自欧美的业务创新大趋势)

增长加速

中国发展　中国物流据点　战略培训商业计划　中国上海生产园　中国南通新工厂

海外战略开展　海外物流据点　事业部战略计划　收购两家北美公司　发展海外生产据点

收购SP零件

前端改革　网络战略　高层的战略志向本质理解　收购骏河精机　后端改革

信息系统强化

全球MOM活动　成本计算ABC　骏河生产改善　合作厂商生产改善

客服中心集约　国内物流据点　引入米思米组织论　海外生产据点生产改善

工作的质量和效率

　　从那里右方是"强化后端"（对米思米背后的商品采购和生产、制造的改革）、左方是"强化前端"（为米思米面前的顾客所做的改革）。然后，下方是力图改善米思米公司内"工作的质量和效率"，上方是让米思米"加速增长"的招数。

　　要让米思米强大，需要对四个方向均衡地进行强化。要是想写的话，每个改革主题都能写出一部完整的剧本。

　　而且，对于三枝来说这个图表本身就是一张"战略地图"。

　　但是，将这些主题一把抓，同时平行地将"公司整体一点点提高"起来的想法是条邪路。只要是叫改革，渐进式的方法是不会奏效的。战略性的经营者一定要限定改革的"入口"，在每一个改革中追求突出的成果，不能漫无目的。然后，要等一个改革有了头绪再去进行下一个。

虽然这张图表没有表现出来，实际上是形成了一种"改革的连锁"——一个改革将下一个改革成为可能，并且进一步引出上一个改革的价值，就像山间互相呼应的回声。如果公司整体战略有成熟的构想，能让每一个改革互相联系并加以推进，改革项目之间就会产生增效，促使公司的"模式革新""公司改造"等综合性竞争力得到强化。

每一个员工的较量

米思米的每一项经营革新都是员工艰苦奋斗的结果，每个人都上演了人生的悲喜剧。

起初干部和员工都不习惯这样的改革。但是，不论和三枝以往见过的哪家旧式日本企业相比，米思米都算得上是"真诚的人"的集合，大家都很认真。他们有时都筋疲力尽了还悉心钻研，毫不夸张地说，是真的用反复摸索推进了改革。

改革的路上有失败也有挫折。三枝有一个信念，就是训斥的时候要"好好训斥"。这样做的目的是：发生问题后为防止以后拖泥带水地重犯，要让当事人一下子就把有问题的行为改正过来。

有时候三枝训人时的嗓门很大，被他大嗓门直接打击过或者听说过的员工难免会觉得总裁可怕。但其实他暗自忍耐的时候也有很多。从下一章往后读就会知道，每一项改革中他都觉得自己已经算相当能忍了。

改革主题在实施中受挫或中断时，三枝选择了等待。但是，在一个改革主题上花上六年时间的总裁按常识来看是不合格的。如果是美式经营，总裁会被炒鱿鱼。即使在日本，花了六年时间的总裁也大多会被迫卸任。即使如此，三枝还是一直把宝押在了改革的完成上。

与此形成对照的是，米思米的员工动作非常快，其速度无疑是凌驾于普通日本企业之上的，从外面进公司的人异口同声感叹的就是这种速度感。

但是，不论改革还是战略，不执行看看就不知道会发生什么。所以，执行前都不过是假说，执行了才能发现该修改的东西，遭遇失败、挫折甚至中断的磨难。

这种时候，三枝会把当事人"好好训斥"一次，但同时也总是会说"不许着急，要用正确的做法。'Do it right！'"。

开解经营者的谜团 **12** Do it right！	意思是：花时间也没关系，做正确的事，不要在不完善的状态下妥协，要执着于达到理想状态。对部下要事先清楚地告诉他们："必要时要有停下来的勇气"。

三枝作为 CEO 在任的十二年里，这句台词被他在米思米的日本、中国和亚洲到处说过了好多遍。"Do it right！"已经成了米思米公司的共同语言之一。

以失败为起点，大家将想法重新建构起来，从那里再次奋起，再次奔跑，再次表现出不输任何人的速度感。通常第二次会成功，但特别糟糕的时候会再次受挫，那样的时候连三枝也会恼火，但没有办法，只能再次"Do it right！"。

您已经明白了吧？前面讲述的六年，绝不是拖拖拉拉的六年。而且每一次失败，都让相关干部和员工的经营力量上到了新的高度。这是不言放弃、勇往直前的拼命三郎们获得的最大奖赏。

企业被逼到走投无路的地步，有时避免不了裁员。对此不必过于纠结，觉得有必要就只管去做好了。但是，光靠裁员或出售部分业务就能让余下的员工精神振作、让公司的"战斗力"显著提高——这样的例子我还没听说过。裁员只是暂时性地减少亏损，大多数企业裁员后组织内的工作和做法还是无变化，业绩无发展，战略运作不起来。

所以，三枝一直这样主张——让企业有活力的重点不是裁人，而是想办法让"此时在这里的人们"精神振奋起来。

等经营领导者明确地打出战略，对此产生共鸣的员工组成阵列开始跑起来，他们会发挥出几倍的作用，让人简直怀疑这是否是同一家公司。三枝在过去参与的业务重建中几次经历过这样的情况。以新战略为轴心，让目前在这里的人们最大限度地振奋起来——这是企业改革最大的主题。

那之后的成长轨迹

三枝就任总裁后，米思米艰苦地穿越了三枝预料中的"死谷"，走上了大发展的道路。让我们先行一步，写写在三枝任 CEO 的十二年及到他以董事会议长身份出版本书时又经过的两年，共计十四年来米思米得到了怎样的发展。

创业总裁用四十年构建起的 500 亿日元销售额，三枝用接下来的四年给它翻了倍。也就是说，在新体制下第四年米思米的联结销售额就达到了三枝上任前的两倍，突破了 1000 亿日元的大关。其间的年平均增长率为 19.5%。当时日本经济不景气，这么高的增长率作为东证一部上市企业相当显眼。

到世界经济不景气袭来为止，公司又继续增长了两年，在新体制的第六年，联结销售额达到了三枝上任前的 2.5 倍，1266 亿日元。

全球经济不景气十分严重，比如丰田汽车的营业利润比上年减少了 2 万亿日元，跌落到亏损状态。米思米也同样在风口浪尖上，销售额剧减，几乎下落到四年前的水平，月度的销售赤字持续了五个月。但是，年度结算时好多企业都陷入了巨额亏损，而米思米勉强保住了年度盈利。

三枝说："这场不景气对我们来说可能是好事——过去六年来的高增长让公司内各处积存了很多毛病。让我们先休息一下，把毛病都清除掉，为下一次作准备"。第七年是在谋求逃脱世界经济不景气的同时摸索下一次增长的时期。

大约两年，米思米回升到了经济危机前的销售额和利润水平，被证券分析家评为"业内恢复得最快的一家"。这是第九年的事了。

人们以为大危机的严冬已过春天来了，可把家里的窗子推开，却发现外边景色发生了很大的变化——中国和亚洲其他国家兴起了。以前只会模仿的亚洲竞争厂商在全球经济不景气时也一直保持着活力，走上了独特的发展道路。日本和美国及欧洲的企业要想渡过危机，韬光养晦是当然的姿态，但这在中国和亚洲其他国家可行不通。他们在此期间没有休息而是一口气追了上来。

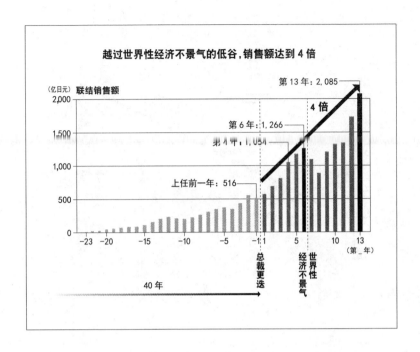

越过世界性经济不景气的低谷，销售额达到 4 倍

（亿日元）联结销售额

第 13 年：2,085

4 倍

第 6 年：1,266

第 4 年：1,054

上任前一年：516

总裁更迭

世界性经济不景气

40 年

（第_年）

米思米在各个国家都进行了激烈的成本竞争和市场份额的争夺战，这场较量一直持续到现在。从第九年以后直到现在一直都是这种争夺的状态。

在第十二年，米思米收购了美国的模具零件企业。米思米以往主要是靠"内部增长"发展起来的，通过收购这一"外部增长"，让联结销售额超过了 1700 亿日元。

在迎来了第十三年的 6 月时，三枝从 CEO 的职位上卸任了。这第十三年结束时，销售额突破了 2085 亿日元的大关。该年度的商业计划是他担任 CEO 期间许可并开始执行的，所以算到他的功绩里也不为过。也就是说，这十三年间，销售额从约 500 亿日元增长到大约四倍。

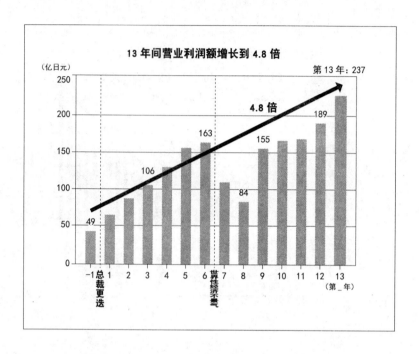

13 年间营业利润额增长到 4.8 倍

（亿日元）　　　　　　　　　　　　　　　　　　　第 13 年：237

4.8 倍

49　106　163　84　155　189

-1 总裁更迭　1　2　3　4　5　6　世界性经济不景气　7　8　9　10　11　12　13（第_年）

三枝就任总裁时上年度的营业利润是 49 亿日元。在十三年后，它变成了 237 亿日元。

如果这十三年来一直保持他上任前的利润额，那么这期间的营业利润的总额将是 641 亿日元，因此缴纳的法人税会是 245 亿日元，而实际在此基础上还累加了 1181 亿日元的营业利润，由此米思米多缴纳的法人税总额是 500 亿日元。

和更大的世界型企业相比，米思米的法人税绝对金额很小，但如果看由企业的成长带来的对国家财政贡献额的增加率，它应该算顶尖级别了。

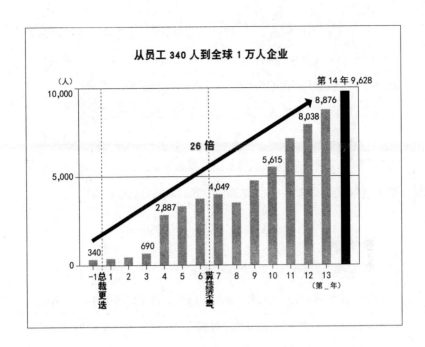

从员工 340 人到全球 1 万人企业

三枝上任前一年度，每股的红利是 2.33 日元，而第十三年变成了 13.05 日元（考虑到股票分拆的算法）。对于在此期间一直持有股份的股东来说，每股的红利涨到了 5.6 倍。

和其他数据相比，这十三年来变化最大的还是员工人数。三枝上任时米思米的业务形态只是商社，所以去掉派遣等人员后正式员工的数量只有 340 人。两年后，其数量已经增加到了近两倍。

但是，更大的变化开始了。在上任满两年零十个月时，米思米收购了东证二部上市的厂商骏河精机（参见第 5 章），由此米思米集团的员工人数如图表所示，在第四年巨大地膨胀了起来。

通过把骏河精机的工厂在世界范围内展开并在第十二年收购了美国厂商，员工人数得到了进一步增加。第十三年的年度末达到了全球8876人，是上任前的26倍，而后在一年间又增加了750人，在第十四年时达到了9628人，第十五年末终于超过了一万人。

从仅有340人的商社开始，米思米成为规模完全不同的国际型企业集团。十三年的岁月转眼过去，看着这张员工人数柱状图，三枝回顾着"似曾走过的路"，不禁感慨"我们竟然走了这么远！"

给读者出题

每进行一次改革都要伴随着很大风险，而将这些改革毫不畏缩地一次次累积起来就是"公司改造"。该从哪里着手呢？由此出发思考一下，你所在公司的业务模式是怎样的呢？如果"一张图"能让公司内部<u>没</u>有被明确认识的优势都体现出来，那么一定会有某种框架能印证它。我建议你从那里开始做一张相当于《米思米的八个弱点》的、自己公司的课题清单。对三枝来说这不是演习，而是他在经营现场被逼迫着做出回答的现实课题。

经营者的较量在于"开解谜团"

领导者的工作从"开解谜团"开始

我（作者）在序言中写过，大侦探波洛和神探可伦坡提高本领的过程与经营人才提高领导能力的过程有着共通之处，该共通之处的关键词就是"开解谜团的能力"。

优秀的经营者如日产汽车的卡洛斯·戈恩、通用电器（GE）曾经的帝王杰克·韦尔奇，他们那种果断的行事风格是怎么来的呢？

我们假设，在你的眼前有一个无法立刻弄清该如何处置的、"混沌"的问题。混沌就是各种各样的要素错综复杂、麻线乱成一团的状态。

想一下聘请戈恩来日产时的状况就容易明白了。当时干部和员工都不知道从哪里入手才能打开经营局面，弄不好拉错了线，乱麻线团可能会越来越硬。戈恩这样的"优秀经营者"就是在这时上场的。他是怎样仅用两年时间就让日产重整河山的呢？

对这种能力，我用"第一页，第二页，第三页"的框架来说明。在米思米，这个框架是公司内的共同语言。即使新入职的员工，工作了一段时间就能明白上司说"《第一页》不够"是什么意思。

开解经营者的谜团 **13** 第一页， 第二页， 第三页	领导者的能力，在于他能将"三页套"的方案做得多准确、多迅速。"第一页"是迫近复杂状况核心的"直视现实、问题的本质、强烈的反省论"。"第二页"是"改革方案、战略、计划、对策"，目的是解决"第一页"中被明确指出的问题。"第三页"是以"第二页"为基础的"行动计划"。

抓住混沌现实中的"结构"

优秀的领导人能够很快地解开乱成一团的线，理解自己面对的现实是怎样的"结构"，能十分准确地迫近本质并"开解谜团"。这时，优秀的领导者的头脑里在进行着怎样的操作呢？

首先，他会将头脑中"混沌"的线团进行"分解"。对于分解出的一根根线，我称之为"因果律"，就是原因和结果的关系，即"因果关系"。但是，因果律这个词里包含着像音乐的旋律（Melody）一样"每时每刻都在变化的动态"的意象。

将线团分解开后找到眼前泥淖般的"混沌"所包含的因果律，光这点就是相当大的前进。但是，一个领导者要发挥能力，这还不够。他必须要将找到的线分成产生坏影响的因果律、产生好影响的因果律和影响不好不坏的中立性因果律，最后从坏因果率当中挑选出构成"根源"的问题。

所谓根源的问题就是"起源"因果律，如果从它开始进行改善或改革，整体的状况就会一连串好起来。找到它，就等于找到了解决的"线头"。

优秀的领导者对到这一步为止的操作总是很有门路，结果就是，他会比任何人都先说出下面这句台词：

"这个问题，说到底不就是这么回事儿吗？"

说出这句话的人，就是在发挥他的领导能力了。领导就是"比人先行"的意思。那个人的说明只把重要的"因果律"取了出来，所以"混沌"在很大程度上被单纯化，变得"简要"。如果这触及了核心，那漫天的云雾就会消散，大家都会恍然大悟。

和大侦探波洛相同，优秀的经营领导者就是能正确并迅速地"开解谜团"的人。每分钟，每小时，每天，每月，每年，能把这件事做好的人就是强有力的领导者。

如果组织里没有能做到这一点的人，只能在"混沌"状态下任由时间逝去，而如果有人在大家被现实逼迫，懵懵地看到必须做的事情时说出"那么，我们这么做吧"，则这个人只不过是在做追赶式的"决定"。这样的人就算是个管理人员，也不能说他做的是领导者的工作。与此相对，优秀的领导者会抢在所有人之前指出解决的方向，在看不清的东西还很多的阶段下"决断"而不仅是"决定"。

对优秀的领导者到此为止的操作，我称之为"第一页"。

请想象桌上叠放着三张 A4 的白纸，最下面的"第一页"上，画着在现在的混沌状况中涌动的各种各样的因果律，其中产生了巨大影响的"根源"因果律用红色的签字笔或马克笔做了强调。

开解经营者的谜团

14

因果律的分解与抽取

不将乱成一团线般的混沌分解到"自己能把握的大小"，人是没法理解其内容的。这需要"亲自"介入现场的细节，用手摸，用鼻子嗅，自己进行确认。找出支配（控制）着混沌的重要的"因果律"是一种**逻辑性**的操作。而过去在该职场中的**经验**往往会反而造成干扰。

简明构思，热情讲述

"第一页"画好后，就把"第二页"的纸盖在上面。因为透过第二页能看到下面的第一页，和把混沌的整体当作对象相比，可以更清楚地认识到"必须要做的事"。优秀的领导者会以"第二页"应对"第一页", 在第二页上明快地描绘战略和方案、对策等。

领导者讲述"第二页"时, 需要带着热情"热烈地"讲述。这样部下不仅会感觉到"问题点被整理了出来, 清爽多了", 还会在看到领导者的热情后想要追随他。"简明的构思"和"热情的讲述"——这种组合能将人们拧成一股绳, 开始热情地行动。

各位读者请听好——两者要是只有其中之一, 是无法让这个集体一直热情下去的。

接下来, 是按"第二页"的**方针或战略**书写具体"行动计划"的"第三页"。它是一张进度表, 告诉人们该用怎样的顺序执行什么工作, 还连日期都标好了。

"第二页"和"第三页"必须完全整合到一起。优秀的领导者会将人们的意识和能量拧成一股绳, 让人们好好地"持续"其"执行"。不能做到将"第一页"**单纯化**的领导者, 会任由自己把现在的"混沌"带入"第二页"和"第三页", 继续这种欠缺领导能力的状态。

优秀的经营者, 不是边跑边构思这三页套, 而是在动起来之前就深思熟虑, 计划详尽得几乎完美。然后把这三页套展示给员工们看, 必要的话还可为这项工作成立工作组。

第 **2** 章

公司改造 2
向事业部组织注入
"战略抱负"

战略是什么？原本不知战略为何物的事业部员工们
一边折腾一边描绘出"战略方案"，将销售额150亿
日元的事业部发展成了超1000亿日元的全球事业。

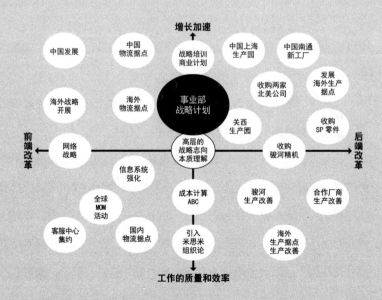

第1节 迷失在战略的入口处

从哪里开始切入改革呢?

新总裁打出的事业转换方针很明确——"回归正业"和"走向国际"。为实现这两项方针,他做好了心理准备要在公司内进行相当大幅度的改革。"回归正业"的对象工业机械零件业务在这十年来填补多元化业务的亏损之余还保持了充分的收益,在公司结算中得到优良业绩。但是,他们的所为没有得到感谢或赞赏,毋宁说是隐藏在受瞩目的多元化业务背后的阴影里,被当作不起眼的部门。

虽说如此,身为米思米的正业领域的该业务也并没让人觉得到"战略"的气息,这里几乎看不到那种干部或员工提出明快的战略然后大家每天努力实现它的情景,这里和已决定裁撤的多元化业务其实是半斤八两。

首先员工们看起来就不像有讨论战略所需的经营素养,硬要说的话,他们看着像是一路顺其自然、见招拆招走过来的。

但是,这种状况对新总裁意味着机遇。因为他们从前在没有战略的情况下都展现出了如此优秀的增长和收益,如果再注入了正确的"战略"概念,究竟会发生什么呢? 直到昨天为止,三枝还作为扭转局面的专家向垂死挣扎的业务里注入"战略"概念,为救助该业务而忙累得七颠八倒,所以对他来说没有比米思米更有趣的公司了,他真心这么想。

米思米一直维持了高收益和高增长,但即将截止的本年度(新总裁上任前的年度）的业绩出现了大幅的下跌，其最大的原因是本年度以来日本经济的失速。

销售额预计为 516 亿日元，与上年比减少了 8%；营业利润为 49 亿日元，与上年比减少了 24%（以下业绩数值与米思米集团总公司的决算公布内容一致。年度以新总裁上任的年度为第一年，那以后用正值、以前用负值表示）。

对于一路保持增长的米思米来说，这次业绩下滑是出乎意料的，但三枝认为这只是短暂现象。他调查了一下，米思米的业绩因景气恶化而比上一年跌落的现象在这十年中发生了两次，每次都又回到了增长路线上，这第三次应该也是一样吧。

但是，因为这种业绩恶化的时期公司内会被悲观的气氛所笼罩，所以是开始改革的好时机。不过，说起改革工业机械零件业务，通常认为将主要的三项业务同时平行改革的想法是愚蠢的。明智的顺序是挑出一个作为样本事例，如果这个成功了再推广到其他的业务。

开解经营者的谜团
15
回避全面战争

以业务改革为目标的经营者有必要缩小改革的对象范围，因为改革会给员工带来震荡。不可发起"全面战争"，因为它会轻易在公司内扩散感觉组织不稳定的心理，这对于改革者来说可能是致命的伤害。常规做法是先让一项改革成功再将其手法水平铺开。

这样一来，新总裁应该选择哪项业务作为最初的改革对象呢？

· **模具零件事业部** 这是米思米创业的业务，在事业部中销售规模最大。作为米思米经营的"城堡主塔"，填补了多元化业务的亏损，并且还产生出了充裕的现金流。但是，其市场正在向中国转移，国内的增长已经停滞了。很明显，这项业务需要改革。而这里的干部和员工们优哉游哉，<u>没有一点儿形势不妙的危机感</u>，和三枝在以往的业务重建中看到的不景气公司的症状相同。

- **工厂自动化（FA）事业部** 这是创造了米思米目前增长局面的业务，其销售额已经扩大到第二位，仅次于模具业务。这里销售的商品是组装在工厂生产线用**生产机械**中的零件。FA业务是十四年前设立的，三年前开始担任事业部长的长尾谦太（经营高管，四十二岁）是创造出这种急剧增长的中心人物。<u>如果加以打磨</u>，他似乎能成为优秀的经营人才，但目前他对企业经营并没有很强的兴趣，闲谈时聊得高兴的话题是钓鱼、高尔夫和汽车。

- **电子事业部** 十一年前启动的业务。销售额目前还只有 50 亿日元左右，但增长率很高，仅次于 FA 业务。这里销售的是组装在生产机械里的电线和连接器等电气电子零件，在米思米内部要算所谓"边陲"业务，作为改革对象其规模很适合着手。

公司改革中"从哪里开始下手"是一个重大的战略问题。

在那些有着很长历史而现在失去了活力的部门，几乎毫无例外地由那种<u>不能应对变化</u>的人们占据着主流，发挥着"政治性"。这种情况比较妥当的顺序是暂且避开这样的部门，在容易操作的"边陲"部门发动变革做出成功的例子，然后给公司里的人看。

首先，绝对的最优先条件是要有能对改革号令<u>应声而起</u>的强悍领导者，不能选择没有这样人的组织作改革对象。

开解经营者的谜团
16
历史的局外人

从公司外边来的改革者对过去的经营和战略不<u>负有连带责任</u>，所以能够在自身不被追究过去责任的状态下发动变革。即使是在公司内部产生的改革者，比如因以前在公司的"边陲"等理由而被认为是"历史的局外人"，其行动或改革也可以不受过去的束缚。（前作《重返问题现场·逆转篇》第4章内有详述）。

三枝决定在起动业务改革时要遵循下列章法。

重要的分界线——经营者的解谜和判断

· 要改革，就不可避免会出现"组织不稳定化"的症状。所以不将改革范围设定于自己能完全控制的范围内就会很危险。

· 重建在困境中挣扎的业务时需要"短期决战"式救助，但高收益的米思米不需要这样，应该把时间轴放长。对这两者的甄别将给经营者的行动带来决定性的不同。

· 最初进行改革的对象选择位于"城堡主塔"与"边陲"中间的 FA 事业部，而做出选择最大的理由是"人"——三枝看好该事业部的领导者长尾谦太，认为他是个有前途的经营人才。此外，FA 业务正处于发展的鼎盛时期，应该能比其他的业务更早出改革成果。

> ·这项改革要在公司内静静地运作，别发出太大的响动。也不要设定严格的期限，这样即使改革碰壁，长尾和其他成员们也能保持心理的从容。

新总裁在选择最初着手的改革对象上如此费心是为什么呢？读者中也有人对前文泛泛读过，没注意到这件事的重要性吧。实际上，三枝在这个阶段进行的选择在以后的十二年里给米思米的经营带来了堪称决定性的冲击，这件事我们将在本章的最后提到。

看不到"竞争对手"的业务计划

FA事业部的部长长尾突然收到新总裁的通知，让他来说明一下自己的业务。长尾动荡变化的一年就这样开始了，而此时他还没有意识到。

几天后，长尾手拿资料去了总裁室。

"我三年前被任命为FA事业部的部长，从此全力投入自己以前从未接触过的商品开发工作，结果是成功地将大量的新商品投入了市场。"

由此他上任时85亿日元的国内销售额在第二年变成了100亿日元，第三年变成了149亿日元，两年增长了将近80%，这是非常大的跃进。

可是，到了上任第三年的今年，销售额因正面受到经济失速的影响而跌落了。184亿日元的年度预算中预计要有50亿日元无法达成。

"即使这样，在竞争里我们也并没有输。"

长尾断言道。在同行业里其他的大企业家家都比上年度下跌30%～40%时，米思米的FA事业部只跌了10%就打住了，这意味着米思米的市场占有率反而在上升。

长尾把今后的业务计划对新总裁做了说明，他列的数字十分霸气——截至本月的本年度（新总裁上任的上一年度）销售额是132亿日元，五年后要让它达到410亿日元。当时泡沫经济已经崩溃，日本经济持续闭塞，这样的时代这个业务计划堪称是少见的高增长计划。但是，看长尾出示的销售额曲线图，会发现曲线越往后升得越急。

"这种曲线叫作'曲棍球棒'。"

三枝说了一个美国人经常用的词。

"就是冰球选手用的那种球棒啦，后面猛地一下翘起来。你真能实现得了这么急剧的增长加速吗？"

长尾被这么一说，又向三枝解释了一个计划，即为达成五年后的目标该如何填补还差的这278亿日元销售额差距。但是，计划听起来很粗略。

"这么粗略的一个计划，真能让销售额达到现在的三倍吗？能打胜仗吗？你根本连竞争对手是谁都没写，这可不能叫'战略'哦。"

新总裁的目光很锐利。对长尾来说，如此尖锐的提问本身就是一种文化冲击，因为三枝说的"竞争"和"胜仗"这些词都是**米思米的辞典里不存在的**。

创业总裁常把这样的理论挂在嘴边："米思米应该做的是代替用户采购他们需要的东西，尽到供给的职责。所以只要把'代理购买店'做到极致，竞争就会自然消失"。因此，"竞争"这个词在公司里成了一种忌讳。

但是，三枝上任才几天，就把创业总裁的想法连根剪掉了。

"考虑一下现实吧，任何商品都一定会有某种竞争。现在米思米的客户有一家说过要'把所有的采购都让米思米代办，自己公司什么都不做'的吗？哪家？"

长尾答不上来。不允许批判的米思米思想瞬间土崩瓦解。

"长尾啊，不考虑竞争对手是谁的业务计划是胡说八道，那不叫经营。"

长尾心服口服。说实话他自己也觉得五年后 410 亿日元这个销售目标能实现的依据很不够，他心里想的是可能连一半都达不到。

"如果你的目标是让业务取得巨大的成功，那同时失败的风险也会增高。所以要事先描绘好**战略**，这样即使错了也能及早发现。"

长尾之前已经预感到了新总裁的上场将给公司带来巨大变化。但是，他没想到这改革的浪潮会直接冲到业绩优秀的 FA 事业部。他本以为自己部门会是最后一个，所以还在作壁上观呢。

可是，三枝先想到了这些，早在等着长尾了。

没有概念的战略规划

长尾回到座位后，把事业部的四个干部召集到了会议室里。

"新总裁说让我们做**战略**，所以呢，你们就自己琢磨着做一下各自负责的商品群的战略，好吗？"

四个人的脸上浮现出了困惑的表情——这是第一次有人对他们说

"战略"。长尾自己还不太明白呢，就一下子全扔给部下们考虑，这一步就已经错了，不过他自己还没意识到。长尾只给了他们一个正确的提示：

"去年秋天，新总裁还是独立董事的时候，以所有高管为对象做了一次战略培训……那时候的内容我记得有个什么'选择和集中'还有个'缩小范围'。"

项目从 3 月 13 日开始了。四个人做了各种各样的图表。

两星期过去，3 月快过完了。长尾事业部长听了四个人的报告，拿了一张他们做的图表就勇敢地去找新总裁了。

这张图的竖轴是"商品销售额增长率"，横轴是"商品营业利润率"，上面绘制了各种商品。

可是，开场锣没响完长尾就被打趴下了。

三枝只看了十秒钟左右就马上开口：

"这张图表的什么地方能让人明白我们与**竞争对手的胜负状况**？"

对三枝来说这是"似曾相识的风景"中很初级的一种，不考虑战略的人总是马上就做这种图表，典型的业余模式。

长尾也觉得意外——图表里还真是没包含竞争。部下们两星期的苦战被总裁一句话就判了出局。他垂头丧气地回到事业部，命令大家进一步工作，但没能告诉他们具体的分析手法和思路。

经营素养是要把听课看书学到的理论在经营现场进行尝试，在反复失败和成功的过程中逐渐提高。经营高层的"战略创造性"决定胜负的时代已经到来了。慢性不景气的企业中，平时进行逻辑性讨论、重视数字的风气就较弱，容易被陈旧的公司内部权力关系所裹挟。而根本性增强公司实力的关键就是经营素养。

长尾们还按原来的做法，接着往前赶。

"说起战略商品，增长率、利润率高的东西肯定是重要的，再从当中选出米思米'独特性'高的商品就好了。这样一来，目标就是商品群1的A商品、B商品、C商品了，对吧？"

又是一下子跳到结论上。这只是把他以前就直觉重要的商品群列举了一遍，更深的论据一概没有——"深入考虑"这一步骤被省掉了。

大家自我感觉是在用和以前不同的方法，做了数十张种类不同的图表。光收集数据就接二连三吃了很多苦头，这让他们感觉自己好像完成了一部大作。

长尾把这些拿给总裁看了，但得到的是同样的评价。

"这样看不出来和竞争对手的胜负，也看不出来战略上的问题是什么。"

三枝并没有不管他们。当团队在会议室里加班到深夜时，三枝有时会看似随意地走进来参加到讨论中。

总裁在这么晚的时候，而且是在员工们的工作间出入，这让他们非常吃惊，这在以前是不可能的，不，在任何一家上市企业都很少见吧？不过三枝虽然有时会提建议，但从没有说过答案。

为什么没有说答案呢？

项目开始了大概一个月，4月17日的时候，他们完成了自认为是"终极新战略"的示意图。虽然他们确信这次一定能**合格**，但这张新图居然倒退回了和第一次那张仅10秒就败退的图表相同的水平——一点儿竞争的要素都没有。

"你们就像动物园的熊一样，在一个地方来回转圈。"

到这时为止三枝都是默默看着的，但他的耐心渐渐接近极限了。长尾他们至今花的时间不是一般地多，让三枝不能不无奈地赞叹："把原来的工作扔在一边专门做这个，然后事业部的正业居然还能不出错，你们还真是有本事！"

但是，再不管就太浪费时间了。团队被扔到草原上，怎么也找不到食物，这样下去马上就要饿死了。

当时的状况都这样了，如果自己知道答案，为什么没给长尾他们更具体的指导呢？三枝在几年后回望此时的情景，这样说道：

"到我来之前，米思米几次引进过外界的顾问。每次都花掉成亿日元的预算，让著名的顾问公司鱼贯登台。而我把那些报告通读后发现——其中的计划几乎都没实现过。"

"咨询顾问是用时间做生意的人，就算是让员工参与了项目，他们也不会等员工们提高到自己那个水平。所以，顾问们走后员工独立思考的能力显著提高了吗？没高多少。虽然米思米花了大钱，但员工们的经营素养和社会上的上班族没有太大不同。"

"所以，不能轻易地把工具或答案交给米思米的干部和员工们，得让他们多少自己折腾折腾（笑）。对于这群从没深刻思考过经营和战略的家伙，要想让他们养成自己思考的习惯只能这么做。"

这对于三枝也是个痛苦的过程。以前做业务重建时他三天就能得出结论的事情，在米思米要等上一个月，而且他们拿来的答案还是错的。唉呀呀，只有等下个月了。

"但是我已经宣布过要在米思米培育经营人才了，为此要提醒自己'欲速则不达'嘛。"

回归基本

到现在为止，长尾是把所有的思考和操作都让部下来做的，对于"战略思考"和"手法""改革的推进方法"等根本性的思考方法，他并没有做任何引导。这回长尾没路可逃了。

"我总算意识到了——作为领导，如果我本人不能先掌握'思考方法'和'工具'并且用它们给部下做先导，那么他们就只能原地徘徊。"

事到如今才说这种话多少让人摇头，不过长尾总算是开始一点点学习在战略规划中尽自己该尽的职责了。没有积累框架的领导者是无法尽到领导职责的。无战略的企业向有战略抱负的企业转变，就是这种个人层面的变化在组织内传播开的过程。

在那之后，FA战略团队的行动一点点地发生了变化。说到底，有总裁夜里在他们工作的房间出出进进，他们不变也不行啊。

经营领导者必须一边接触现场的实际工作，一边从比部下更高一个层次的角度来领会问题。为了不让部下过度绕路而消耗精力，领导者必须看准时机向部下们指出**思考方法**和工作的**出口**方向，这意味着告诉他们要扔掉多余的工作，也就是教给他们**如何偷懒**。"亲自动手"是领导者的要诀之一。

长尾陷入了为难，团队也因为连日加班而疲劳不堪，必须想个办法。

自己该掌握的框架是什么呢？长尾为了找到提示，决定把三枝的上一本书《重返问题现场·逆转篇》再读一遍。这本书写的是一件真事，是三枝就任米思米总裁之前重建日本某一万亿日元企业亏损业务的经过。

长尾在去年秋天读过这本书，是作为高管培训的课题图书读的，但当时他以为这本书和自己没有关系。可这次他刚开始读就吃了一惊——很难相信这和上次读的是同一本书——书里出现的改革工作小组的状况不正和自己现在面对的一模一样吗？他被深深地吸引住了，读得如饥似渴，当读到第3章《找到共同理念，作为改革切入口》时，长尾豁然开朗——他明白自己所处的位置了。

《重返问题现场·逆转篇》中改革工作小组的成员们最先做的是彻底的"直面现实"。他们在集训中把**败仗**的原因彻底查清，由此达成了"深刻的反省"，这就是改革的出发点。而长尾他们自己呢，却把业绩变坏全都归罪于不景气，没有试图去迫近事业部的本质性问题。

"原来这就是分界线。我们一上来就直奔着鼓捣数字和曲线图去了。"

长尾决定要回头学习经营的基础知识，以前他一直觉得这些是没有意义的。他的经验与书本知识的相遇，开始将他带向巨大的知识收获，这就是**经营素养和框架**的功效。他决定从查清问题点重新开始，把成员们召集了起来。

迫近问题的核心

在项目开始约六个星期后的 4 月 27 日，也就是 5 月黄金周第一天的星期六，长尾对大家说道：

"让我们返回原点，把自己不明白的东西写出来看看。我先给大家几个暂定的主题。"

说完，长尾给出了"用户""米思米""成本""竞争对手""商品开发""合作厂商"六个主题。

大家开始你一句我一句地往外蹦了。长尾自己把得到的意见一个接一个写在了白板上。疑问和问题陆续地涌了出来，本来估计查清问题这一步到傍晚能结束，结果意见都说尽时已经快到深夜末班车的时间了。

第二天早上，大家又集合到了同一间会议室，但只是把问题摆出来是不可能看到问题的核心的，状况变得跟《重返问题现场·逆转篇》里伊豆集训时的场景一样了。最后，问题被归纳成了"商品开发""合作厂商""开拓顾客""每种商品的收益性""市场与增长性""供应链"六项。

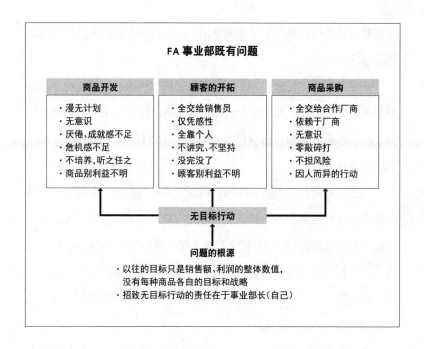

FA 事业部既有问题

商品开发	顾客的开拓	商品采购
·漫无计划	·全交给销售员	·全交给合作厂商
·无意识	·仅凭感性	·依赖于厂商
·厌倦、成就感不足	·全靠个人	·无意识
·危机感不足	·不讲究、不坚持	·零敲碎打
·不培养、听之任之	·没完没了	·不担风险
·商品别利益不明	·顾客别利益不明	·因人而异的行动

无目标行动

问题的根源

·以往的目标只是销售额、利润的整体数值，
没有每种商品各自的目标和战略
·招致无目标行动的责任在于事业部长（自己）

长尾在回家路上也不停地问自己——他看不明白这个项目今后该怎么走下去。

第二天过节放假，他继续在家里思考，总觉得有什么想不通。《重返问题现场·逆转篇》里描写过：主人公黑岩莞太在夜里凝视贴在墙上的 500 张卡片，影子映在墙上仿佛黑色的剪影——长尾就是这样一种心境。他感觉，自己还没意识到的本质性问题就隐藏在什么地方。

突然，他明白了：

"对啊！所有这些现象都是因为行动时没有**目标**而引起的。"

读者会觉得他的逻辑有些飞跃吧？但是，"迫近问题的根底""将混沌单纯化、抽象化"，这些领导者的思考（参照《三枝 匡的经营笔记❷经营者的较量在于"开解谜团"》）的进步是离不开这种飞跃性觉察的。

长尾想，以往在米思米中，只有事业部整体的总销售额和总利润额这两个数值目标。大家认为商品种类太多，没法一个一个地制定目标。对于未来的计划，也只有力争 FA 业务整体销售额达到 410 亿日元这一个目标而已。

因为每种商品的战略不明确，所以负责商品的每一个员工的行动之间没有任何联系。不同的商品有不同的竞争对手或顾客，制定对策的人也本该有复数的选项，但从没有人想过要根据商品不同做区分。

"我们自己光说业务整体的宏观话题，以为这就是在做业务了。"

长尾做了一张图表，他在大家面前说，这个问题被放置不管，是自己这个事业部长的责任。

他还学到了一件事——总裁频繁地提到的"迫近个体"是怎么回事。好几次总裁问他"对米思米来说什么是好商品，什么是坏商品？""什么是好顾客，什么是坏顾客？"，但因为不了解每种商品单独的盈亏，他一直都答不上来。

当然，如果只问销售额和毛利的数字，每种商品的他都知道——没有哪家公司连这都不知道吧。但是，毛利高不等于商品好。如果某种商品因为这样那样的原因花掉很多经费，或被人投诉蒙受损失的话，该商品的最终盈亏为赤字的事情应该也很常见。

不能看透这一点，就像没法区分"好人和坏蛋"。如果区分不了，就看不到自己该如何出招。

长尾终于看到了自己该做些什么。

在"第一页"对原因的整理中提到：只有通过"迫近个体"来把问题分解到"自己能掌握的大小"，才可能产生具体的反省。不要在大分类或中分类的总计中谈论，而是要迫近每一个商品和顾客、员工、行动等等，反复问"为什么"。开解谜团离不开"执拗地迫近"。

重新设计项目

"对啊，不知道每种商品的正确利润，怎么能看到战略呢？"

长尾终于意识到了。虽然已经花了太多太多的时间，但他觉得应该停止一上来就选择战略商品这种做法，应该回到查明利润这道步骤重新操作。估计被总裁训一顿是免不了。

"我想回到正确测算每种商品的最终利润的步骤，重新开始。"

总裁的反应和他的预想正相反。

"好啊，思路没错。不过你想怎么计算这个'每种商品的盈亏'呢？"

总裁的问题总是这样，听着越简单的问题其实越可怕。

"长尾啊，每种商品的最终盈亏并不是很容易就能计算的哦。"

总裁告诉长尾，把经费按销售额或原价的比例"分摊"这种普通的做法会导致战略判断的失误。长尾还真没考虑到这一层——他又忽略了学习工作的基本**思想**与**手法**，尽管这项工作是他自己提案的。

三枝帮了他一把。

"你试试 ABC 怎么样？"

长尾一听马上想起了从前被称作"帕累托法则"的 ABC 分析法。

"不是。我说的 ABC 是'Activity Based Costing'，是一种成本

计算的手法。"

总裁又做了简单的说明。米思米的员工从接受顾客的订单时起到商品送达顾客手里为止的整个过程中，在各种各样的岗位进行着各种各样的活动，如接单处理和向厂商下订、向配送中心送货、包装及出厂、那之后的物流、投诉处理等等。每个活动耗费成本的方式因商品和顾客的不同而各自不同。ABC 就是调查这些间接成本的消耗，把每个商品的原价和收益性比以往更正确地算出来的手法。

"明白了。我这就试试 ABC。"

长尾并不知道，这句随意的回答其实是下一个泥沼的入口。只有三枝知道"ABC 地狱"，而大家都以为今天的会议很顺利，笑眯眯地一副松了口气的表情。

对那些不想模仿别人而是想创造出什么新东西的人来说，不论"技术开发"还是"经营革新"，都必须摸索未知的道路。在提高经营能力时，总要被迫忍受这种反复摸索和随之而来的不安心理以及相当繁重的"脑力劳动"，这种人可以称为"脑力运动员"。

就这样，长尾他们进入了 ABC 分析工作。

本书将在《三枝 匡的经营笔记❹为什么战略中成本计算很重要》和接下来的第 3 章里将 ABC 作为独立的战略主题加以说明。在接着读本章前，如果读者想知道长尾在引入 ABC 时做了哪些工作，最好先读这两部分，然后再返回本章接着读。

战略论的经典 PPM 变成了
"米思米活恐龙"

尾巴他们结束了 ADQ 分析后，成功地用跟以前没法比的准确度明快地描述了 FA 事业部的问题点，这要归功于他们遇到的一个战略概念。在讲下一个故事前，我想在这节经营笔记里说明一下这个战略概念。

产品组合管理（PPM）理论是波士顿咨询公司（BCG）创始人布鲁斯·亨德森创造的概念，它曾经风靡全球，20 世纪 70 年代因此而被称为"战略时代"。在战略理论的历史中，PPM 是古老的恐龙级别的存在。

但是，到了后来 PPM 在实际的经营现场几乎没人用了。为什么呢？对 PPM 有过各种各样的批评，而我（作者）的解释比较简单：

本来企业的"胜负"和"竞争优势"应该是极为复杂的，PPM 却只用"增长率"和"市场份额"的两条数轴来说明其机制。PPM 被冷遇的最大理由就是人们认为这种说明太简单了吧。也就是说，它作为战略概念过于狭隘了。

随后进入了 20 世纪 80 年代，有很多的顾问专家和学者试图超越 PPM 的简单性。他们从"说到底'竞争优势'是什么？""要如何构建企业的竞争优势？"等角度接连发表了很多新的战略理论，其中最有名的不用说是迈克尔·波特教授的"五力模型"，这正是一个多维度说明"竞争优势"机制的模型。

世上的商务人士都蜂拥扑到接连不断出现的新理论上，用了试试后再丢掉转向下一个，这种现象可以叫作战略理论的"流行"。追逐流行的风气向全世界蔓延，PPM 迅速地失掉了社会的关注。

可是，也有人执着地欣赏 PPM 的有效性，在经营现场一直使用它。那个人就是我。世界上的经营者，即使在据说超过一万人的前 BCG 员工中，像我这样近四十年来一直认准了 PPM 并坚持在经营现场运用它的人，估计没有第二个了吧。

我规划战略时会按下面的步骤，而其中起决定性作用的就是 PPM。

1. 限定作为全公司战略的"战略业务"的范围

2. 从选出的战略业务中限定"战略商品群"的范围

3. 从选出的战略商品群中限定"战略商品"的范围

此后的战略规划的流程如下：

4. 在战略商品的对象市场内进行"战略划分"

5. 对瞄准的分区进行"销售方法组合"

6. 在该组合中进行"销售员活动"的效率管理

7. 对其结果即"每位顾客的销售状况"实施进程管理

8. 一边观察其成果，一边将其反馈到高层的"战略业务"层面，即"反馈的循环"

PPM 的有效性

前面已经介绍过"PPM 太简单了""作为竞争的概念过于狭隘"等批评意见，而我的想法和这些正相反。这些批评是对的，但我认为其实 PPM 的简单性反而提高了它的实用价值。

我的意思是，当你作为经营者思考业务战略时，排除了该业务"今后能增长多少"这一增长性要素，你还能确定什么想法吗？

接下来，排除了"现在是胜还是败，将来胜负如何"这种胜负的要素，你还能确定对战略的想法吗？

进一步，排除了该业务"现在赚钱还是亏损，将来会怎样"这一利益性的要素，你还能确定对战略的想法吗？

结论就是，排除掉这三者后还想用思考来确定战略，几乎是毫无意义的。

也就是说，这种简单性正是 PPM 的强大之处，它提供了在当代仍然生生不息的有效性。PPM 只分析了众多战略要素中的一部分，但这部分在战略上实在太重要了。

即使在几十年后的今天，关于亨德森抽取的这三个竞争的最大要素的动态关系，还没有哪个理论能比 PPM 更明快且实用地带给我们战略上的启发。

此外，批评它的人是有的，但创造出比它更实用的战略工具的人却没有。在战略中该考虑的要素有很多，却没有人能创造出一个能包含一切的战略理论——人类的企业活动就是这么复杂。

那么说到 PPM 的用法，在我的头脑中，决定战略时会把 PPM 作为出发点来使用。从这里出发扩展战略思维，没有比 PPM 更犀利

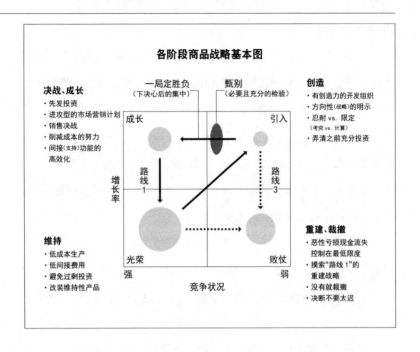

各阶段商品战略基本图

决战、成长
- 先发投资
- 进攻型的市场营销计划
- 销售决战
- 削减成本的努力
- 间接(支持)功能的高效化

一局定胜负
(下决心后的集中)

甄别
(必要且充分的检验)

创造
- 有创造力的开发组织
- 方向性(战略)的明示
- 忍耐 vs. 限定
(考究 vs. 计算)
- 弄清之前充分投资

成长　　　　　　引入

路线1　　　　路线3

增长率

维持
- 低成本生产
- 低间接费用
- 避免过剩投资
- 改装维持性产品

光荣　　　　　　败仗

强　　　　　　弱

竞争状况

重建、裁撤
- 恶性亏损现金流失控制在最低限度
- 摸索"路线1"的重建战略
- 没有就裁撤
- 决断不要太迟

的理论了。用 PPM 得出一个解释后,要将它和其他的概念对照,检查是否有矛盾或阻碍因素——就是这么个顺序。

我是现役的经营者。所以,不管别人觉得 PPM 有多陈旧,我一直都在米思米公司内运用 PPM 进行经营,并在现实中取得了实打实的成果。在社会上 PPM 被定位成恐龙化石一样的存在,现在只有商学院的教室里还会说起它,其实它活得劲头足着呢。在米思米,这只恐龙整天在公司内昂首阔步,简直该叫它"米思米活恐龙"。

把米思米活恐龙带到这里来的是我,但给它水和食物让它活下去的是以在本章出场的长尾和工作组为首的米思米干部和员工们。

关键词是"现场"。不要将 PPM 当作高层专用的工具，重要的是要让业务线上的中层们完全理解它，把它作为提升自己业绩的工具。

光荣的"路线 1"

我在 PPM 上给业务和商品的成功之路起了名字。从引入开始，经过成长期，最后到达"光荣"框的是"路线 1"。与此相对，从引入期就一直打败仗直到彻底成为"失败者"的是最糟糕的"路线 3"。两者之间是经过混战状态向前的"路线 2"。

我写过事业部长长尾在没有框架的状态下让部下们一直工作，结果被总裁说是"像动物园"，所有这一切都是真事。他重新进行学习后，学到某知识点时惊出了一身冷汗——就是这个"各阶段商品战略基本图"。我总是在米思米公司内的战略培训讲座上给大家看这个。

首先，希望你把自己负责的商品绘制在 PPM 上。在此基础上，整理清楚你该以何种姿态面对这每一个商品。

第 2 节 描绘战斗的方案

再次返回战略规划

长尾他们经过反复的奋斗后完成了 ABC 项目（参见第 3 章），在总监会议上发表了他们的工作结果。他们和工作组沉浸在完成了一项大工作的充实感中。

但是，如果只是把 ABC 做完，"它作为战略有什么问题""具体的招数是什么"这些疑问还是得不到回答。

于是，长尾他们开始了下一步的工作。他们返回到了曾经的山发点"决定战略商品"这一主题。和进行 ABC 之前不同，现在有了每种商品的利润率数据。他和工作组成员们多次开会进行了讨论。

首先，他们以为把"战略商品"按照"今后三年内利益额增长最大的顺序"来选即可。

"为此我们要查一下过去三年来的平均增长率，这样就能类推今后三年的预期增长和预期销售额、预期利润等。"

读者们是否一眼就看出这两行话里包含的谬误了呢？如果是三枝，三秒之内就会问他"你说什么呢！？"。如果再读一遍还是看不出来，那说明读者你作为经营领导者的修行不够。

这两行话里含着的逻辑是"过去三年里增加了 30% 的增长商品，在今后三年里也会增长 30% 左右"——太愚蠢了。要是所有的商品都能保持一定的增长率，而且过去的增长率能自动在将来也适用的话，世界上的一切就都是"顺其自然"了。要那样的话，也就没必要考虑什么战略了。

他们从去年到今年以来经历了很大的萧条，刚体验过增长率由正转负的巨大落差，这种状况下是怎么说得出"过去的增长率可以直接在将来适用"这种歪理的？

长尾再次表现出了开始 ABC 前被说成"像动物园一样"的那种样子。也就是说，他们的模式是：明明不太有根据就扑到一个结论上，把工作生搬硬套去配合这个理论，然后一头钻到工作里去。

忍耐的极限

成员们又意气风发地向着总裁室去了。这三星期来，他们又拼命工作了一通，他们相信总裁会表扬自己做得好，就像ABC的时候那样。

可是，三枝瞥了一眼长尾他们做的表当时就发话了：

"你们啊，还是老样子……"

三枝的表情很失望。这已经是第四次了，他没法继续保持冷静。一直以来他都非常有耐性地几次布置工作，等待着长尾他们的进化，可这天，总裁的忍耐超过了极限。

"注意了，把这张表再从右到左，从上到下，给我好好再看一遍！这张表的哪里能判断出'和竞争对手的胜负'？"

要是相信这么低劣的理论而开始执行改革，毫无疑问战略会落空。这是三枝第一次让员工们执行所谓"战略"，要是失败或者白费了力气，他们会对所有叫作战略的东西都不信任。对于三枝来说，改革打出的第一发战略炮弹绝对必须要成功。

"长尾，战略可是'胜负'啊！"

"又被这么说了，自己的思路还是没转换过来。总裁这么说我还不明白，也许我是个傻瓜？"长尾垂下了眼睛。

他看了看总裁的脸，总裁好像在说："对，你就是"——总裁已经不再是以往那种笑眯眯等待的姿态了。

越是这样的场面，三枝越必须发挥对公司内常识的"切割力"。这种切割力不是强权或体力，归根结底**支撑它的是逻辑性**。

"听好了，以前我可说过了。即使增长率同样低，当中会既有市场进入成熟期所以不会增长的商品，也有还处于诞生期所以增长率还很低的商品。你从这张表的哪里能看出那些现在似乎低迷但将来大可期待的商品？"

"……"

"一种商品不论在米思米是多么高增长，如果竞争对手企业的增长率比这更高，米思米打的就是败仗，需要动员大家跟对手较量。你这张表的哪里能看出来那些<u>似乎卖得不错实际已经输了的商品</u>？"

长尾一句都没法反驳。

"你的理论这不成了<u>错误指定战略商品的'坏工具'</u>吗？这不是可有可无，这是业务的毒药，会害了业务。这样的东西没有反倒好点儿！"

开解经营者的谜团
20
战略是什么

战略是什么？如果有人问起战略的定义，三枝会这样说：战略是①对"战场和敌人"的动向②进行"俯视"③从自己的"优势和弱势"中④看出"胜负的关键"和⑤"选项"⑥在努力取得"风险平衡"的同时⑦以通过"限定和集中"⑧在规定的"时间轴"内打胜仗为目的的⑨"逻辑"。然后，再将⑩该战略的"执行步骤"作为⑪"长期方案"⑫"在组织内部公示"。只要描述的是还没执行的事，战略就永远是"假说"，判断其好坏（打胜仗的可能性高还是低）的决定性因素是"逻辑有多过硬"（在《重返问题现场·决策篇》内有详述）。

"你们啊，这可不是学生在学习，也不是知识分子上班族在收集知识。按照你们的提案，经营高层会行动起来，员工们会被实际动员，经费和投资会被注入——这是真刀真枪的胜负。打起仗来再说自己'认识太浅''战略错了'可不行。"

长尾低下了头。

"这个业务的未来就全靠你构建的理论了。要有逻辑，逻辑！"

接下来该做什么——长尾他们连答案都没有就回去了。

经营人才的培育过程

三枝虽然很失望，但其实这个状况和他以前做业务重建陷入困境时的情景倒是很像——就算把公司内被认为很优秀的员工集合起来了，他们的思考和行动也很难改变。如果不一直顽强地动摇他们的价值观直到正确的思考方法渗透进他们的身心，公司是不会开始改变的。

掌握着关键的人是长尾。三枝在这四个月里已经看透了他的弱点。

对于"上边派下来的课题"，如果是自己很了解的事，他会表现得高效而机敏，会自己设出期限极为迅速地执行。他对于组织的领导能力是出类拔萃的。这种让人感觉野性的强悍性格和敏锐的反应能力，即使过去经历了各种公司的三枝也是第一次遇到。

但是，对于自己不太明白的事、不擅长的事，或者觉得并非必要的事，他就会想要逃跑，想要拖延。因为好奇心较弱，他没有从头学起的气魄。他只在"当前的思考"范围内活动，而这种思考只是他过去经验的延长，所以三枝才一直说他"不够"。在 ABC 之后，虽然重新开始了工作，但长尾并不知道该怎样找出方向，这次他又让部下做了好多的无用功。

三枝到底能不能把长尾和工作组成员作为经营人才带出来呢？他们每个人都是拼命三郎，都很有个性，上进心也很强。但要想成功，他们必须意识到自己不足的方面，并努力从中摆脱出来。

有句话叫"人才是自己成长起来的，不是培育出来的"。但是，三枝选择了在米思米培育经营人才这条路。

重要的分界线——经营者的解谜和判断

· 如果长尾制作的业务战略水平低，那么米思米内部有关战略的满意标准也会被设定在一个较低的水平上。这意味着在米思米**经营人才的培养**会是低水平的。

· 在米思米制作的业务战略必须是在世界层面上看也是优秀的。如果是世界三流的战略，米思米只能成为世界三流的公司。

· 于是三枝决定充实一种机制——把自己过去的**战略**和**现场改善**的经验亲手交给米思米的经营人才。 个是引入三枝在过去的经营现场一直用的"业务方案"手法。由此干部们将把战略的理论在自己的业务中实际使用，进行较量。另一个，是由三枝来做公司里的"战略传道士"。对上市企业的经营者来说这是很大的负担，但要想让组织被战略抱负所感染，没有比这更有效的方法。

回归初心

项目是从 3 月开始的，现在已经进入了 7 月。不能再这样把长尾的工作组放置不管了。三枝决定给长尾一个契机，让他能超越自己的缺点即"不想去寻找自己看不到的东西"。

"长尾，去年我在高管战略培训中教了 PPM。很多人觉得这个理论有些陈旧，不过当时我教的内容和普通教科书里写得不太一样，那是我一直在实战里用的真家伙。你就从重温那段开始怎么样？"

长尾把三枝的著作《重返问题现场·决策篇》重读了一遍。在他手边，还有去年秋天受战略培训时的讲义记录。

那时三枝告诉大家在业务的战争中必须要做龙头老大。当时他还觉得是别人的事，现在这个问题就逼到自己眼前了。

记得好像总裁说的是"**和做大市场中的小势力相比争当狭义的独特市场分区中绝对的龙头老大更重要**，即使销售额小也没关系"，这点他倒是记着呢。

长尾沿着这条线索想起来了——在讲义记录里有据说是总裁做的一张图表《各阶段商品战略基本图》（参见《三枝 匡的经营笔记❸》）。

长尾很吃惊。总裁要求的**战略**要素不全都写在这里吗？！自己虽然受了培训，但恐怕是当天傍晚就忘了。

"就是它了！回归初心做 PPM 看看。"

就这样，在 7 月的最后一星期，团队开始挑战制作 PPM 图表。多亏了到此为止的工作，基本的数据都已经在手头了。

经营素养带来的划时代变化

7 月 30 日，FA 事业部第一张 PPM 终于完成了。

长尾和工作组成员们拿着这张图表找总裁去了。

戏剧性的变化发生了——总裁和大家你一言我一语说起了以前从没有过的对话。

"原来如此，FA 事业部的业务是在增长，但在'败区'的商品还有好多啊。"

"是的，本来曲线图的中线往左是市场第一，但目前几乎没有位于这里的商品。"

看着好像很明白的样子，其实长尾本人也是做了这项工作后才第一次了解到这个情况。

"也是哦。那就把'胜利'的判断标准放宽一点儿，到市场第二都算吧。不过我更担心的是薄弱的商品群太多了。这么看 FA 业务可算不上成功。"

通用电气的杰克·韦尔奇在进行大改革时也是把范围设成了允许业务是市场第二。20 世纪 70 年代通用电气全公司都信奉 PPM，韦尔奇在被提拔为公司总裁以前，已经作为塑料部门的总裁受过它的洗礼了。

"是的。另外，右下方的'失败者'角落也有几个商品群。按我们的理论是应该裁撤掉的。"

"啊，不过……对于是否该按理论裁撤，最好慎重研究一下。PPM 中没有表现出业务增效，这是这个概念的缺陷。还有其他的竞争要素，所以最好别单凭 PPM 就决定裁撤。说到底，就算商品掉到了这个角落也不一定就会亏损……至于它的真实状况嘛，这次的 ABC 数据应该会告诉我们的。"

"总裁，FA 业务整体明明是在成长的，我们却发现有这么多的低增长商品群。应该是有什么原因让我们居然没意识到这一点吧？如果把绳结一个个解开，也许我们就能向胜利的方向动起来。"

长尾的说话方式发生了戏剧性的变化。三枝瞟了他的脸一眼，微微一笑。

"不过呢，长尾，从PPM图表的整体来看，业务整体的'肖像'还不坏嘛。右上的'创造'框里也有很多的商品群。这些可让人期待哦。"

"这个商品群现在市场占有率还很低，但增长率很高。也就是说，它的市场占有率会自动地上升。如果把它作为战略商品来强化，业务整体的增长也会加速吧。"

"嗯。不过，对于'创造'框里的商品是否真的有前途，必须要慎重研究。其实现在市场中更该集中精力较量的战略商品是位于再偏左些那个胜负关键处的商品群吧"

"您是这么解释的啊。"

对于长尾和工作组成员来说，这是让他们吃惊的对话。以前被总裁驳回时是大人和小孩的对话，而这次变成了大人之间的对话。略装点腔调地说，可以算接近经营者之间的对话了。

"原来是这样，总裁要求的是这个啊。原来所谓战略讲的是这些东西，所谓经营素养就是能创造这种变化的东西啊。"

上次是ABC，这次是PPM，没有这种框架的人只能徘徊流离，眼前的迷雾永远不会消散，在看不见的状态下发出错误的方针和战略。各自存在的这两个框架现在就要在长尾的头脑里连接起来了。

经营者不是学者，所以不可能学习和掌握所有的经营理论。而且，理论还存在着流行的问题，不能听凭它忽悠。重要的是彻底学习属于自己的支柱理论，哪怕只有一种也好。要牢牢地掌握它，包括它在现场的适用。这就是对自己来说的经典。有了支柱理论，其他的框架就会以它为中心在头脑里繁殖开去，像越长越茂盛的树木那样。

如果有经营素养的人和没有的人在市场上展开争斗，谁会更有利？答案是很明显的。

还是缺了点什么

好了，这样就能行。只要用 PPM，就能决定 FA 业务的战略商品——每个当时在场的工作组成员都这么想。

但是，以往也曾有过——长尾和成员们刚感觉"总算完成了""漫天的雾都散了"时，那种轻易的期待就被打得粉碎，眼前忽然出现了下一座难以攀登的大山，而且，一眨眼的工夫，大山的顶峰又被新的迷雾罩住了。虽说这是勇攀高峰的登山家常会体验的宿命，但还是很痛苦吧，志向高远的商务人士也一定会有这种经历。尽管如此成功者们还是会永不厌倦地向顶峰攀登，所以他们一定会积累很多这样的经验。

总裁又向长尾抛出了一个新问题。

"我问你啊，如果米思米的商品在市场上要打胜仗，构成其原动力的'米思米的优势'到底是什么？"

这是很基础的问题，总裁换了种说法又问了同样的问题：

"客户为什么会从米思米买东西呢？或者他们为什么要从竞争对手企业买呢？"

这是可以问所有业务和生意的基本问题。但是，长尾以前从没有好好想过。

没想归没想，业务还是大幅度增长了。以前他自己积累了一些对这个问题的正确答案和为争取顾客该做的工作。正因如此，顾客的订单一直在增加。但是，他真的有意识地理解了这个现象的内容吗？长尾陷入了沉思。也许总裁的问题真的问到了自己的原点上——完全安于现状并失去了方向感的自己应该返回的原点。这不就是业务战略规划工作的出发点吗？

在 FA 业务中这个问题尤其重要。米思米的精密零件如果让有一定金属加工技术的外协企业来做，只要不看成本和交货期，大多数商品是在哪家公司都能做的。而且，米思米卖的所谓市卖品都是普通市场流通的零件，在哪里都能买到。

既然这样，那为什么顾客还是从米思米买东西呢？这当然是因为米思米在为客户提供某种"价值"。对此进行分析，让以往无意中做的事情能够作为今后的战略课题有意识地被实行——这不就是总裁一直在讲的吗？

"如果能整理出一些手段，用它们来强化顾客认可的米思米**优点**、减少**弱点**，那这些手段就会是帮助该商品增长的**招数**。"

长尾他们终于理解了——这是在建立战略时不可缺少的工作。

米思米在提供哪些"价值"？

　　长尾和工作组的成员们开始对米思米提供的"价值"进行分析，包括让米思米在竞争中输掉的要素，他们列举出了尽可能多的"价值"。

　　自己觉得**有价值**的东西，不一定真的给顾客一方创造出了价值。这个工作的要点就在于把这个对照明确地表现出来，比如像下边这样。

米思米模式　　　　　　　　**顾客的价值**

"在产品目录中明示价格 →○　　"可缩短报价工作的时间"
和交货期"

"仅用产品目录即可订货" →○　　"不必给每个零件都画图纸"

"投诉由客服中心处理" →×　　"给客服中心打电话很麻烦"

既有流通模式　　　　　　　**顾客的价值**

"代理商的销售员会登门 →○　　"对要求能迅速做出反应，
拜访"　　　　　　　　　　　　　很方便"

"代理商只代理特定的 →×　　"订货对象增多，给订单分
厂商"　　　　　　　　　　　　　类很麻烦"

　　白板上写了好多的价值。长尾他们看着这些价值意识到——原来这些就是米思米业务模式的优势和劣势啊。

　　只看这张表还不太容易明白自己和竞争对手的比较。用"○×"

这种比较方式很难看出最终结论是米思米还是竞争对手胜出。于是长尾想到了一个办法——能不能把这些**价值**数值化呢？这样就能更清楚地把握这些要素中哪些在战略上比较重要。

长尾把分析结果拿到总裁那里去了。总裁最近忙于去国外出差等其他的经营课题，疏远了这个项目一个月左右。

三枝听了长尾的说明后吓了一跳——工作组在这一个月来实现了巨大的进展，创造出了对每种商品分别进行竞争分析的工具。本书不能详细透露这个战略工具的数值手法，但可以写写下面的事。

三枝要长尾他们给这个概念起一个独特的名字。虽然他边笑边说"没有什么性感的名字吗？"，最后被选中的还是很严肃的名字。

"那么长尾，这个框架就叫'相对顾客价值'吧。"

米思米特有的战略概念诞生了。也许读者们觉得这没什么了不起，但长尾创造出的这个概念在其后的米思米经营里发挥出了重大的价值。

开解经营者的谜团
22
一张关键图

一张给经营变革带来决定性影响的图，过后看时，往往不是什么能让观众叫好的了不起的东西。很多人明明自己想不出来，看了这张图又觉得不算什么。但是，一张独特的关键图——包含着此时在此地的人们以往没注意到的普遍规律——优势正隐藏在这种"平凡"之中。它会给员工们带来恍然大悟的心情，产生战略冲击。

长尾得到了比预想更大的夸奖，心情十分喜悦。他高兴的是，这次自己没有陷入转圈迷路的模式，挽回了名誉。

最后的最后又"还是少点什么"

这个项目是从 3 月开始的，到了 9 月后长尾他们开始进入了总结工作。

"长尾，希望你能向米思米的所有员工说明 FA 业务的战略。我想给大家展示什么是战略，让大家留下一种印象就是米思米的新时代开始了。这是改变公司文化的重要一步。"

这次发表的场合是召集所有员工举办的"全公司经营论坛"，举办地点是有乐町的东京国际论坛，日期定在 10 月 13 日。

这样一来就定下了项目的最后期限，无论如何也必须在那之前做完。

可是，工作组撞上了最后一面墙——不论他们怎么反复鼓捣 PPM 和"相对顾客价值"，虽然各自都有很多可说的东西，但始终得不到一个清楚的、能作为战略的结论。

三枝早有预感——只要能越过这堵墙，米思米就会开始巨大的飞跃。过去总会有某个瞬间，他看到犀利可行的企业复兴方案时产生"啊，这个能行"的确信，而在米思米，这几天来他也都直觉这个瞬间正在接近。眼前长尾他们正在攀登的这堵墙上，一定有能产生新战略的突破口。

而且，既然自己作为经营者接手了这家公司，那么找到这个突破口就是自己的责任，让长尾他们来做这个有些残酷。以后他们如果能成长起来，就会拥有自己找出新理论的能力。这样的话自己也会越来越轻松。这就是三枝的希望。

就这样，三枝不和工作组一起，自己一个人单独思考，做出了一张他认为是真正的突破口的图表。这是浸染了米思米的汗水和泪水的知识财产。在本书出版时，向包括竞争对手在内的外界企业详细公布该战略工具还太早，不过可以讲讲这个概念的大致框架。

长尾做出来的战略示意图将下面列举的所有要素都嵌入了一张图表，可以帮助看图者对商品战略做出综合性的判断。

- PPM 的"相对占有率（胜负）"和"市场增长性（增长潜力和其风险）"
- ABC 带来的"每种商品单独的盈亏（在本公司看来的收益魅力度和成本地位）"
- 顾客从米思米收取的商品、服务的价值的"相对顾客价值"

三枝给做好的图表取名为《米思米商品战略示意图》。

这是一个判断行动用的工具，年轻员工也能容易看懂，可以在现场使用。米思米战略经营史上第一座里程碑就这样诞生了。

开解经营者的谜团
23
框架的矛盾区域

追随某项战略的时候，如果只是把内容不同的两个战略框架并列使用，判断就会变得复杂。在一个框架中没问题的招数，很可能在另一个里是不能用的——这样的"矛盾区域"经常会出现。最好是能在使用之前把逻辑加以整理，将两个框架合体做成一个综合性工具。总裁和长尾做的《米思米商品战略示意图》就进行了这种合体。

长尾他们用这张示意图开始了商品分析，他们还使用了相当多的推测数值。虽然他们因为推测越积越多而感到了一定程度的疑问和不安，但他们也都知道要先这样往前做。他们认为自己不需像专业顾问那样追求更进一步的精细，因为自己是亲手做事业的实干家，只要能确认一个战略中的智慧程度足够在社会的竞争中取得领先，就说明它有足够的可行性。

长尾觉得有意思起来了。

"大家看啊，这个战略工具真了不起！太好用了！"

这项工作在 10 月 1 日结束了。接下来必须赶紧做的是两周后就要召开的经营论坛上给全体员工看的演讲用资料。

做这个演讲的人是长尾，但对三枝来说这也会是场决战。战略必须要让全体员工理解接受，还要用内容的新颖让他们赞叹。这是用战略抱负感染米思米这家公司的第一响礼花。

长尾的计划是：因萧条而低迷的 FA 事业部从上一年的国内销售额 132 亿日元出发，目标是在五年后达到 410 亿日元。作为泡沫经济破灭后的日本企业计划，这份战略称得上是野心勃勃了。

这个目标和长尾第一次见到总裁时说的销售额 410 亿日元的目标基本相同，但是，通过这次的工作，实现目标过程中的战略和招数被换成了和以前天差地别的内容。

在星期六制作演讲用资料

终于进入了制作演讲用资料的阶段，在这里工作组又撞上了别的墙。

既然做演讲，就要有故事的"起承转合"。总裁告诉长尾他们要做"简洁"且有"故事性"的演讲，可他们找不到头绪。手边虽然有很多的分析图表，但他们不明白总裁说的演讲指的是哪个层面。

总裁像平常那样突然出现在工作间时，长尾让他看了一眼原稿，结果总裁什么都没说，微微一笑就出去了。

三枝在那时觉察到了危险——在瞬间打开的窗户对面，景色十分灰暗。很难想象几天后他们能达到自己要求的水平。如果长尾做的演讲很粗劣，员工们就会觉得战略是一种不知所云的东西，这样是没法让大家了解改革的意图的。

在艰难的改革中，千辛万苦到处碰壁的磨难是不可避免的，但从培育人才的角度来看，这反而会是千载难逢的机会。三枝总是在取得一定进展之前都交给部下让他们自己思考，然后他会从上空观察，有时会在现场出没，窥探一眼再离开，离开以后再接近。如果感觉部下走进死路接近极限了，他就从上空落下来，在**即将**失败之前介入——这就是他培养部下的风格。

星期六，来公司上班的长尾一大早起就很焦虑——剩下的日子已经不多了，曲线图和数值虽然有很多，但就是看不到故事的"情节"。今天无论如何要进入最后的归纳阶段，要不然发表就来不及了。

就是这个时候——正午刚过，总裁突然露面了。他出现在星期六的工作间还是第一次。三枝在前一天想起了似曾相识的场景，起床后就决定给长尾他们来个"突然袭击"。他很担心，因为必须要让工作组的成员们把一部剧"充满戏剧性地"展示给所有员工。

一个改革案要想成功，道理正确是大前提，但在此之上还必须要有打动员工心灵的故事性或戏剧感。一定要有好人和坏蛋上场，然后好容易等到帮助好人克服困难的贵人出现，又来了意想之外的阻碍。要想提高自己的经营力量，必不可少的功课是自己动手写这样的剧本，自己讲述，自己执行，逐渐积累起成功和失败的经验。如果故事不能打动人心，就不能改变这个组织的文化和大家的行动。

所谓戏剧感，不在于讲述方法的技巧。如果演讲是只依赖说话技巧上的小聪明，马上就会被看破——好演讲需要有明确的逻辑，然后用扎实的数字和事实加以佐证，最后进行条理清晰的经营学说明。然后，什么障碍等着我们，克服了以后能达成什么样的目标，从那个地点出发后下一个的目标是什么——把这些用好懂的顺序讲一遍，自然就会产生故事性。

"怎么样？演讲还没准备好？"

"我们试了各种办法，可……"

长尾被逼到了绝境。三枝在工作间角落的椅子上坐下，看了一会儿大家工作。然后他突然站了起来，径自做起了奇怪的指示。

"大家等一下，我也来帮帮你们吧。首先，要把B5纸剪成一半，多做一些白纸卡片，然后还要有铅笔、橡皮、透明胶、剪刀，再加上直尺。然后，把你们以前做的演讲用资料的原稿、曲线图、图表都一一摆在桌子上，好吗？"

大家不明白总裁要做什么，但还是按他说的动了起来。

总裁一副捋胳膊挽袖子的架势——

"长尾，你坐在我旁边。"

三枝这样指示完，就和长尾并排坐了下来，开始一张接一张地读桌上排得满满的那些图表和说明纸页。

然后，三枝一会儿选出一张看起来能用的曲线图，交给工作组成员说"把这个缩小复印一下"。员工们轮流跑到复印机前又拿着缩小的复印件回来。

总裁用剪刀夹住那张纸，咔嚓咔嚓的声音回荡在房间里。他只留下了想要的部分，剩下的就往地板上一扔，然后把要用的部分用透明胶粘在 B5 纸一半大小的白纸卡片上。

三枝把那张纸放在眼前，一边看一边沉吟。然后他拿起自动铅笔，在上下左右的空白处写了些句子。接下来他又开始思考，不时用橡皮把一些字擦掉重写。

就这样，一页 PPT 画面做好了。

"要想给别人做的演讲重新写一个故事，这是最快的——剪刀、直尺、透明胶。在这项工作中电脑什么的只会碍事，我们要的是低科技，低科技哦，非低科技不行。"

"演讲精彩与蹩脚的分界线不在于写法和说话方法的技巧，是逻辑，是让听众能理解的故事性。内容不行的演讲，就算靠说话方式能装出点腔调，员工也会用直觉识破的——说完以后，他们留不下印象。"

为了做一页三枝重写了好几次。看着这个场景，工作组成员们心想：

"原来是这样，每一页都要化这么多的心血。我们可没做到这一点。"

最后，要在顶端加上标题。标题很短，只有几个词，但要能让人心里一震。

总裁的纸画戏

草稿页被接连不断地做了出来。

剪掉的曲线图和团成一团扔掉的原稿让总裁和长尾的周围堆满垃圾，看不到地板了。有人拿来垃圾箱要收拾。

"不要不要。现在这样就好，就要往地板上扔。地上垃圾越多，工作就越顺利。"

总裁一边这样沉浸在喜悦里一边手不停地工作。

一个主题攒了几页纸以后，就用它演纸画戏。

说话的时候，要伸出自己的食指，就像眼前有听众一样，一边在纸上接连指出要点，一边喃喃地往下说。这是为了确认自己**说的话**和**卡片上的句子**能否顺畅交替。

不顺畅的话，就要改写标题，或者把语序倒过来，还可以把一页剪成两页，有时还要把每页的顺序做大幅度的改变。

工作组的每个人都看得目瞪口呆。

总裁简直就是个操作员——他就在自己眼前咔嚓咔嚓地剪纸、粘贴。大家一边感叹于总裁做事的迅速和说话的有趣，一边觉得自己真是很难为情——连这样的事都要麻烦总裁。

三枝对这些全不在意，终于做出了20张以上的卡片。因为上面用透明胶黏着资料，每张纸都硬邦邦的，还有些页上贴的纸都从卡片边上露出来了。

最后，总裁一边说出声来一边把纸画戏又表演了一遍。只听得他娓娓道来，每页过渡到下一页时都毫无间隙——原来这就是故事性！

总裁讲完了这一遍，把卡片都拿过来并在右下角写下了页码。然后他在桌上把卡片墩齐，用曲别针夹住后交给了长尾。

"给。以后，这份原稿不管修改还是删减都是你的自由。这些大概够你做30分钟左右的演讲。你的规定时间是一个小时，剩下的自己想办法做吧……好了，我的工作到此为止！"

说完，他留下哑口无言的部下们飞快地走了。

这件事让长尾有了新的收获——总裁在眼前突然变身成了一个"批卷老师"！而且总裁并没有自己全都做了，而是给我们看了样本，对于后面的事情只留下一句"自己做"就回去了。

原来上司介入部下的工作时还可以这么做！长尾在以往的人生中，既没有被这样指导过，也没有这样指导过别人。对于他来说，总裁这种存在就是只会待在离得远远的地方的人。可这位新总裁关键时刻居然会下到工作间里，和员工并肩战斗。

"毫不夸张地说，是总裁亲自动手帮已经迷失的我们把多余工作都砍掉了。他把出口在哪里教给了我们。那天下午我们的工作突然就变得轻松了。"

通过这件事，长尾切身感到了公司将会发生巨大的变化。他和以前一样还是在这家叫米思米的公司，却感觉自己正在经历一次"跳槽"。

全公司经营论坛

新总裁正式上任大约四个月后的10月13日，把全体员工召集到

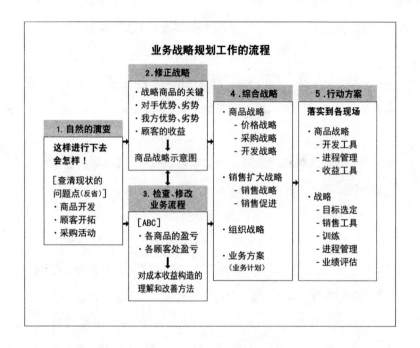

有乐町的东京国际论坛举行了"全公司经营论坛"。地方营业所的员工和长驻海外的人也全被召集来，出席者超过了300人。

这在米思米的历史上是空前的大会，但反过来也可以说，堂堂东证一部上市企业拢共只有这些人。当时在场的任何一个人都想象不到，这家公司居然会在十三年后变成一万人的全球性企业。

促使米思米成长的第一项业务战略就在那天由长尾上台给大家做了说明。对于米思米的员工来说，这段演讲让他们第一次有机会接触"战略"。很多员工都领会到这是以前无法想象的、冲击性的内容，他们强烈地感觉公司要变了。

经营论坛结束后的傍晚，公司邀请了创业总裁夫妇，在大宴会场里举行了"创业总裁感谢会"。

所有员工都参加了。晚会十分豪华，这本身对员工们就是一种文化冲击。三枝的目的是：通过在一流的地点举行一流的经营会议、一流的晚会来一口气让员工们留下一种时代变了的印象。

在此，让我们总结一下战略规划项目整体的流程。这是长尾在公司内说明中使用的图表原件。

读者如果接下来读到《三枝 匡的经营笔记❽充满激情的事业团队的结构》，会发现长尾的工作步骤其实是模仿了经营笔记里出现的框架"变革的三个原动力"。在这个意义上，也许先读《经营笔记❽》再回到这里才是明智的做法。

国内销售额五年涨到 3.4 倍

让我们来讲讲执行 FA 业务战略后创造出了怎样的成果。长尾以他特有的强大力量让自己规划的战略在现实中创出了傲人的好成绩。

在下一个年度，FA 业务每季度持续增长，销售额超过了创业以来一直是米思米招牌业务的模具业务，之后把两者的差距越拉越大。如果看国内销售额（长尾新战略的对象），那么改革前一年的 132 亿日元到了五年后，远远超过了他当初的 410 亿日元目标，达到了 447 亿日元（从当时的米思米决算发表数值推导得出）。

FA 业务以前就有一些出口带来的海外销售额，后来又加上了长尾按照新总裁的国际战略设计的新国际发展。同五年来，FA 业务的海外销售额从改革上一年的仅 14 亿日元增长到了 117 亿日元。

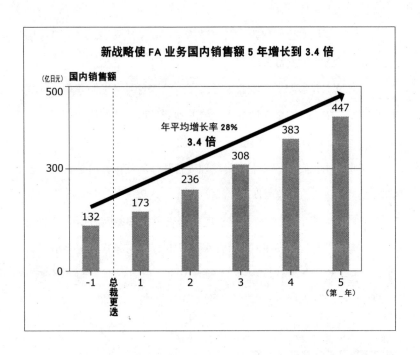

新战略使 FA 业务国内销售额 5 年增长到 3.4 倍

（亿日元）**国内销售额**

年平均增长率 **28%**
3.4 倍

500

447

383

308

300

236

173

132

0

-1　总裁更选　1　2　3　4　5
　　　　　　　　　　　　　　　　（第_年）

　　国内和海外的综合销售额以每年 100 亿日元为单位连连突破大关，从改革前一年的 147 亿日元增长到了五年后的 563 亿日元。五年间长到了 3.8 倍，年平均增长率是 <u>31%</u>。这个时期很多日本企业都被泡沫经济破灭的后遗症所困扰，不得不忍痛缩小规模或以低增长率惨淡经营，而长尾的 FA 业务战略和总裁的国际战略仅在 FA 业务上就实现了如此大的增长。

　　FA 业务在那以后也保持了增长。长尾制定新战略后的第 13 年，全球综合销售额超过了 1100 亿日元。销售额弥补了因世界经济不景气而倒退四年时的下跌部分，十三年来总体的年平均增长率达到了 17%。

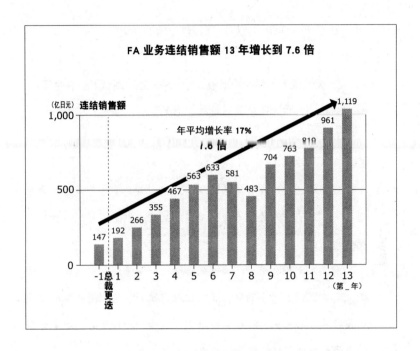

FA 业务连结销售额 13 年增长到 7.6 倍

（亿日元）连结销售额
年平均增长率 17%
7.6 倍

1,000

147 192 266 355 467 563 633 581 483 704 763 819 961 1,119

500

0

-1 总裁更迭 1 2 3 4 5 6 7 8 9 10 11 12 13（第_年）

　　直到三枝接任总裁为止，外界一提米思米就想到模具零件。在公司内组织中，模具也比其他的业务座次更高。但是，三枝在上任的第二年就否定了这一点，他宣布"米思米的新招牌业务是 FA 零件"。这是为了督促当时躺在功劳簿上对新竞争威胁变得迟钝的模具部门员工们觉醒。

　　三枝接任总裁时，首先就把 FA 业务列为改革对象这一举措有着重要的战略价值。在那之后，米思米的海外投资和经费支出越加越多，但在吸收了这些负担的状态下米思米的营业利润率仍然从总裁上任时的 10% 左右长到了 13% 左右。

　　选择把最初的改革对象限定为既非"城堡主塔"也非"边陲"的

FA 业务，正是应了那句"良好的开端是成功的一半"。

◎ 长尾谦太的话（长尾谦太，当时是经营高管 FA 事业部长，四十二岁。之后历任企业体总裁、常务董事，现为副总裁）

我觉得自己学会了该怎样参与以前人生中从没经历过的新业务。

说到那之后爆发性增长的主要原因，首先是经营高层"亲自动手"参与了当时的战略规划项目。只靠我们是不可能做出这个战略的。

米思米整个公司对于战略的感受力一下子发育了起来，感觉是猛地被提到了一个高度。我们借助前人的智慧，用正确的顺序和各种各样的框架，在反复折腾中创造出了新的战略。这次学到的东西在各种各样的经营场景中都可以运用。

不过呢，我要换个话题。在 FA 业务开始爆发性增长的两年以后，一个星期天的晚上，我接到了总裁的电话，总裁好像正在自己家里小酌。

"长尾，咱们去看科罗拉多大峡谷吧。把你太太也带上……"

我一下子没有弄明白是怎么回事。

"因为你勇猛拼搏才有了 FA 业务的大飞跃，这是公司给你的慰劳。和我一起去吧。"

于是，我、我妻子和在我属下努力拼搏的一位事业部长，我们三个人由总裁领着去了大峡谷。

这不是那种总裁带着随从的皇帝出巡。因为我们不会英语，所有的一切都是总裁照顾我们。国际线坐的是米思米的员工当时还没坐过的商务舱，在美国国内坐的是头等舱。我们到了凤凰城的机场后，总裁借来了汽车，那是一辆很大的林肯。

第二天，我们就出发去了大峡谷，好几个小时的路都是总裁开车，毫无疑问这是全世界薪水最高的司机。

到了宾馆以后，总裁在前台给我们办了入住手续。预约的房间出了点问题，总裁让我们等着，他自己去房间查看，吃饭时总裁为我们所有人点菜——简直就是一位地陪导游！真是太不好意思了（笑）。

大峡谷的雄伟让我惊叹，这是在日本绝对看不到的景色，对我和妻子来说是终生难忘的回忆。

给读者出题

"公司改造"要花长期的时间追求"改革的连锁"。但很多时候，员工的战略意识和经营本领太低，如果用"渐进改善式手法"慢慢花时间来提高员工水平，大多不会有好结果。本章描述的是三枝发挥过去三十年来的经营经验，把米思米的战略意识和本领一口气提上来的改革手法。希望你能解读并整理这场改革的"要诀"。对三枝来说这不是演习，而是他在经营现场被逼迫着做出回答的现实课题。

为什么战略中成本计算很重要

不正确的成本计算的危害

　　长尾他们选择了在制定业务计划之前回归商品的成本计算。在下一章描述这件事之前，让我们先通过这节经营笔记简单温习一下成本计算的基础。

　　说到底"成本计算"就是计算企业所生产、销售商品的"成本"，所以要尽可能正确地了解成本。不正确的成本计算给公司带来的危害例如：

- 可能会产生战略的错误判断——拼命扩大销售成本高、实际不赚钱的商品，或者反过来对赚钱的商品放置不管。
- 而且，往往在相当长的时间公司里谁都注意不到这个错误。

　　也就是说，错误的成本计算会让毒害在公司里蔓延。

　　在很多公司里，会计被视为一种专业性的工作，大多数员工都以为会计部员工会进行恰当的成本计算，所以通常不会对会计部的做法插嘴。

　　因此，成本计算的方法一旦被组装到公司内系统里，就再不会有人怀疑。正因为如此，事业部门的人必须时刻不忘怀疑自己的商品盈亏是否真实，怀疑它在计算时使用的成本是否是用正确的逻辑计算出来的**正确成本**。在米思米，成本计算系统的**革新**也不是由会计部门而是事业部的人开始的。

成本计算的正确度水平

让我们想象一下工厂的车间。如果想要知道"真正的成本"，即正确测算当天做的哪件商品在哪道程序上花了多少费用，必须在每道工序中每时每刻都把握每一件商品的正确数据。比如，操作员换班、机器发生故障、加工顺序稍微出错，仅仅这些就能让同样方法做出来的商品成本变得不同。

但是，如果从早到晚正确地测量这些数值，要花太多太多的工夫（信息成本）。这就需要简便的方法，也就是说需要在某种程度上牺牲精确度，用偷懒的手法。我们要把时刻做记录的部分限制在最低程度，把大概计算出的平均费用分摊到商品上。

这种"正确性 VS 简便性"的悖论表现得最明显的是所谓间接费用的"分摊"。比如，让我们想象一下车间的品质管理岗位：如果想得到各商品所包含的品质管理费用的正确数值，那么负责品质管理的员工必须让所有人从早到晚以分钟为单位记录自己在每一件商品上花了多少时间，然后还要把每个人工资的不同也算进去，再把该费用分摊到各商品上。

这样太费工夫难以负担，所以比如可以在一天或一星期结束时让每个人回顾自己的活动，提交一份把活动按大致比例分配到每件商品上的活动时间表。此外要放弃考虑个人的工资，就用员工的平均工资。商品分类也要大致进行，让分配计算更轻松。这种简略化作为"偷懒方法"是很有效的。

如果想更省事，要把每月的品质管理部门的"经费总额"按当月"车间出货金额"的比例分配到各商品上。这样可以不和现场接触，只要会计部每月计算一次就完成了。但是，如果偷懒到这个程度，就等于基本无视了每种商品成本的不同。

其实也有企业是几乎不做单种商品的成本计算的，就是把所有的一切都混在一起，所谓"笼统账"。

既要尽量简便，又要尽量正确，妥协点应该放在哪里呢？成本计算在大学里一直是门学问。它有多重要？只要看一家公司成本计算的水平，就能知道该公司经营素养的水准。

做 ABC 是为了什么？

说明了这么多，读者应该已经明白了成本计算的重要性吧。那么我们来看看 ABC。

ABC（Activity Based Costing）在日语中被称作"活动基准原价计算（作业成本法）"，要点在于"活动基准"。但是，在米思米这样的只有商社功能的组织里，我（作者）为什么想到要引入 ABC 呢？为什么要费如此周章呢？

在商社里，如果从外界买了 1000 日元一个的商品，则其"正确成本"为原封不动的 1000 日元，米思米把它用 1500 日元卖掉就得到了 500 日元的毛利。乍一看，米思米这样的商社里是不存在成本正确与否这个问题的。

但是且慢，虽然商品的毛利这样算就可以，但米思米从接到顾客订单到出货为止还进行着各种各样的间接工作。在这一连串的活动中，就像在工厂车间里发生的问题一样产生着成本问题。

比如，假设该原价 1000 日元的商品是销售员正在拼命扩大销售的战略商品。仔细一问，平均下来全国的销售员把时间的三分之一都花在了这一种商品的销售扩大上。其人力费和销售费用让每个商品平均要花 300 日元的经费，也就是说该商品毛利 500 日元的一大半已经用掉了。

接下来我们还可以知道，因为这件商品在技术上难度很高，客服中心要处理很多件咨询和投诉。把接线员们的工作时间测一下加以统计就能知道，该商品平均每个花了 60 日元的工夫。

配送中心也让我们知道，这种商品打包是很花工夫的。再加上送货费，物流部门在该商品每一件上花的费用是 370 日元。

到此为止的费用总计是 730 日元，也就是说毛利全都化为乌有，反而还亏损了 230 日元。如果商品负责人以前一直不知道这件事，这个发现会让他相当吃惊——自己还一直以为这是优秀的战略商品呢，可如果就这样继续扩大销售，反而会让亏损膨胀起来。

说到这里，大家明白 ABC 的"活动基准"的意思了吧？想知道员工在各自的岗位上做着怎样的"行动"，首先要把它细致分解，然后测算时间。最后要把这些活动连锁中累积起来的公司内所有费用加算到各个商品的成本里，这就是 ABC。

最初是罗伯特·卡普兰在 20 世纪 80 年代末期提倡 ABC 的，十几年之后又是他本人哀叹："很多企业尝试过引入 ABC，却在其'执行成本'和'员工的抵触'前败下阵来"（Time-Driven Activity-Based Costing, Harvard Business Review, November 2004）。

多么不负责任啊！有些学者和顾问专家说话时是不考虑可行性的，盲目听信他们一定会伤了自己。

知道了这些经过，会感觉 ABC 没什么价值。但是，在我以前的业务重建中，正确的成本信息是绝对不可欠缺的。所以在 ABC 被推出之前，我就在业务重建的现场里尝试了各种类似其简略版的东西。

在米思米，我发挥这些经验，亲自接触 ABC 引入工作的细节，我不追求过度的**精确**而是追求某种平衡——在加入**偷懒**的思想进行低成本运用的同时保证一定的战略价值。

结果就是，米思米巧妙地闯过了"ABC 变身阎罗殿"这一难关，全公司常规运用 ABC 已经超过十年，员工们在战略判断中会用到它。

这是战略抱负和现场型经营素养的组合产生的创新。日本企业就不用说了，恐怕我们是成功地引入了在全世界的企业中都罕见的系统。

虽然我不能把米思米在过去十二年千辛万苦构建起来的知识工艺全都公开，但我将在下一章写出引进它的经过和成果。只要注意小心陷阱，ABC 就能创造出重大的战略价值。

第 **3** 章

公司改造3
改正造成战略误判的
"成本系统"

不正确的成本计算可能会造成重大的战略错误。世界很多企业都在引入"ABC成本计算"时失败，而我们却成功地将它确立为员工日常使用的战略目的系统。

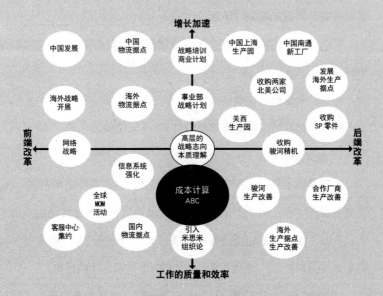

米思米 ABC 系统 "历史的黎明"

读者还记得吧，在 FA 事业部长长尾谦太刚开始改革项目的时候，他拿着一张图表去找总裁，结果头 10 秒内就被打趴下了。本章讲述的事是在从第 2 章第 1 节起向第 2 节发展的过程中发生的，考虑到 ABC 的重要性，我决定在这里把它单设一章进行说明。

第 1 节写到长尾垂头丧气地走了，其实那时总裁和他还说了这样一番对话：

"长尾啊，这张图表的横轴上写的营业利润率，是把营业或物流等间接费用全都减掉后的真正的利润率吗？"

这个简单的问题背后，是三枝从过去经验中得到的直觉——他感觉这可能是"似曾相识的场景"。

"当然。不这样的话就会跟事业部整体的营业利润率或经常利润率的数字合不上。"

普通的对话到这里就会结束了，可三枝并没有止步于此。

"所有商品的间接费用用的都是同一个经费率吗？"

"差不多吧。"

"我跟你说啊，销售费用、物流送货费，还有宣传之类的推广费、处理商品投诉等花掉的人工费，不同商品的这些费用通常是相差很多的。所以，如果不用能反映每种商品真实状态的经费率，就看不出各商品本来的利润率，也没法明白商品相对于竞争对手的优势。"

"可是总裁，我们事业部的商品种类往多里数能数出几十万呢，没法一个个计算单种商品的间接费用。所以，我们首先算出 FA 业务

112

整体发货数量的总计，然后把经费，比如客服中心的经费，就用发货数量来除，得出发货一件需要的费用。再把它乘上每个商品群的发货数，得到的就是该商品群的间接费用。"

这么写会让人感觉很复杂，其实他们的做法是非常简单的，所以总裁当场做出了反应：

"也就是说，你们对一个商品群中的所有商品都按同样比例算间接费用。那么，每件商品的营业利润率高低就该和它的**毛利率**成正比啰？"

对三枝来说，这是关于成本计算的"经典对话"——这种成本意识和他在很多经营陷入低迷的企业里看到的几乎完全一样。

"你啊，怎么就敢断定毛利高的商品等于**赚钱的商品**呢？现实里可是有正相反的情况的！"

毛利高就是"好商品"，毛利低就是"不挣钱的坏商品"——这种说法真的有根据吗？三枝过去曾好多次遇到过因为这个问题标错价格或疏于降低成本的事例，所以他才会指导长尾他们学习使用 ABC。

项目的开始

ABC 项目在 5 月 14 日启动了。

三名工作组成员被点名要求参加，加上长尾就是一个四人团队。

有趣的是，他们最先做的事情是去书店。他们买回来四本 ABC 的专业书，想以此了解 ABC 的基础，可哪一本书上都只写了概念性的东西，没法弄明白实际该从什么入手。

项目还没开始，长尾他们已经快晕了。

"先不管那么多，开始行动了！首先是第一步——好像是应该整理一下，看从收到客户的订单开始到最后米思米交货为止，公司内部到底做了哪些工作，还要整理每一项工作的流程或者说程序。"

图表显示了 ABC 引入工作的步骤。让我们按每一步的顺序来说明长尾团队是如何操作的。

第一步　整理全公司的工作程序，理清各道程序与各岗位行动的关系

首先，要关注"客户和商品的动向"。

客户决定了要订的商品后，会用传真或网络下单……中途如果产生了疑问会给米思米的客服中心打电话咨询……然后在交货日期领取商品时，如果配送有问题又会打投诉电话，等等，长尾团队要把与客户打的所有交道的种类全列举出来，把握工作的流程。

长尾以前是在信息系统部工作的，他有构建系统的经验，所以对全公司的工作流程都非常了解，还曾为了提高工作效率而做过类似的分析活动。所以，从信息源中挑选那些能得出数据的资料时，他的眼光也十分锐利。

工作团队得到了客服中心、物流、信息系统等各部门的帮助，把从接单到发货的过程中包含的工作列出了一张清单，这道步骤只用两天左右就做完了。

大家拿着这张图表去给总裁看。总裁原本打算在每一步上都给他们指导，以防他们陷入"ABC 是阎罗殿"的迷宫。可长尾他们两天就把图表做出来了，这让总裁吃了一惊："这帮家伙，可以啊！"。

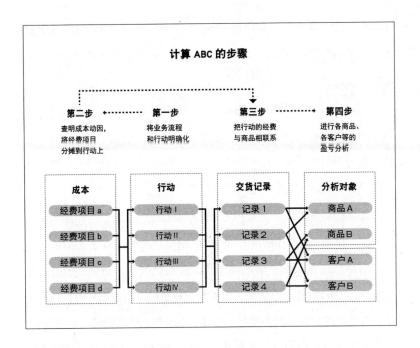

这张表里不光有"接单→交货"的全过程，还包括了商品开发、目录发放、合作厂商等内容，可以在广阔的范围内俯瞰米思米的业务过程全景。

第二步　分析每项账目中经费与行动的关系，定义其成本动因

在第一步中要着眼于"客户和商品的动向"，而与此相对的是，第二步要关注员工在公司内各岗位上做些什么，也就是"员工们的行动"。然后，要理清行动与工作的关系，即他们每一个行动连接的是第一步整理出的哪一道工作程序。

比如，负责商品开发的人对客户进行的活动中，有些以客户决定

购买商品的"前阶段"为方向，也有些关系到商品交货后的投诉处理等"后阶段"工作程序。这样，一个员工的行动就和工作程序的不同阶段联系起来了。

相反，比如在处理投诉这一工作程序中，不仅负责商品的员工，销售和客服中心、物流的员工们也都有所行动。也就是说，只要不统计在公司内所有岗位产生的所有投诉处理的人工费用和经费，就没法弄清投诉处理这一工作程序的全公司费用。

如果把这种分析在全公司进行的所有行动中施行，"组织图里每个岗位"和"工作程序中每个阶段"上的费用流动就都能联系起来了。

当然，这项工作要想做得精密，会复杂得让人晕倒。但是，在ABC要求的数据中，有些是平时就可以掌握的。所以首先要找找手头是否有能用的数据。如果没有，那接下来就要靠**创意和细心**来较量了。

米思米各部门的员工们非常合作。当然部分是因为这个项目有总裁指示做后盾，但更因为米思米公司内部一直就有在这种时候决不偷懒或逃避的企业文化。这家公司里总是有这样的气氛——只要有人指出了公司应该解决的课题，不论自己有没有好处，大家都会动手参与。

如果没有这种企业文化，ABC可能早在这个阶段就受挫失败了。

第三步　把每个行动的经费用交货商品记录连到一起

这段时间长尾一直埋头做ABC工作，简直到了废寝忘食的程度，这在他人生中还是第一次。当然他这个事业部长的工作不止这一项，他是一边指导部下的日常工作，一边挤出时间用到工作组里的。

工作团队往总裁那里跑得很勤，他们一遇到障碍就会向总裁请教：

"现在我正在考虑这个问题""我在这被难住了"。三枝对于 FA 业务的战略制定也一直保持着"亲自动手"的态度，自己会时常走到工作间看他们工作的过程。

在预定的 6 月 10 日，各行动的费用分摊终于完成，全体工作组成员第五次去向总裁进行汇报。

"做得很不错嘛！专业的顾问也没有这么快的速度。"

得到了总裁的表扬，成员们觉得自己几天来熬夜的辛苦都得到了报偿。做的时候他们忘了一切只顾着往前冲，被总裁一说，大家才发现原来自己做的事情这么了不起，一下子变得非常的自信和自豪。

刚开始 ABC 时，总裁给他们的期限是两个月，现在只剩了二十天。大家终于要开始向最终目标行动了，这个目标就是"把成本分摊到商品记录（客户发来的每份订单中包含的所有商品编号）上"。

第四步　使用 ABC 进行"盈亏分析"

让我们跳过详细操作往下看。工作组总算从与分析和数据的苦战中摆脱出来，终于到达目的地的满足感让大家都很兴奋。

但是，数据结果对他们堪称一道晴天霹雳——"FA 事业部的交易有很多在亏损"的事实摆在了眼前。这些亏损和其余交易的盈利正负相抵，才维持住了整体上的盈利。

面对亏损的真相，他们不禁愕然。

· 交货记录最差的商品，销售单价是 40 日元，毛利是 22 日元，而花掉的经费竟有 621 日元，营业利润率为 -1500%。

- 大家也知道运费会占很大比重，可不知道的是，物流经费中还有其他很多开销。此外，货款回收费用构成了如此之大的负担，这也是他们没想到的。信息系统也是，费用分摊到商品上后，负担之大出乎意料。

- 以往公司内的常识是：即使单价低的商品，只要多件装在一起打包，运费负担就会小得多。可 ABC 告诉大家那是幻想，很多商品是不能套用这个所谓常识的。

- 还不仅是商品。以往大家认为，一个客户买得多就意味着公司在他那里赚得多，而实际上这样的客户中有很多是让公司大幅度亏损的。

- 一直以来的方案——"FA 事业部增长的关键是新商品开发，只要坚持开发就能维持业务的高收益和高增长"——也被现实碾得粉碎。新商品的毛利乍一看很高，但如果商品在结构上就伴随着很高的间接费用，那么订单越多亏损得也越多。从某些角度看来，如此重视和投入地进行新商品开发是没有意义的。

- 不幸的是，销售队伍里有人不知道亏损的真相，还抱着那个商品东奔西走，鞋底都磨薄了。而他的销售经费又会加重亏损，造成了可笑的恶性循环。

四人团队总算理解了自己做 ABC 的意义——原来总裁的目的是这个啊。

6月26日，团队成员们完成了 ABC，找总裁报告去了。三枝看着各商品的盈亏曲线图说道：

"我就觉得不对劲嘛，果然是这么回事。"

从工作组成立初期开始，总裁就常对干部们的报告说这句"不对劲"，但大家一直都不懂是什么意思。可是，到了这一步大家终于明白了——总裁凭借过去的经验，事先就估计到了米思米存在着大量的亏损商品。

长尾想起来了，年初的新年会上自己是怎么对当时还是独立董事的三枝自夸的：

"我们有的商品售价一个才几日元，这种不起眼的商品其实赚得可多了！"

他说那些商品毛利能达到 60%，是事业部的"摇钱树"。可是，ABC 的结果告诉他，这些商品的亏损大得简直不得了。想起自己把这样的商品叫摇钱树还跟总裁自夸，长尾十分羞愧。

数字会告诉你事实

在预定的 7 月 1 日，长尾事业部长和他的工作组成员们在本公司总监会议上报告了 ABC 的结果。当发表渐入佳境，说到分析结果时，屏幕上接连打出了刺激性的标题和印证它的数字。

"我们看到，在 FA 事业部中进行着如此之多的亏损交易！"

"有个商品毛利是 40%，我们一直以为它是高收益的商品，结果它的营业利润率居然是负 72%，巨大亏损！"

"本应该是摇钱树的商品，居然每年带来 1 亿日元的亏损！"

总监和高管们脸上吃惊和困惑的表情越来越掩饰不住，他们一直相信的常识开始崩塌了。

业务团队的员工们一直对自己团队的盈亏非常敏感，但他们一点都不知道，物流等运营成本和管理部门的间接费用给自己的商品盈亏带来了多大的影响。

按以往米思米内部的常识，在单个商品的层面是不用考虑这种成本的。但现在进行的发表告诉大家，以往的商品盈亏概念是虚构出来的，是经不起现实检验的。

长尾他们说的所有内容都有数字佐证。汗水和正确分析带来的数字有能让人哑口无言的气势。

ABC颠覆了米思米员工对"利润"和"战略"的概念，也成了FA事业部战略的新出发点。ABC分析让长尾感觉脑子里长年笼罩的迷雾消散了，而在每种商品、每家客户的利润结构变得清楚的同时，制定FA事业部**必胜战略**的线索也越来越清晰了。

参与项目的成员们在仅仅三个月的时间里给自己的能力做了一次"拉伸运动"。他们仿佛从以前的温水中被一下扔进了隆冬的游泳池，但在完成了ABC时，他们都有了很大的改变，周围的人都说他们看起来简直变了个人。

如果仔细想想，"了解每一个商品的盈亏"其实是应该的，也没什么了不起。但这件事却不仅给工作组成员，也给其他员工们的行动和公司整体经营都带来了巨大的影响。

◎ 某营业所长的话

我接到FA事业部工作团队的请求，在对每家客户盈亏的分析上给他们帮了些忙。

以前我对自己营业所的收益只知道毛利的总值，因为公司认为不可能管理得比这更细。

尽管如此，我还是一直以为，凭着长年来的直觉，自己是大致知道那些客户真正让我们赚钱而那些客户属于损的。可是，这种所谓的"直觉"完全是错的。

我们在客户 G 公司那里的销售额是顶尖水平，结果这次发现其实是在巨额亏损。他们的订单数量非常多，很多都是一单只买一个零件，而且下单时还是东一张西一张地分着来，以前配送中心就曾经累得哀号，说处理不过来了。

看到 ABC 的分析结果后，公司内逐渐形成了共识——再用这种增加亏损的做法，业务迟早要完。于是我们做了最坏的心理准备，到客户那里去求他们了："我们亏损得这么多，能不能请你们把要买的零件汇总起来下单？"

我们把真相用数字表示出来，该说的话也都明明白白地对客户说了。我们告诉客户，这个经营问题真的很让我们困扰。

G 公司负责采购的人听了果然很吃惊，承诺会改善订货的方法，然后交易转眼就变成了盈利。如果没有 ABC 的数字，我们绝对不会有那么强的说服力。

◎ 某物流员工的话

实际尝试 ABC 后，我们发现有些一直以为简单的工作实际成本很高，还看出来了各种以前忽略了的浪费。原来我们那些所谓"触感""直觉"都错得很离谱，我们明白了"跟着感觉走"是不行的。

现在我们连保管商品用的容器尺寸都会认真研究，十分注意提高保管效率，不再会"为留出富余而放到大容器里"了。

这样做的结果是仓库空间变得有富余了，于是我们发现扩大仓库面积的投资是可以延缓的。通过 ABC，大家懂得了要对照数据不断把点滴的改善积累起来。

重新审视从接受订单到交货的所有工序，这已经超过了单个岗位的职权范围，所以需要高层倡导。我认为多亏总裁给出了号令，米思米才能开始做 ABC。

◎ ABC 工作组成员之一

我们之所以能最后完成 ABC，很大程度要归功于长尾事业部长。他虽然每天都用惊人的快节奏一直工作到很晚，但每次工作做完了一段的时候他都会招呼大家去喝酒，小心不让我们松懈下来。

总裁要求我们把问题"琢磨透"。而思考到什么程度才算"琢磨透"，其实我心里也不知道标准。

可是，自从进了这个项目团队以后，不管吃饭的时候还是如厕的时候我都在不停地思考，重复着"被总裁说不行，然后又开始思考"这样一个过程。终于得到总裁夸奖时，我似乎明白了所谓"一流的标准"。

"琢磨透"是领导能力中的重要因素。总裁也说过："所谓经营，能依靠的只有把问题琢磨透的能力。"

为在全公司开展 ABC 而做的两种努力

三枝有一种忧虑——如果 ABC 是作为本次专用的手段被引入米思米，那 FA 事业部的这个项目结束后，ABC 就会不了了之。因为从世界范围来看，绝大多数时候 ABC 还处于一次性手段的阶段时引入就结束了。而三枝希望的是将 ABC 作为米思米的永久性经营手段固定下来。

开解经营者的谜团
25
引入 ABC 时的障碍

正如在《三枝 匡的经营笔记❹为什么战略中成本计算很重要》里提到过的，尝试将 ABC 在公司内经常性使用的企业几乎都以失败告终。阻碍 ABC 引入的有四大壁垒：①引入工作很复杂，②越追求精确，员工报告时间等隐蔽的人工费就越高，③如不按照工作流程的变化随时修正 ABC，则可能一直发布错误的成本信息（陈旧化风险），④如果不把通过 ABC 得到的信息与公司内工作连接以便员工频繁地使用，员工就会弃用 ABC（形式化风险）。

于是，三枝决定同时使出两种招数。

一招是把 ABC 落实成"制定战略的手段"，这样能迅速让全公司认识到"用 ABC 得到的信息在米思米的战略制定中是不可缺少的"。另一招是在此基础上把 FA 事业部做好的 ABC 系统在所有事业部水平铺开，打造一个全体员工都能熟练使用它的体系。

想让 ABC 在米思米固定下来，必须要有很多的员工能在**工作中**充分熟练地使用 ABC 数据。三枝新启动了一个"ABC 导航仪"项目，

他赋予这个项目的使命是这样的:

"我想给ABC系统附加战略上的价值,然后把它变成米思米的'战斗工具'。我想要的软件,首先要能很方便地用ABC进行商品或客户的盈亏分析,然后还能给改善工作或战略动向定出方针。"

"比如,软件可以像船上的导航仪那样搜索出亏损或成本问题,让员工不必等上级指示就能自己制定对策并采取行动。"

"ABC导航仪"的名字就是从这里产生的,它的含义就是为员工指出(诱导、导航)自己负责的商品或客户中哪里隐藏着亏损的源头。

三枝打算的是将ABC数据与现场的改善活动紧密结合,让盈亏改善活动由员工们自发努力即所谓"草根运动"来实施。这意味着员工们拥有作为经营人才的<u>自发性武器</u>,即<u>不用上级说就能自己判断业务是否健康,自己出招</u>。

负责这个软件的开发与公司内普及的不是财务室,而是总裁的直属班底经营企划室。三枝吸取了历史上引入ABC时的失败教训——财务室往往对单个产品的成本提不起兴趣——他试图把ABC和财务部门切割开来,交由商务、业务方面的人们来推进。

在制作这个导航仪的过程中,有很多的员工都参加了进来。等软件一完成,马上就开始了以全体员工为对象的"ABC导航仪"培训。

三枝为普及ABC亲自摇旗呐喊,态度之热烈简直和通用电气的杰克·威尔奇在公司内引入改善手法"六西格玛"时一样。为了普及六西格玛,威尔奇甚至向当时强势的日本学习,给公司内掌握了这种手法的员工授予"黑带"(空手道或柔道的黑带)称号。

当然,米思米的组织规模要小得多,而且ABC和六西格玛是完全不同种类的经营手法，但三枝坚决将自己的信念贯彻到底——把ABC学到能运用自如可不是容易的事，要让ABC在公司内扎下根来，经营高层必须要执着。

对 ABC 的执着与危机感

米思米ABC系统的开发起初是作为FA事业部战略的一环，到这套在世界范围看来也是极有特点的"导航仪"完成，花费了大概五年的岁月。和社会上那些要将ABC做成"精密巨人"的专家顾问们相比，米思米从最开始重视的就是"精密与简便的平衡"和"适当偷懒"。

不仅制造业，比如保险公司、广告公司、商社、百货商店、航空公司等，ABC系统的效果在所有行业都值得期待。但是，把ABC系统——①在全公司范围②持续性地③作为战略手段而且④兼有改善操作的目的——这样一箭四雕地经常性使用的事例当时还没听说过，也许特地去找的话能找到一些不为人知的实例吧。此外，ABC的世界性流行已经结束了，曾经出版的诸多书籍也几乎都成了绝版。

可三枝就是想把ABC培育成米思米的强有力的经营手段。

PPM也是如此。全世界都认为这种概念已经过时了，而它在米思米却充满活力，作为基本概念贯穿从商品开发到销售员行动的战略连锁。

不要像追逐流行那样接连采纳社会上层出不穷的新概念，而是要把在经营现场中感觉好的东西一根筋用到底，不管别人说它古老还是什么。然后，重要的是在公司内不断下功夫，把它夯实成为"让高层和组织末梢能连动的概念或手段"。

不过，三枝和长尾对公司内的一个项目花了如此多的时间，可能让有些读者觉得不现实吧——就算当时公司的规模小，但米思米毕竟是一部上市企业，总裁和事业部长把精力都放在一件事上，不怕荒废了其他工作吗？

对此三枝的想法很明确——

如果有能托付的人，其实自己是想托付给他的。但是，如果没有员工能实现经营高层的愿望，则经营高层可以介入现场一直做到自己能放心的程度——这就是企业家对事业的热忱。

有人担心这样会不会剥夺部下的自主性，耽误对部下的培养——其实这是上班族的思考方式。有道是"上帝在细节中"，部下如果能和有专业本领的人一起站在现场，接触细节并做出应对，那么这种共同行动本身就会让部下展现出急速的成长。

关键在于要"点到即止"。高层从上空看到有必要时就踏入现场，然后把该执行的事情分解到部下"能掌握的大小"后重新定义，等到确认了在场部下中有能执行的人，高层要尽快从那里离开。

因为自己不能什么都做，所以高层只能在决定优先顺序后用这种方法追求最高的效率。即使这样会有遗漏或迟延，也愿赌服输。比如，如果没有长尾，那 FA 业务的改革（不管战略制定还是 ABC）恐怕会在中途就挫败了吧。

米思米流传着一种精神，就是"不论能否有效果，只要挑战本身**是正确的**，就要先试试看"。这是三枝的切身感受，因为这里的员工生动地表现着什么叫"率直"和"专注"。

不论高管还是员工，都会真诚接受上司的领导，向未知的事物挑战。同时这里还提倡每个人一到工作小结处就进行自我批评与自我检查，做"深刻的反省"。

当然，随着公司越来越大，弱化这种风气的行动就会不知不觉地增多，这是向大企业发展的必然命运，因为在这里工作的人们会不自觉地复制上班族式的行动。

三枝苦苦思索。假如米思米集团能推迟这种命运的到来，把**活力长久地保持下去**，那不会是靠经营者们的"劳动号子"或"先进精神"，靠的应该是给组织或战略加上具体的"发条装置"。要想让公司逃脱因机构臃肿而变得官僚化的命运，唯一的方法是不断改革公司内体制，并坚持不懈地激荡员工的行动，不管是否情愿。

ABC 和 PPM 的系统就属于这种发条装置。ABC 不仅是会计的工具，还是深切关系到组织的战略抱负及企业家精神的手段。

给读者出题

要想在"公司改造"中着手改革并取得接连的成功，重要的是在事先正确把握问题的核心。三枝之所以一直执着于 ABC，是因为成本信息可能给战略判断带来决定性的影响。在你的公司里，有没有可能因为成本计算不正确或干脆没进行成本计算而导致战略或销售及生产战略上的判断出错呢？请你尝试着把有这种可能的具体事例整理出来。对三枝来说这不是演习，而是他在经营现场被逼迫着做出回答的现实课题。

世界性"业务创新大趋势"

米思米的"公司改造"乍看可能像是一连串没有脉络的改革主题，实际却有三种历史起源不同的改革思想注入在其中。这些思想给我（作者）的思考和行动带来了巨大的影响，并引导了米思米的公司改造。

生意的基本循环——第一股潮流

首先，注入米思米的第一种改革思想（第一股潮流）是什么？就是我从三十多岁时的经营经验得到的框架。

话要说回到 20 世纪 70 年代的下半段，我当时是一家日美合资企业的经营高层，序言中讲过我曾经很苦恼，因为不知怎样才能让低落的业绩扭亏为盈。

后来有一天，我注意到——公司里的决策在部门与部门间的组织交界处中断了，重要的悬案事项的决定就停滞在了那里。于是我总结出了"创，造，卖"的框架，并把它命名为"生意的基本循环"。

一手交钱一手交货的商铺老板，就是在一个人迅速进行这个循环。可是，大企业按照功能被分成若干组织以后，这种以客户为原点的循环就会弱化，而对客户需求反应迟钝的人会增多。企业要迅速进行"创，造，卖"的循环才能赢得竞争，不管内部有什么样的借口，如果这个循环进行得拖沓就会输掉竞争。

莫要说这是废话，那些业绩陷入低迷的企业得的可都是这种病，而且几乎所有员工都意识不到这一点。

"创，造，卖"听起来相当简单，所以很多人在刚听到这个词时非常不以为然。可这个框架其实大有学问——"迅速进行"也就是"缩短时间"，它和后面讲到的"时间策略"含义相同。而且，对"创，造，卖"流程的关注与十年后美国学者创造的"业务流程"和"供应链"这两个概念有着同样的寓意。

当时我还不知道丰田看板方式的本质。但是，亏损企业的"重要经营课题在部门之间组织的交界处停滞"这一症状，和效率低的车间里"在制品在工序与工序之间积存"这一症状的发生原理是相同的。这一点我也是后来在复兴某家企业时学习了看板方式才了解到的（对"创，造，卖"的详细说明参见《重返问题现场·经营篇》第3章）。

我随即开始把这个框架作为经营者的"武器"使用。等我成了扭转局面专家（业务重建专家）后，这个武器变得越发强大了——因为我工作过的所有日本企业得的都是同一种病。

在米思米总裁更迭的两天前给干部们做的那场"米思米的八个弱点"（第1章）演讲中，我也加入了"创，造，卖"的说明。如果我没有这个框架，就不会在那么短的时间内看透米思米的病症了吧，那之后的改革方案也一定会偏离问题的本质——这就是经营素养（经营的理解表达能力）带来的威力。

诞生于日本研究的"时间策略"——第二股潮流

历史起源不同的第二种改革思想（第二股潮流）不是我创造的，它是80年代下半段在美国起源的创新浪潮，也冲击到了日本。那以后直到今天的近三十年，它如大河般汹涌奔流，不断把巨大的课题抛向现在的日本企业。

什么是创新浪潮？虽然现在听来已有隔世之感，但其实这浪潮的起源就是日本的"丰田生产方式"——从事制造业的日本人有几个不曾在充满机油气味的车间里流着汗水实践过它？但是，日本人没能让这种创新性的日本手法作为"经营概念"上一个台阶，而是把机会拱手让给了美国人。那是 20 世纪 80 年代下半段，在日本企业的强大攻势下裁员风暴正在席卷美国全境。

美国企业想模仿日本的强项，所以尝试在很多的工厂车间引入了丰田生产方式。波士顿咨询公司（BCG）的创始人布鲁斯·亨德森看到这番景象后，凭天生的洞察力对日本手法让企业变强的机制发出了疑问——为什么靠减少工厂库存就能让企业强大呢？

亨德森派了两名顾问乔治·斯托克和托马斯·豪特去日本解开丰田生产方式之谜。当时距我离开 BCG 已经超过了十五年，但我在那里时曾和这两个人一起工作过。他们虽然以前就精通日本的经营，仍然花了两年时间去逼近丰田生产方式的本质。

结果他们导出了一个惊人的结论，对此不仅当时的美国人，甚至连日本人都感觉出乎意料——

"看板方式不只是一种减少库存的手法。日本企业在追求**时间的价值**。通过追求**时间**这一新战略要素，企业可以构建起新的竞争优势。"

他们说穿了一点——**时间**是企业战略中的重要武器。他们于 1990 年出版了著作"Competing Against Time"（中译《与时间赛跑》），这本书随后在美国成了畅销书。

我作为企业经营者从 70 年代起就强烈地认识到**时间**是一个重要

的经营要素，而 80 年代后期听说 BCG 这两人从丰田生产方式引出了"时间策略"的概念，不禁感叹他们智慧过人。

业务创新大趋势——第二股潮流的进化

随后在 1993 年，麻省理工学院的迈克尔·哈默教授等人撰写的 Reengineering the Corporation（中译《企业再造》）在美国掀起了狂热。哈默教授等人从 BCG 的"时间策略"出发进一步深入，倡导将"开发→生产→销售→客户"的整个过程极度迅速完成（即缩短时间）的改革手法。

我大吃一惊——这个名为"业务流程重组"的美国新概念与自己创造的框架"生意的基本循环"思路是一样的。

我甚至为听哈默教授的讲座去了一趟波士顿。会场是一间能容纳两千人左右的大会厅，虽然听课费昂贵到超出日本的常识，但美国企业的改革带头人们还是把会场都坐满了，火热的气氛和以前日本的 QC（品质管理）大会一模一样。

我感觉上当了——这不就是在日本早已陷入低潮的现场改善工作吗？它居然在美国被复制了，还伴随着惊人的狂热！

这场狂热是一个象征性的事件，它标志着持续衰落了近三十年的美国终于从漫长的隧道走出来了。奇怪的是，这和泡沫经济破灭后剧烈衰退的日本企业进入二十多年低迷期的时间是一致的——美国产业活力的上扬轨迹与日本产业活力的下降轨迹正好在这个时期交叉了。

我把从业务流程重组开始的这股创新浪潮叫作"业务创新大趋势"。与名字相称的是，从这里派生出了三场巨大的创新。

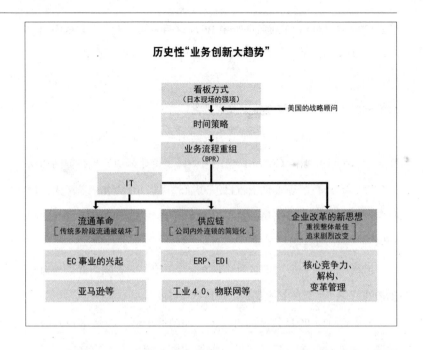

历史性"业务创新大趋势"

看板方式
（日本现场的强项）

← 美国的战略顾问

时间策略

业务流程重组
（BPR）

IT

流通革命 [传统多阶段流通被破坏]	供应链 [公司内外连锁的简短化]	企业改革的新思想 [重视整体最佳 追求剧烈改变]
EC 事业的兴起	ERP、EDI	核心竞争力、 解构、 变革管理
亚马逊等	工业 4.0、物联网等	

　　第一场创新是"经营者对企业改革的想法和态度"发生了巨大的变化。因业绩恶化才无奈裁员的态度是不能拯救公司的，过一阵后还会不得不再裁员。要避免做这种蠢事，只有用"一气呵成的较量"来挑战改革，让公司整体发生翻天覆地的改变。美国企业的改革手法因为业务创新大趋势变得更加犀利了。

　　第二场创新中发生了更了不起的事——由"时间策略"和"业务流程重组"开始的新思想与"IT（信息技术）"发生了戏剧性的结合——SAP 和甲骨文等 ERP（综合业务软件）的兴起引发了供应链改革的浪潮。

　　在这股浪潮中，甚至以财务审计为主要业务的美国会计事务所都变成了拥有几千名员工的巨型顾问公司，进行业务改革和系统开发。现在这股潮流正逐渐转变为一种跨产业的创新手法——以德国为中心的"工业4.0"。

第三场创新是充分利用了 IT 技术的 EC（电子商务）事业的繁荣。进入 20 世纪 90 年代后，EC 风险企业像雨后的春笋一样诞生了。包括若干资金援助在内，我在日本也曾支援过一些想要启动网络超市这种风险事业的年轻人。最初两国的事业看起来都很寒酸，但后来美国的风险事业在硅谷等地获得了风险资金，在弱肉强食的激烈较量中逐渐强化了自己的业务模式。

穿越"死谷"并发展壮大起来的企业之一是亚马逊，他们在业务模式上发起的剧烈变革对陈旧的流通行业供应链来说是破坏性的，而且这种变革是传统企业不论积累多少次不彻底的内部改革也绝对抗衡不了的。

就这样，"业务创新大趋势"让美国企业复活了。花了三十年，美国企业终于从 60 年代以来漫长的衰落中找到了出口。

而日本呢？泡沫经济崩溃后的低迷时间已经要达到和以前美国同样的三十年了，日本人现在也没能找出摆脱低迷的改革突破口。

理由是很清楚的——大趋势的源流明明原本在日本，日本却没能从中研究出新的商业武器，把机会让给了美国人。在把自己的强项加以理论化和衍生的智力战争（经营素养的战争）中，日本完全处于美国的下风。

很多日本企业都有两种倾向——"向多数看齐"和"规避风险"，

即习惯于先看周围别人的举动然后跟在后面，而这样是无法找到改革的切入点的。必须将日本独有的强项进行理论化，创造出指导新改革的**经营思想**，并努力**培育有创造力的经营领导者队伍**。

米思米的短交期模式——第三股潮流

除了我自己创造的"创，造，卖"和在美国开始的"大趋势"，在米思米内部奔流的还有与这两者起源不同的第三股潮流——米思米创始人从二十多年前就开始的"短交期业务模式"。这个模式有着惊人的前瞻性。

短交期其实就是"时间策略"，然后创业者还创造了叫作"业务团队制"的小业务组织，这是迅速完成业务战略的概念，用我的框架来说就是"组织论中的**时间策略**"（详见第 8 章）。

这三股潮流随着我的上任而在米思米这家企业的内部汇合了。米思米把日语"时间策略"和英语"It's all about TIME（对时间的追求就是一切）"的语句作为战略概念打了出来，这两句都作为公司方针写进了年度报告。

于是我们以"时间策略"为起点开始了各种各样的改革。最初恐怕连员工们也觉得每个改革主题都在各自为政，可经过几年以后，每个改革主题都开始互相联系起来了。这些改革不仅整合了实施改革部门的强项，更使得作为公司整体**业务模式**的优势开始被整合了起来——从此将米思米引向了堪称"公司改造"的大变样。

在现场执行这次改革的是下一代经营干部们，也就是说如果三枝引退他们就会接班。是他们的长年奋斗，使得米思米在世界性大趋势中既没有淹死也没有枯萎。

对于读者，我希望你们读到本书的下半部后，能同时关注席卷世界的业务创新大趋势所具有的"战略意义"。

第 **4** 章

公司改造 4
为求发展，开始
"国际战略"的较量

从"对海外没兴趣，总公司海外业务组织为零，战略也没有"的状态，到十三年后海外员工7000人，海外销售额比例逼近50%的国际化企业——"世界战略"是如何被构建和执行的呢？

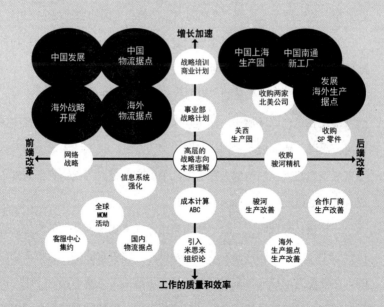

第1节 过去的符咒，阻碍了国际化

海外业务当初的面貌

三枝认为，在米思米的公司改造中最大的挑战主题就是"海外战略"。

在这个失去了活力的日本，三枝想用人生的最后时光亲手打造能重新向世界出击较量一番的日本企业，只要一家就好。这是接任米思米总裁时三枝的野心，但从"野心"这种叫法也能看出，米思米真正的海外业务发展道路看起来有多么漫长。

以往米思米的海外发展不过是员工个人的自发性行动。在东京的总公司，从上到下人人都"志在国内"，想去外国的会被视为另类。

如果有谁说自己想去某个国家建立米思米的业务，公司就会让他随便去，但之后不会给他任何支持。

也就是说，公司层面的"海外战略"是不存在的。

即使在这样的环境中，这十年来也稀稀拉拉地有人举手，在中国台湾、美国、新加坡、泰国、韩国、中国香港、英国、中国上海八处设立了当地法人。这些法人在当地几乎没有库存，每次销售都只能依靠从日本进口。

三枝接任总裁时，总公司里没有主持或支援海外活动的岗位，也没有一个能帮总裁制订海外战略的幕僚。一定要说的话，有负责出口的人在处理当地法人发来的订单，算上派遣员工大概有四五个吧。高管级别的倒是有位负责海外业务的经营高管，但他同时还要负责国内业务，海外只能抽空做。

因为海外业务组织是这样一种状态，所以直到新总裁上台为止，米思米的海外业务有大约十年都没怎么扩大。三枝上任时，所有当地法人的海外销售额加起来只有 44 亿日元，只占联结销售额的 8.6%，在一部上市公司的海外业务中要算非常少见的。

让我们先聊聊后来的事情吧，十三年后"内部增长"（除掉了因收购带来的扩大）带来的海外销售额为原来的 17 倍，746 亿日元，海外销售额比例增加到了 36%。这一扩大是通过怎样的战略实现的呢？

访问美国

三枝选中的第一个海外出差地点是美国。和他在上任前在公司内巡视并发现"米思米的八个弱点"时一样，这是为了找出海外战略的症结与解决的突破口。

他很怀疑——位于芝加哥的美国米思米从设立至今已经过了十三年，但上一年的销售额才不过 12 亿日元，花十年时间才这么点销售额，也许意味着米思米的业务模式在海外市场上是行不通的。果真如此的话，他的海外战略构想就很悲观了。

到达当地还没两天，三枝的脑袋已经被警戒警报的铃声充满了。

当地法人的总裁浅川宏是米思米的创业元老，看起来是个开朗诚实的人。他向三枝说明至今的业绩，在屏幕上打出了一张 PPT——曲线图表明美国的销售额一直以来是在慢慢上升的。

"这十三年中，这段时期是增长期，而后面这部分是爆发性增长期。"

总裁凝视着画面，上面只有一条几乎是平缓的线在向前延伸，哪里也没有爆发。而且，线的最后，也就是上市公司经营了十多年时间的这项业务的销售额，只有12亿日元。在这条几乎笔直的单线上，套用生命循环的"增长期"和"成熟期"这类理论本身就很不合理。

浅川是自己志愿到美国来的，他把能做的事都做了，自认为发展得相当不错。看见他的样子，三枝觉得必须得给他个否定了。要截断公司至今的趋势，首先必须要在这里发挥切割力。

"浅川啊，这条曲线的增长期还一次都没来过哦。不好意思，如果美国是一头巨象，你的业务规模只有象背上落着的一只苍蝇那么大。"

总裁这番意想不到的话把浅川的自尊心碾得粉碎。但是，要想让他彻底反思自己对业务规模的感觉和世界观，这样的说法是必需的。

三枝和他谈着谈着，开始同情他了。以前米思米总公司是不允许对多元化风险事业群进行果断投资的，以至于新总裁会说"所有的业务都得了狭隘短浅病和杂乱无章病"。同样的现象也发生在海外业务中。浅川凭着闯劲到了美国，但总公司的援助非常有限，经费预算也不充裕，没法果断地实施战略，结果他似乎在孤独的战斗中日渐变得妄自尊大了。

总公司这种轻视海外的姿态成了一种"符咒"，把当地经营活活逼成了"狭隘短浅病"。但是，到海外去的员工的志向是否也有些过低了呢？

描绘《第一页》

三枝打算整理出米思米海外战略的症结与今后的切入口，所以来了美国。通常整理问题是很花时间的，可这次他在美国逗留的三天里就看见了大部分的答案。缩短这个时间的，又是框架的力量。

三枝来美国时，手里拿着自己在上任前观察总公司和地方机构后创造出来的《米思米 QCT 模式》（第 1 章）。这个模式图让他作为经营者的判断力发生了天差地别的变化。对照着这个业务模式一看，米思米美国业务不增长的理由一个一个地清晰起来了。

米思米在美国分发给客户的产品目录十分单薄，品种也根本不够全。美国本来是产品目录文化最先进的国家，想杀进这样一个国家的市场，现在的目录简直不成样子。也就是说，米思米的产品目录明显没有起到业务模式的"引爆剂"作用。

而且，在美国没有公司自己的仓库，交货工作是一股脑扔给了物流公司。日本的经验显示，用这样的方式交货很容易出错。作为客户窗口的客服中心也人手不足、效率低下，似乎比当时日本国内分散在十三处的小客服中心问题还要复杂。

把以上内容总结一下，就是《米思米 QCT 模式》的前端在美国打的是彻头彻尾的败仗。

然后呢，后端（商品采购）又几乎都是从日本调配。从客户那里接受订单后把它发往日本，再每次用空运件接收商品，这样交期当然会变长。日本早已实现的标准三天模式从一开始就崩溃了。

为在美国当地进行生产，几年前合作厂家骏河精机接受米思米的请求在芝加哥办了一家工厂，但一直严重亏损。三枝也去那家工厂看过，米思米能在美国实现短交期的生产品种十分有限，体系很不完善。

三枝的结论非常明确——美国法人不论前端还是后端都只是在模仿《米思米 QCT 模式》，实际停留在非常低水平的状态。

在那之后三枝又访问了其他的当地法人，状况都大同小异。上任后的第一次美国之行就让他意识到，米思米的海外市场没能发展壮大的理由本质正在于——米思米业务模式的优势没有被正确地移植到海外据点，这在以往的海外业务中构成了巨大的"符咒"。

消除造成狭隘短浅病的原因

三枝回到总公司以后，画了一张《米思米全球发展概念图》。这张图就是对国际业务的《第二页》。他是这样对干部们说明的：

"今后的海外战略需要在开展业务的每一个国家都忠实于《米思米 QCT 模式》。如果不这样做，去哪个国家也打不了胜仗。"

这张看起来毫不出奇的概念图彻底改变了总公司干部们的公司内部常识，把他们从过去的"符咒"中解放了出来。

在此之上，三枝为了推进海外战略又进行了更果断的发言：

"海外投资对米思米来说是**战略性投资**，其目的是业务的扩大和增长。为此，当地法人的盈亏即使恶化一段时间甚至陷入亏损也没关系，我们可以用日本国内业务的收益来填补海外的亏空。"

这段允许亏损的发言有着划时代的意义，它是把员工从过去的符咒中解放出来的关键举措。

米思米以往是一个内部监控接近于零的公司，业务计划只要得到一次批准，不论怎么离谱，在一年内都不会受到任何人的监督。作为这种薄弱的业务监控的替代品，会计部长设定了一个相当于"安全阀"的限制——业务团队的亏损每年不能超过 1 亿日元。这个限制催生了业务的狭隘短浅病。

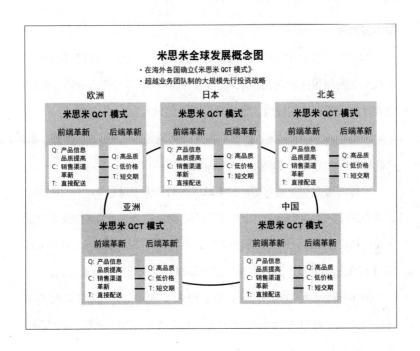

三枝的决定把这个"安全阀"一下子给刮跑了。他当然知道这样做的危险性——在总公司组织的控制体系依然脆弱的状态下，如果经营高层吹起"花钱！"的冲锋号，会发生什么？当地法人的总裁们没了束缚，可能会一下子都开始任意妄为。

于是三枝明确表示，暂时要把海外战略的重点战略市场限定为两个国家——中国和美国。

"其他的当地法人在接到另行命令之前要蛰伏不动。"

三枝在三十多岁时作为经营者有过一段苦涩的经历，当时冷冻保存起来的框架在三十年后的现在复苏了，不停向他发出警告——他曾因为同时参与了太多项业务而导致战线拉得过长，陷入了水深火热之中。

向中国发展

为什么三枝把中国选为了重点战略市场？米思米当时已经有一家设立在上海保税区里的当地法人，但它的营业形态是不设仓库，每次收到订单后要从日本提货，销售额只有 1 亿日元左右。

但是，三枝的头脑中有一个作为"历史观"在运作的框架，这是在后来的十年里驱动米思米中国战略的原动力。

三枝的历史观是这样的：日本从战败的灰烬中站起来，从 20 世纪 60 年代到 20 世纪 80 年代末的三十年间，接连力压了美国的各种产业。三枝在波士顿顾问公司和斯坦福大学商学院期间，目睹了从 20 世纪 60 年代末起蒸蒸日上的日本和日益衰落的美国产业是如何交锋的。

日本国内兴起的强势产业，按它们兴起的顺序逐一压迫了美国的同行产业——最初是纺织品，然后是白色家电、电视、钢铁、合金钢、汽车，最后是半导体。

而今后，完全相同模式的竞争将在中国和日本之间进行。这次进攻的不是日本而是中国，败落的不是美国而是日本。中国对日本的侵蚀从纺织品和蔬菜、饺子开始，随着中国产业结构的日益复杂而向高科技转移。

"米思米的中国发展晚了十年。现在再不去中国，米思米就永远不可能成为在中国市场有意义的存在。"

"增长了力量的中国企业，不仅会称霸中国市场，总有一天会打进日本。这样一来，米思米就连日本的国内市场都会失掉。要想防止这样的事态发生，去较量一番的时机只有现在。"

三枝把向中国发展的项目和日本国内的客服中心改革（第 7 章）

并列称作当时米思米的"两大高危项目"。

战线扩大的风险立刻显现出来了。中国项目开始后，三枝必须向该项目中倾注极多的精力。他命令中美以外的当地法人总裁们暂时蛰伏是来自过去经验的先见之明，后来发现多亏下了这道命令。对于在总公司还同时着手进行其他改革的二枝来说，战斗的前线拉得过长了，不论米思米还是三枝自身都要陷入困境了。

可是，能够理解这种危机感的干部在当时一个都没有，三枝是一个人在战斗。

中国业务团队的组建

三枝正式就任总裁之前，在那一年的 2 月左右，公司里有一个年轻人主动举手要去建立中国业务，并已经开始行动了。

他就是三十岁的加加美健斗。当时公司里还有愿景发表会这种内部制度，他报名参加竞选，结果被选中并任命为了团队的领导者。

加加美在学生时代曾经休学一年去英国留学，当时他因为亚裔身份而受到过歧视，所以很强烈地意识到自己是亚洲人。他大学毕业后进入一家商社，但工作了三年半以后那家商社倒闭了，当时还成了媒体的话题。然后他虽然又找了份工作，但因为对工作内容无法满足，大概三个月就跳槽出来，因为"想在能让自己增长实力的公司工作"而来了米思米。

进了米思米两年以后，他主动申请要去中国。即使在年轻人很多的米思米，像他这么年轻的总监也算破格提拔。很快他就会体验到什么是堕入地狱，但在这个时候还无从预料。

三枝很快把加加美找来，结果吓了一跳，因为他竟然如此年轻。在新总裁的全球战略里打头阵的就是这个年轻人吗？

"要去中国的是你啊，初期的组织打算采取什么样的体制呢？"

"除我以外，还选了三名年轻成员。"

三枝无语了。这可是要杀进中国市场啊，带三个二十几岁的员工去能做什么？所有人都是第一次在国外工作，既不会说中文，也不了解当地的任何情况。而且他们到米思米来的年头都不多，在公司里的表现也并不突出。

作为去海外建立业务的人数，四个人已经是米思米历史上的最大规模了。据说，按以往的公司内部常识，不应该指望比这更大的规模——这种地方也让三枝感到过去的"符咒"在运作。

"就这么点儿人，你们是要去当商业间谍吗？"

这次轮到加加美无语了。这句"总裁语录"一直留在了他的记忆中。

中国之战既是今后海外战略的序战，也是最大的战役，必须要让米思米现有最优秀的人才来挑战。三枝对于把战役的命运全押在这个加加美一人身上感到很不安。

于是三枝做了两件人事安排，这是他作为总裁在米思米第一次下令安排人事。

一个是点名要高管荒垣正纯担任中国筹建项目的负责高管，而尚且年轻的加加美则在荒垣的领导下进行业务的筹建。

荒垣是营销方面的老手，也是和创始人共同让米思米发展壮大的骨干之一。读者们还记得三枝邀请他去寿司店，打开装一次性筷子的纸套在背面画出业务模式给他解释的场面吧（第1章）。三枝喜欢他那种在销售工作中锻炼出来的粗犷劲儿。

另一项安排是把加加美选中的三名二十多岁的成员换成两名经验更丰富的员工，这是荒垣的提议。

按当时的米思米业务团队组织制度，被任命的总监有权利选择自己的部下，部下的职务和工资条件等也全由总监来决定。三枝在上任之前就觉得这个制度有问题（在第 8 章的组织论中有说明），在重要的中国业务中，他觉得哪怕否定这项制度也应该安排最合适的人选。

但是，这个决定给加加美带来了很大的冲击，因为这等于让他突然失去了自己选好的部下。加加美气得甚至想到了要辞职，据说在他周围也有人批评这次人事安排是总裁带头破坏制度、过于武断。

如果按以往的制度和经营方针来衡量，有这样的批评是很自然的。但是，这是因为批评者拘泥于"既有人事制度应该比战略更优先"这种价值观。如果经营者换人并且战略变了，那么组织和制度也必须根据需要做出改变。用一个可能有些古老的说法，公司必须"不是战略服从组织，而是组织服从战略"。

所以三枝满怀确信，把对自己安排的批评都顶了回去。他不能妥协，或者不如说，他认为这项人事安排能够挽救加加美。等到中国后冲进了未知的泥沼，很可能会遇到修罗场。如果按他选的成员就这么去了，修罗场恐怕会变成真正的"死谷"。

从后来发生的事情看，这种担心马上就变成了现实并向加加美压迫了过来。

让加加美预测现金流

总裁另找了一天，又把加加美叫来问道：

"加加美啊，从现在开始建立中国业务的话，大概需要多少资金？"

对加加美来说，这是个从没考虑过的问题。理解资金的"构造"是成为经营者的必修课，如果有心学习的话，并不需要在会计部门工作过之类的经验。

"我说，连要花多少钱这么基本的事都不考虑的话，可当不好业务的领导者哦。你要只是个突击队长的话，我们就难办了。"

以往米思米的财务部门是外包的，可悲的是公司里连个能帮助加加美的职员都没有，三枝只好亲自教加加美如何预测资金的周转。

加加美写了一份现阶段所能描绘的类似商业计划的东西。他费了很大的劲试着进行了一次资金预测，通过这项工作他理解了现金流的构造，自己的经营本领也得到了相应的提高，问题在于结果显现的数字。

注入上海米思米的资金将在第 5 年达到最多，其峰值金额为 21 亿日元。按计算，在那之后业务将转向盈利，所需注入资金会越来越少。

加加美被自己算出来的这个数字吓坏了。要是按以往米思米新业务的符咒，即"每年亏损不得超过 1 亿日元"这一规定来看，这是个超乎想象的数字。从最初就预测要投入 21 亿日元，这样的新事业以前一定会被负责高管嗤之以鼻，一次就得出局。

"自己的业务会大到这么不得了？！"

加加美战战兢兢地把这个数字拿到总裁那里去了。

总裁的觉悟

三枝坐在总裁室的沙发上好一会不动弹，眼睛直盯着那个数字的计算根据。对加加美来说这段沉默非常可怕，他怕总裁会宣布要停止建立中国业务。

可是，加加美还是不成熟——其实总裁考虑的完全相反。

三枝内心想的是："才这么点儿？实际得翻一倍还差不多"。

中国市场正处于高速增长的鼎盛时期，米思米现在参与就已经是步人后尘了，所以必须扭转后发劣势，确保一个有意义的市场占有率。要是用这个程度的资金就能办成的话，那不是天大的好事吗？

三枝依然在沉默地思考。现金流暂时说到这里就够了，但是，还有一个更大的问题——眼前这个被21亿日元吓得畏畏缩缩的年轻人。他不仅是被过去的符咒束缚、被"新业务不可以太花钱"这种想法洗脑，根本连经营经验都很不够。

他真的有在中国从零开始建立业务的力量吗？他知道那有多难、多可怕吗？他举手是因为初生牛犊不怕虎，可一旦被卷入修罗场手足无措时，他不会马上就叫苦求饶吗？

莫非，加加美想的是"再做一个像现在的美国法人那样的公司就好了"？难道束缚他的就是这样一个低级简单的"符咒"？在美国十三年达到销售额12亿日元这种单薄的成绩，对今后的中国战略可没有任何参考价值。

在中国追求的销售额应该是100亿日元、200亿日元，甚至远远不止。实际上如果我们先绕到未来，加加美建立的公司从销售额近乎为零开始，到本书出版时已接近了400亿日元。米思米集团整体的中国员工数现在已经超过了 2000 人。

米思米在海外问题上陷入了"狭隘短浅病"，必须把这种毛病彻底去除。眼前这个加加美的职责是为米思米的海外业务打开新突破口，也就是要向与以往不同的战略、文化和较量发出挑战。

加加美哪里想象得到，总裁在沉默中想的是这些内容。

三枝终于开了口，他干脆地说：

"加加美，去中国前在东京做的业务构想做到这个程度就可以了。不到当地去是看不见真正的景色的，总之先去了再说吧。"

米思米的改造是三枝作为经营者在人生最后设计的一场大较量，现在却要把它托付给这个三十岁的年轻人，这让三枝多么不安和无助。能理解总裁这种孤独感的干部，包括加加美本人在内，当时的米思米里一个都没有。尽管如此三枝还是毅然把他送出去了，这是一种有意为之的"粗暴的人事"。

开解经营者的谜团
26
粗暴的人事

粗暴的人事就是对有充分潜力和上进心的员工给予超过其能力的挑战机会。如果配合本人伸展的极限对其进行"符合能力的越级晋升"，则成功概率会很高，而如果看错了其伸展极限，进行"不合能力的越级晋升"，则出问题的风险会增高。粗暴的人事是想不走弯路培育经营人才时不可缺少的手法，但这会伴随着公司内部的嫉妒。能否让粗暴的人事成功，依赖于任命者在守护当事人时能有多大的耐心。

如果新总裁没有高举"培育经营人才"这一理想，应该就不会做这样的人事安排了吧。然后不出所料，加加美到上海才几个月就陷入了让他想要撂挑子甚至辞职的事态。

异国的壁垒，自己公司符咒的壁垒

表决同意三枝就任总裁的股东大会召开后的第二个月即7月，劲头十足的加加美等人雄赳赳地去了上海。被点名负责的高管荒垣因为身体不好，把去上海赴任延期到了9月下旬。

加加美他们首先从在上海设立办公室开始。

今后他们要从零开始建立订单接收中心，还要开设仓库和配送中心。不光是场地，还要招聘和培训操作员……最艰巨的挑战，是找出中国当地的厂家，建立商品采购体系，这个体系要能满足米思米对品质和交期的严格要求。进而还要构建处理顾客订单的信息系统。同样难度的工作还有用中文编辑当地语言、当地货币、当地交期的产品目录，而发行该目录所需的印刷公司现在还不知在哪里。

然后，要建立人事和会计等间接部门，要在各部门举行招聘当地员工的活动，要为面试花掉大量的时间。说到底，在面试上靠他们自己就能判断中国人的能力吗？

所谓五里雾中，就是这种状态吧。

进入当地的加加美三人团队，表现得好像一支声势迅猛的突击队。

让加加美烦恼的问题之一，是在中国做什么都要花日本三、四倍的时间：访问客户或候补厂家时每次都要带上翻译；上海到处都堵车，去哪里都要花很多时间。

为招聘中国员工，一天有三分之一的时间被面试占用了。值得纪念的一号录用者是在面试了32个人后才得到的。

加加美从赴任以来，有四个月左右一天都没休息，也没在夜里十二点以前下过班。长时间的劳动让他的判断力变得迟钝了。

仅从以上的情况，就可以列举出好几件加加美犯的严重的判断错误。

首先，工作量如此惊人的筹建工作是不可能靠三个日本人的团队去了就能办成的。总裁曾问他们"是当商业间谍去了吗"，这种人员上的极限很快就出现了。

读者们不觉得这有些不可思议吗？总公司的事业部不帮助这个中国项目？不送人过去？

是的，他们什么都没做。按照当时公司内部的规则，即使商品相同，海外市场也要算独立的其他业务，他们对加加美的业务毫不关心。总公司没有给加加美支援，加加美也没向总公司事业部汇报情况。

米思米的员工把这视为理所当然是因为他们被以往的组织"符咒"洗脑了。当然，从外部来的三枝是在这种符咒之外的。但问题在于，事实上三枝很难逐一发现这些符咒的存在并认识到它们是课题。

总公司的全体高管在行动时都把符咒视作当然（虽然这正是符咒的含义，也是宿命），没有人说这不正常。

- 比如，美国子公司花了十三年只让销售额达到了 12 亿日元，却没有一个总公司高管认为这有问题。这种现象就和"海外的事情不用在意"这一总公司的符咒有关，而对此三枝到了当地才第一次明白。
- 米思米存在着一个组织上的问题，就是从海外回来的人会因无法适应剧烈改变的总公司组织而辞职。但直到这样的离职者真出现在眼前，三枝才注意到这个问题。
- 年青的总监加加美在上海得不到总公司事业部的支援，孤军奋战筋疲力尽——在组织中发生这样的情况是不正常的。三枝去了上海才第一次注意到这个事实。

这些符咒和米思米从创业总裁时代开始的经营风格有关，即不向总裁报告现场的详细情况。经营高层采取了不过问团队业务详细内容的态度，不论总监要做什么，在一年后开愿景发表会之前高层什么都不会说。所以"对总裁什么都不用说，不说最好"这种"不作为的符咒"作为不成文的制度在公司内部固定了下来。

三枝之所以能替换加加美的部下，是因为当时他们是在总公司，三枝能够及时了解实情。要是三枝知道某种符咒成了战略的阻碍，就会果断地将其打破，但注意不到的话就无能为力了。

实际上，加加美他们在上海逐渐陷入困境这一状况大概近三个月都没传到总裁这里。如果状况被报告给了总公司，三枝就能更早地伸出援手了吧。可现实是沟通的隔阂太大，产生了太多的误会。

外行的壁垒

在组织的符咒之外，还发生了一个让加加美加倍痛苦的问题。

被任命为中国项目负责高管的荒垣给加加美下达了一项命令，要他11月在中国发行产品目录。11月时加加美他们到中国才四个月，而下这命令时荒垣还在东京呢。

这给加加美他们造成了巨大的心理压力。他们三个人刚到上海，还没弄明白当地的实际情况。可是，如果要发行目录的话，就需要在四个月之内建好配送中心，接下来还要建客服中心、还要有信息系统……

这当然是不可能做到的。他们被产品目录发刊的"期限"紧紧绑住，动弹不得。

此外，加加美在私人生活里也面对着让他痛苦加倍的事态——晚于他一个月，他的妻子从日本搬到上海来了。

对妻子来说这是第一次在海外生活，也是第一次来到中国。她既不懂语言，也没有朋友，而丈夫每天都很疲惫，不到深夜不会回家，一大早又出门了。她被留在家里，陷入了深深的沮丧。

即使在经过了十多年的现在，三枝每次想起这件事都会满心愧疚。如果是习惯于海外活动的公司，常规做法是让丈夫先单身赴任住在宾馆里开始工作，等搞清状况后再把家人叫来。在加加美的准备阶段，公司没能给他这样的指导，结果影响波及他太太身上。

派到加加美头上的产品目录发行期限很快就迫近了。

加加美完全估计错了建立业务需要的工作量，什么都没做好，也不可能做好。原本是他自己主动申请的派驻中国，但他在精神上和体力上都被逼到了极限。

可是，这种困境在和竞争对手企业的战斗中或和客户的交涉中是很难遇到的。也许三枝的说法有些过于严厉，但这其实要怪加加美本人当初没能正确认识自己工作的复杂性和计划的可行性，这条"死谷"

是他作茧自缚的产物。

后来三枝打听到，加加美他们按自己的判断把目录发行的预定时间从11月延期到了12月下旬，但这根本不是延期一个月就能解决的事。

加加美回想起当时那种越想越钻牛角尖的心情，这样写道：

"要是出了产品目录，这就算我自己在米思米和中国留下的足迹。管不了那么多了，有这个就足够。等目录做好了我就辞职。"

加加美是认真地开始这么想的。四个月都还没过，在这段实在太短的时间里，他已经失去了为别人考虑的从容，没精力去担心一起到上海来的部下，或想到自己辞职会给公司带来的混乱，他只想撂挑子不干求个轻松。

他当时一定是相当痛苦吧。加加美原本是个虽然年青却有分寸、老实肯干的人，结果这种老实肯干起了反作用。

但是，做不到就说做不到——这不正是经营领导者的职责吗？这是规避这种困境的最佳方法。不反映实际状况而是对上方的命令老老实实接受，心里明知做不到还是往前推进直到最后出问题——这是作为领导者考虑不够周全的表现。

米思米在历史上是个上情下达力度很大的公司，它是一个要绝对服从上级命令的组织，传承的是所谓体育队式的风气。

加加美知道作为总监指挥下属是理所当然的，但没有认识到自己站到了一个要"诱导上司"的立场。对领导者来说"指挥上级的能力"是很重要的。

在这个意义上，加加美把总监这一职位跟低位水平对齐，自己把自己的立场给矮小化了——上市企业的中国业务负责人这一重要的立场虽然是他自己争取来的，但毕竟对他来说是没经历过的任务。

开解经营者的
谜团
27
职位矮小
化

如果职业生涯的早期就被提拔或者经历了"粗暴的人事"，很多人明明责任变大了，却会把低阶职位的思考方式和行为方式原样带到新职位来。这叫作高阶职位的"矮小化"，意味着该组织的退步。日本企业中经营人才的枯竭就是因为这种现象越积越多才变得严重的（详见《三枝 匡的经营笔记❿》）。

在这之前，公司里的每个人都没想到中国业务会如此艰巨——米思米这个组织本身只知道过去建立当地法人的宽松做法，只有这个程度的预知能力。过去的米思米业务团队制和一气呵成的、全公司总动员的高风险战略是无缘的。这无疑也是米思米组织中浸透的符咒。

但是，如果现在加加美失败，这不会仅是他个人的问题，也许会成为把米思米世界战略转向不利局面的"死谷"。对于三枝来说，这也会威胁到他赌上了余生的较量。

公司的陈旧体质成为暗中符咒，束缚着员工的行动。以往没有得到过挑战机遇的年轻人如果一下子背上重担，可能会和加加美陷入同样状况——这不就是现实吗？

三枝今后将会如何应对这种状况呢？加加美会走上作为经营人才增强力量的道路吗？

第 2 节 从外行开始的大变身

总裁，出现在现场

3 个月后的 10 月，三枝到达了上海。这是他上任以来继上月美国之行后的第二次海外出差   终于进入海外战略的主战场了。

恢复健康后已经先来了上海的高管荒垣和总监加加美到机场来迎接三枝。三枝马上就看出了加加美一脸疲惫，但那时还不可能想到他已经被逼得要辞职了。

住宿是在加加美订好的上海浦东新区的顶级酒店，办好入住手续后，三枝被带到了一间豪华的套房，可以看到对岸旧租界（外滩）的美丽夜景。可是，酒店离米思米的事务所很远，到酒店的路上因为堵车花了特别长的时间。

过去米思米总裁的海外出差是几年一次的特别活动，但对于从二十五岁以后几乎每个月都满世界飞的三枝来说，国外国内都是一样的。三枝在第二天早晨对来酒店接他的荒垣交代：出差时不住名字里带"套房"两字的房间；夜景、游览之类的心思一概别费；要住能避开交通堵塞的、离米思米事务所近的酒店的普通房间。

员工的符咒又被割断了一个。

到了办公室，加加美把上海的业务筹备状况向三枝做了汇报。

不论荒垣还是加加美，都是第一次和总裁开这种像样的会议。总裁飞到海外来在当地进行业务项目的详细碰头会，恐怕也是米思米历史上的第一次。

在这时候发生了一个事件。三枝听了加加美的说明，第一次了解了中国业务筹建计划的详细内容。荒垣命令加加美策划的产品目录厚度只有 140 页左右，和日本发行的 1200 多页的目录相比，差劲得简直让人想把它叫作小册子。

而且，在报告中提到营业体系还没整备好。眼看离发行目录只剩一个月了，可本应是成功关键的 13 个准备项目——受订体系和交货体系、商品供应商的选定和价格商谈、品质检查体系、信息系统等的状态全都是"预定"、"协议中"或"有问题"。

就是说，什么都没做好。可本应已经认识到这一点的加加美却在当场坚决地说："虽然课题堆积如山，但我们希望在目录发售以后边跑边解决"——不论加加美觉得荒垣这道在仅四个月内就开始营业的命令多么不合理，他还是觉得为实现它而奔走是自己的任务。这就是当时在米思米被认为理所当然的上情下达精神。

三枝盯着这份报告，觉得它不太对劲。和三枝以往看到过的众多新商品、新业务的筹备过程相比，总感觉这次不太合理。加加美说"想执行"的计划和"准备好了"的内容有着巨大的差距。如果只剩一个月的话，那看来所有的事都已经来不及了。

如果什么都不说放任这样的报告通过，自己特地到上海来就没有意义。三枝在把产品目录的发行时间逼近当作问题之前，首先对目录的内容产生了强烈的疑问，他一脸严肃地发问了，这是一句很凶的话：

"这份目录也太糟糕了吧？！拿这个真的能在中国较量？"

加加美感到了巨大的困惑。

在日本有时也会发行这种薄目录，但那是为了给原本那份厚目录做补充用的。总裁刚到米思米来，应该对目录几乎什么都不懂，而且刚跟他说明的筹建计划也是这四个月尽最大努力做的。为什么这个目录会被门外汉总裁说成"糟糕"呢？

为什么说目录糟糕？

三枝不是随口乱说的。他考虑了下面三件事情：

一件是上个月从美国回来时自己向全公司展示的指针《米思米全球发展概念图》。这是一个划时代的方针，今后每去一个国家发展时都要努力在那里忠实地整备《米思米 QCT 模式》。在该业务模式中，产品目录被定位为最重要的"引爆剂"。

眼前这两个人不可能不知道这个指针。可是，他们到中国才四个月，为什么要急着出这么一本寒酸的目录呢？在三枝的头脑里，浮现出了上个月在芝加哥看到的美国业绩曲线。美国业务建立了十三年，销售额才 12 亿日元，而且负责人眼光低到觉得这种状态也算有过爆发性增长期。

米思米的课题是内在的敌人。他们需要知道立"志"当高远，还要学会能有力地杀入市场的"战略思维"。

三枝对加加美说目录糟糕还有一个理由，就是中国和日本状况的不同。

如果是在已经建立起强大市场地位的日本，临时出本辅助性的薄目录还是有意义的，可在新国家出的第一炮目录能用同样的想法来做吗？

如果第一次出的目录很寒酸，不知道米思米的该国人瞥一眼就会想："米思米？不怎么样"，很可能会马上把目录扔到垃圾箱里。而且，一旦失去了兴趣的人，除非有什么特别的契机，是不会再想看这本目录的。

何况就算出现了来订货的顾客，客服中心的体制也还没整备好。即使顾客给米思米打来了电话，中国员工的应对也很不熟练。仓库和配送中心也还没运作起来。就算临阵磨枪摆出了一个体系，米思米作为根本方针的短交期也无法保证，配送错误也会很多吧。在这个阶段冒如此风险的价值在哪里？

第一次是要让客户感觉"米思米很厉害"而传出正面的口碑，还是要让客户感觉"米思米很平庸"而扩散负面的评价？在发售的初期阶段把"客户口碑带来的传播效果"设置成正还是负——这个岔路如果走错了会有多悲惨，三枝可是在三十多岁就体验过了。

业务建立期的客户反应会一直影响到后来很久。就算多少接到了点订单能让人天真地高兴一阵，但第一次有了负面体验的客户不会再来第二次，市场里持负面看法的客户会不断累积，还会通过口碑而成倍增长。也就是说，客户回头率如果保持在低水平，可能意味着公司一直在进行反而会让自己的市场衰败的行动。

三枝把这叫作"火耕"生意。

在销售活动刚开始时给田地（市场）里点上一把火，如果只看那枯草烧成一片的最前线，那么火焰确实很高（销售额升高），景象十分壮观，但火耕只能让草烧着这一次。火在田地（市场）里烧过一圈以后就会熄灭，背后只剩烧过的土地，还冒着几缕烟——销售额的增长停止了。这就是业务建立失败的"火耕"模式。

中国业务的建立如果从薄目录开始然后也变成这样，那不就离在中国一气呵成构筑市场地位的机会反而远了吗？

还有一件重要的事情——不论目录多寒酸，只要把它分发出去了，就会激活市场的竞争反应。这是最致命的。

那些知谙米思米在日本有多强的潜在竞争者或模仿者们，如果知道米思米开始进军中国了，马上就会开始对抗行动吧。

因为他们的行动会在暗中进行，所以我方看不到。直到他们真的带着对抗业务和对抗商品出现在市场上为止，我方是无从感知的。可是，在那之前如果我方一直都是小打小闹，就可能被看透我们做法的竞争对手马上超越。

开解经营者的谜团
28
推迟竞争反应

如果处于劣势或后发的企业以不完善的体制发售新商品或新技术，反而会给竞争对手提供创意，相当于早早启动了竞争反应的计时器，结果可能被对手超过继而失败。重要的是要在暗中进行周全的准备，以最好状态发起一气呵成的较量。如果需要事先做市场测试，那就在不受注意的市场角落里以最小规模并且无声地进行。

三枝当着荒垣和加加美两人的面，只用几分钟的时间就想到了这么远。

"你是想毁了公司吗？！"

在这场会议上三枝的担忧急速地膨胀了起来。让我们把他这位总裁的战略逻辑再总结一遍吧：

· 事先暴露会引发暗中的竞争反应，应尽量推迟。

· 开始暴露后，要一气呵成，一次定胜负。

· 为此要事先周全整备必要的公司内战斗体制，在最好的状态下主动出击。要在序战中一气确保有意义的市场地位。

加加美的计划把以上的每一条都违反了，而三枝作为总裁的结论是——这本目录是"自杀行为"。

下一个瞬间，总裁对着加加美说出了第二句激烈的话：

"你是想毁了公司吗？！"

三枝知道这句话有多激烈，可他觉得要从根底动摇加加美的行动与思考模式，发挥切割力斩断从过去持续至今的符咒，这句话是必需的。

如果就这样凭着单纯的突击精神跑下去，米思米就会重蹈其他很多日本企业的覆辙——尝试进入中国发展但在短时间内失败，然后早早就撤走。如果这样，中国的竞争威胁波及日本市场也就会作为一种历史的必然而成为现实。事实上，不是已经有很多日本企业被逼入了困境，经营的路越走越窄吗？

加加美有一瞬间不敢相信自己的耳朵。7月以来这四个月，自己可是拼了命地在奔走，自己没有做错什么。"毁了公司"？这是怎么说话呢？太过分了吧！

但那天开完会后冷静下来，加加美意识到了自己的矛盾。自己说自己没有做错的同时，实际上也没有做好任何营业的准备。虽然为了克服这个困难他自己燃烧殆尽差点就挺不住了，可很明显，只剩一个月了，自己还什么都没做好。

总裁的话是沉重的一击，但随后加加美的思考方式发生了变化。

后来加加美这样描述自己当时的心境：

"总裁叫停我们的目录时，我心里很纠结。但坦率地说，当时我大大地松了一口气——我内心一直在盼望着有人来阻止自己。"

加加美意识到了——米思米花上几十年的时间才构建了在日本的优势，而在这优势建立起来以后才进公司的自己，却以为这种优势是很容易就能在中国再现的。

此外，自己在无意识中被公司内部的常识束缚，这成了抑制思考的符咒，所以没能自己用心思考并靠自己创造出切入新事业筹建工作的方法。

他原来想得很简单："只要好歹先把目录出了，就是走上了和日本一样的胜利模式，剩下的事总会有办法"，谁知哪怕只是雇一个中国员工，都要花费巨大的精力。

这就是海外业务的现实。加加美站到这个位置上才第一次发现它有多么艰难。但是，即便如此他还是被公司内部的符咒束缚，想要顺从四个月就发行产品目录这一命令——终究是个不可能的计划。

高管荒垣正纯也意识到自己下的命令太糊涂了——这和总公司事业部在日本发行薄目录根本不是一回事。而且，他忽略了一点——在本社习以为常的基础设施部门，如果在海外从零开始建造是多么艰巨的挑战。当初他是凭着销售员特有的进取精神命令加加美突击，可现在他体会到了——在海外建立业务比想象的要严酷得多。

从制约条件中解放出来

总裁到上海来第一天的会议上，就暴露出了这么多问题。

三枝使用激烈言词的真正意图是警告他们："你们啊，给我好好琢磨透了以后再行动！自己出于好心做的事情可能会给公司的战略带来损害。要好好思考**战略**！"

从结果来看，这次会议在避免失败上有着重大的意义。

过去的事先说到这里，接下来该如何摆脱这样的事态呢？总裁给这两个人提示了一种最简单的解决方法——

"推迟产品目录的发行。首先要集中全力建立组织、销售体系和商品采购体系。真正的战斗从那里开始。"

三个人决定把目录的发行推迟将近一年，到第二年9月再发行。

正是因为总裁这位有权限者接近了现场，才能当场瞬时做出这个决定。这是典型的"从制约条件解放出来"的场景。

开解经营者的谜团
29
从制约条件解放出来

如果下决心拿掉束缚着相关人员的公司内部常识和制约条件，他们的思考就会发生剧变，组织会趋向新的行动。在停滞的组织中，能做到这一点的、强大的有权限者往往不在现场附近。如果从制约条件解放出来的幅度太小，就不会有效果，而过于大胆则代价（成本）也会增大，不熟知现场的心理就把握不好这个尺度。从制约条件中解放出来既是经营这门艺术中最微妙的一种判断，也是最让经营者有成就感的一种行为。

加加美打消了从米思米辞职的念头。

如果他在这个时候辞职，就等于只出了一本单薄的目录，这绝对算不上是他说的那种在上海的"足迹"。就算加加美不在了，总裁和其部下们已经再次决心在中国做出一番事业，加加美走过的足迹一定很快会被这些人踩没了。

如果考虑到加加美这种真诚的性格，反而是在序战就放弃脱逃这件事会让他一生都不能摆脱心里的痛楚吧。

开解经营者的谜团 **30** 修罗场里的紧急救助	不论公司还是个人，救助陷入修罗场里人们的速效药是"放开时间轴"。要放缓期限的束缚，让他们恢复从容的心态来整理问题，并振奋精神发起对策行动。

加加美在这四个月里一口气实现了普通人要花上好几年的个人成长。

当然，被总裁斥责的场景后来也发生过。但是总裁回想起自己三十几岁时有过那么多失败，就在逐渐了解加加美是多么孤独的同时，总是不言放弃，坚持锻炼他。

加加美的太太在那之后也习惯了上海的生活，恢复了精神，一直支撑着他的活动。

加加美的思考方式、行动、甚至连相貌都逐渐变得像一个强悍的经营领导者了。四年后他回国时得到了提拔，才三十四岁就成了最年轻的总公司副事业部长。

访问中国厂家

三枝这次出差上海，还访问了几家中国厂家的工厂，这扣动了下一个重大事件的扳机。

当时荒垣和加加美最急着做的是构建商品的当地采购体系。两个人脑子里想的是：要像米思米在日本把合作厂家组织起来那样，在中国构建当地厂家的网络，但这并不容易。

比如，为了确保商品品种齐全，理想的做法是在每个商品领域都找到两家以上的厂家，从其中选择两家构建一个复数采购体系，但很快最大的阻碍就显现了出来——当时中国厂家的产品品质太差了。

米思米在日本成功地在 QCT 的 Q（品质）上获得了高度评价。与此相对，当时中国产品的品质水准实在没法作为米思米品牌往外卖。他们发现，每种商品别说两家，就连找到一家厂家都很不容易。

加加美和他的部下为了实地调查各地的工厂而东奔西走。他们放宽对象范围列出了 20 家左右的候补厂家，包括没有过交易的台企、港企在内。这次调查时间虽短密度却大，这也是让他们筋疲力尽的原因之一。

那天在总裁访问的一家中国工厂里，荒垣向他说明："这家工厂在中国厂家里算是水平比较高的。"

三枝问道：

"是谁指导他们提高品质的？"

"就像米思米在日本做的那样，我们把客户的投诉告诉这家工厂，督促他们改善品质。一开始他们的反应很迟钝，但随着我们的指导，他们的水平逐渐高起来了。"

听到这话三枝的表情变了，而荒垣并没注意到这个迹象。

"这个厂家会和米思米签订**专卖合同**吗？"

"这不太可能吧。这家公司以前就一直卖产品给别的客户，我们没法束缚他们的销售。"

"那就是说，米思米指导他们提升了品质以后，他们可以自由地把自己得到的教益用在对别的客户的销售上了？"

"这   是这样的。"

三枝的表情很严肃：

"如果这家厂家乘上中国经济大发展的浪潮而成长起来，规模到了能进军海外市场的程度，那么把产品卖给米思米的客户也是他们的自由吧？以极其低廉的价格……"

"……"

没考虑那么长远——这是荒垣的反应。

经营就是要考虑那么长远——这是三枝的态度。

三枝这种忧虑是建立在历史观上的。

从 20 世纪 50 年代到 20 世纪 60 年代，很多日本企业请求美国企业提供技术和指导，当时的美国企业没太戒备就把很多的技术传给了日本企业。也许这里也有想帮助日本复兴的人道主义心理，因为日本已经变得对美国很恭顺了，而且还那么弱小。于是日本人以超乎美国人想象的热情和创意掌握了美国的技术。结果日本企业迅速兴起，对美国构成了竞争上的威胁，美国的产业接连被日本企业攻陷，美国经济在 20 世纪 50 年代经历了最后的富裕时代，此后连续倒退了三十年。三十年是很长的，也就是说，一个青年从大学毕业到知天命之年的时间里，美国一直在输给日本。

然后这次轮到日本企业热心地满足中国企业对技术支持的要求

了，好像在重复前面的历史模式一样。民间这种"因为日本在战争中给中国添了麻烦，所以想帮助中国在战后成长"的心理也起了作用。比如，新日铁（现新日铁住金）给了中国钢铁行业的发展多大帮助，只要读山崎丰子的《大地之子》就能明白了。

三枝一边在这家中国工厂的车间里参观一边想：现在中国在制造方面比日本差，但已经可以想象他们将来成长并繁荣起来的样子。中国会沿着日本曾经走过的路追赶上来。想到这里，三枝突然充满了焦躁和危机感。

> **重要的分界线——经营者的解谜和判断**
>
> · 米思米的中国业务如果找不到合适的中国厂家，就只能依赖从日本进口。这样就无法忠实地做到《米思米 QCT 模式》。
>
> · 即使构建起了和海外厂家的合作体系，也必须考虑未来长远的利害和风险。如果米思米毫不设防地向海外厂家提供业务模式和品质标准，那么只要签的不是专卖合同，就可能是在培养将来的竞争对手。
>
> · 这个问题必须要尽快得出结论。如果维持现状，米思米业务模式未来的"失败"就已经隐约可见了。无论如何也要找到这个问题的答案。

在今后的海外发展中，去每个国家都会遇到同样的问题吧。三枝在回日本的飞机上也一直思考着解决办法。

惊人的新方针

三枝从上海回到东京后，做出了两个重要举措。

一个是设立"国际战略会议 中国部会"。他启动的这个新的会议体，聚集了总公司的主要干部。

以往米思米总公司的干部们遵循过去的公司内部规则，对自己以外的业务是不关心的。虽然他们是同一家公司的高管，但简直就像一群独立企业主。甚至总裁在去上海之前，在中国业务上也被当作了外人看待。

三枝要动手打破这种"符咒"。在第一次会议上，他对高管和干部员工们做了下面的指示，当时从上海来出差的荒垣和加加美也在场：

"米思米的业务团队在执行业务时随心所欲、各自为政的经营方式已经成为过去了。今后的米思米不论海外还是国内，都要重视公司的'战略的统合'。"

"在以往的组织模式中，总公司的干部对陷入困境的海外业务是冷眼旁观的，我想一气改变这种模式。中国业务是米思米最大的危险项目，今后我要求总公司的所有部门都支援中国业务。"

以总裁为议长的这个会议，定于每月一次在东京或上海召开。这样一来，公司内部一齐把目光转向了海外，这是一个历史性的变化。总公司的事业部长等很多干部频繁往来于东京和上海之间，接触海外战略最前线的动向开始了。

另一个是在 12 月初，仍然是在东京召开的第二次中国部会上，提出了一个新方针。

这是让所有出席者吃惊的内容——回日本后也一直在思考的三枝

找到了一个答案：

"米思米长年以来一直与日本的合作厂家携手并进，而中国业务团队也曾追求类似的体系，有过在中国与中国厂家组合的构想，但前途实在太渺茫。所以我要求他们停止这种追求。"

突如其来的这番总裁发言让出席会议的所有干部都陷入了困惑：如果不跟中国厂家建立合作关系，那今后怎么在中国采购商品呢？这简直是把饭桌给掀了啊。

"取而代之的是，我们要请求日本的各家合作厂家去中国建厂。"

大家都惊呆了，简直怀疑自己的耳朵——原来还有这样的办法。如果这个办法可行的话，陷入僵局的商品采购和品质问题就能一举解决。

可是，三枝的话还没有讲完：

"我想把日本的合作厂家召集到上海，做一个'上海米思米村'。"

所有人又吃了一惊。三枝的计划是在上海近郊确保一块工业园区，然后各厂家在那里盖起工厂，而米思米则设立配送中心和客服中心，这样一来在上海的所有工作都可以在那里完成。从以往公司内部的想法中是不可能产生这样惊人的构想的。

"在日本的合作企业中，如果哪家公司没有去中国发展的气力，就由米思米来给它提供资金援助。"

步子要跨得这么大？！真是在公司历史上无法想象的创意。

大家在吃惊的同时，对米思米村能否真的建成半信半疑。总裁确实平时就不喜欢束缚想法，总是说"思考时要假设一切皆有可能"，但他这盘棋下得也太大了！

那一天，三枝一个接一个地打破了米思米的"常识"和"符咒"，显示了他把成败押在海外业务上的严肃决心。

今后要让在日本的合作厂家也锻炼国际化思维。如果他们本身能去到中国并增强自身的成本竞争力，就能让已经是世界之冠的日本制造业更加进化了吧。那么，建在中国的米思米村就会成为以后世界发展的出发点。

实际上三枝还有一个在秘密地温存着的想法，那就是以上海建成的米思米村为范本，今后在其他各国正式开展业务时也设立米思米村。这样一来，米思米和日本的合作厂家就能一鼓作气加速向海外的发展。

这和日本的汽车厂家在海外设工厂时日本的零件厂家也一起去该国办厂很相似。想法本身并不新奇，但对米思米却很新鲜。三枝在心里给它起名为"米思米村全球发展构想"。

为什么说是在心里呢？因为三枝还没向任何人说过这个创意。光是中国的米思米村就引发这么大的动静，如果把更远大的想法也说出来，合作厂家可能连去中国发展的决心都下不成了。

让我们先讲讲后来发生的事吧：上海米思米村开始向着实现全速起动，很快就成形了，而那之后的"米思米村全球发展构想"却成了泡影。

这不是说三枝放弃了在世界范围内开展生产，毋宁说三枝心里越发强烈地确信全球发展对米思米是不可缺少的。我们将在下一章说到，米思米没有向着"米思米村全球发展构想"，而是朝着别的方向飞奔过去了。

建造上海米思米村

以总裁在上海的三天为界，米思米开始了目不暇接的变化。

凭着此前的举动，三枝已经粉碎了米思米的好多"符咒"。总公司干部加深了对海外业务的参与，以总裁为轴心的"战略的统合"动起来了。

总公司的事业部按总裁的指示，开始代替当地的中国业务团队向日本的各家合作厂家打听他们能否去中国米思米村办厂。

大街上开始到处播放起圣诞歌了。

对方每一家都是中小企业，看起来他们以前既没考虑过海外发展或中国市场的重要性，也不能认真理解三枝展示的海外战略。但在事业部举办了预备性谈话后，三枝还是开始自己挨家挨户拜访合作厂家，请求各家的经营者去中国办厂。

他拜访了埼玉县、栃木县、岐阜县、三重县等各地的厂家，热心地劝说他们。如果那家厂家没为海外发展做准备工作的员工，就由米思米的员工来帮忙。在工业园区内选定用地、办厂时在中国政府部门办理手续等，都由米思米代办。米思米还会帮助各厂家在中国招聘从业人员，如有必要连资金和设备方面的援助方案都会准备好。

其中也有经营者当着三枝的面就回绝，让他十分懊丧。这些场景三枝至今仍然一幕幕地记得很清楚。

同时，加加美他们回到上海后实地考察了近二十处工业园区，选中了上海南面的一处。在过完年的 1 月份，米思米召集各厂家的经营者在当地举行了参观会。

幸运的是，包括一家台企在内的 5 家企业同意了去中国发展。第二年由于 FA 业务也决定要去中国发展，所以厂家数量进一步增加，一共有了 9 家。

中国业务筹建的负责人加加美对这样的发展感到吃惊。看到这么强大的创意和推动力，他深切感到这项业务已经远远超出了自己这个总临的境界。

◎ 三枝总裁的独白

虽然能理解他的心情，但我不同意加加美说"超过了自己的境界"，因为他必须要超越以往的理念境界来进行大较量。

不管在什么时代，去世界上的任何地方，被称作改革者的人都是自己解开自己的"符咒"向前走的。所以，比如米思米村的构想，其实本来是他也应该能想到并且提议的。

我们有必要想想外国的同行们：比如创立了世界知名的阿里巴巴的那个中国人，他和大家是同辈；还有创造了苹果和戴尔电脑（现戴尔）的美国人，他们当时那么年轻。

如果没有能推动上司的、有血性的人才涌现出来，我追求的"培育经营人才"这一目标就不能算达成。

高速筹备新的海外发展

五家来中国办厂的企业的筹备工作以非常猛烈的势头进行着。

米思米尽可能给各厂家提供支援，他们毅然决然地提出了过去四十年的历史中从无先例的支援方案。

总公司负责支援各厂家来中国办厂的中心人物是一位刚进米思

米的干练的女员工。她来自一家大型汽车零件厂，精通在外国建厂和管理。

她不停地往返于日中之间，热情体贴地对各公司的经营者进行支援，那勤奋的态度和她每天喜欢穿的衣服都是黑的这件事一起给总裁脑海里留下了深刻的印象。

从最初制订计划和寻找土地开始到工厂开工为止，通常最少要两年，长的话要用更久的时间。而且，中国的工业区土地十分广阔，和日本说"园区"时的印象不同，各家的工厂并不邻近。但米思米村（正式的名字是"米思米工业园区"）还是以惊人的速度建成了。

加加美他们到上海是在股东大会表决通过三枝接任总裁后第二个月，即7月，三枝首次访问上海是在10月，公开米思米村构想是在12月，那之后三枝四处游说各公司，去中国发展的企业定下来是在第二年的2月。之后过了大约8个月，在10月左右，各工厂的生产依次启动了。在工厂的新海外发展中，很难有比这建立得更快了的吧。

不仅是工厂，配送中心还租了同在米思米村里一座曾是出租厂房的建筑，把它改装以后使用。最初那是一幢空荡荡的房子，水泥都露在外面。

物流的筹建也有堆积成山的事情要做，从建筑物设计到操作台的组装、装修公司和配送公司的选定、本地员工的招聘和教育等。这是米思米自己建设的首家海外物流中心。

客服中心也被设在同一座房子里。三枝根据《米思米QCT模式》把这座设施命名为"米思米QCT中心"。这里是第一号，随后同类设施在世界各地开展了起来。

而且，构建信息系统在中国也是件难事。在中国这次是米思米首次在海外建立包括整个"创，造，卖"过程的信息系统，但不仅语言问题，税制和法律的不同也给米思米带来了巨大的负担，最费力的是应对中国特有的税制"增值税"。

Z 字旗升起

业务启动的准备工作热火朝天地进行着，三枝每月一次，多的时候会每月两次飞到上海来看准备工作的进度。

上一年10月三枝把薄产品目录的发行叫停时，决定把发行正式目录的目标时间放在一年后的9月，但到了这个离9月只差三个月的时期，还是有重要项目没能跟上计划时间。

三枝向总公司的所有干部发送了一封邮件，号召"全体米思米人"团结一心建立中国业务。

发件人：三枝 匡

收件人：米思米全体干部

主题：中国紧急支援项目

各位，中国的业务不仅限于产品目录，同时还要从零开始，建立起所有的基础设施组织机能，现在它迎来了紧要关头。目前的状况和我在二十五年前作为日美合资企业的总裁在岐阜市建设工厂时的混乱状况很相似，当时的特征是——

- 出于一种似乎在被驱赶的心理而作茧自缚地设定了严格的期限，每个人都被拉伸到最大限度，超负荷运转了一年以上，所以大家都陷入了相当疲惫的状态。
- 工作人员几乎都是从公司外拼凑的外行，因为每个人的经验都不够，所以看不清哪有陷阱，而本项业务又原本风险就高，所以领导层的负担就更重了。
- 当时我这个总裁才三十过半，作为经营者有着稚拙的一面。靠着大家的年青劲头只顾向前跑，结果虽然平安走过了钢丝，但胜得真是如履薄冰。

这种过桥的方法太危险，只要错一步事业就会垮掉。

这次上海的状况中出现了与那次相似的一面，我不希望大家重蹈覆辙。从这个角度出发，我从 7 月开始比以往更密切地参与中国项目的进度。现在，我想
举全公司之力来支援中国项目，建立一个"同舟共济，到达彼岸"的体系。

1. 启动总公司"中国紧急支援项目"体系。如果中国团队有请求，希望大家宁可耽误总公司的工作也要优先协助他们。
2. 7 月 14 日将在上海召开"中国部会"，望相关东京总公司干部能全体出席。
3. **如在筹建工作中感到任何不安，在当时就要将 9 月的产品目录发行延期。关于这个最终决定的最晚时限（Point of No Return），我们将在这次会议上确认。**

最后写的"Point of No Return"指的是飞机临起飞时开始在跑道上滑行后，能够中止起飞在地面停下来的截止点。加速后的飞机如果过了这个点，不论是出了问题还是什么，都只能起飞了。

7月14日在上海召开的部会上，三枝自己检查了所有部门的准备情况。

结果很微妙。不但仍然没有成算，还让人有种不知隐藏着什么的莫名恐惧。特别是配送中心和信息系统的准备压力很大。但是，既然已经知道离"Point of No Return"还有一个月，三枝决定一直等到那时再最后决定是否发行产品目录。

一个月后的8月10日星期天，最终判断终于发出了。

前一天从上海回到东京的三枝，给所有的米思米干部发了一封邮件：

"订单的接受从当初预定的9月只延期一个月，定在中国国庆节假期后的10月6日。进度滞后的准备项目要抓紧进行最后收尾工作。"

在这封邮件的最后，他还特地写上了这样一句话：

"桅杆上扬起了Z字旗。全员，加油！"

Z就是字母Z，意思是"已经没有退路了"。

三枝豁出去了。

从前，他把米思米的未来寄托在国际业务上，现在，他把自己的请求寄托在Z字旗这个词语上，要米思米所有干部做最后的努力。

从9月末开始，以10月6日开始接受订单为前提，产品目录被发送给了客户。

开始接受订单的前一天，那天是个星期日，三枝在东京的家里无法镇静。他没有对员工露出一丝不安，但其实一直都在担心是否真能卖出去。

加加美他们去中国是在上一年的 7 月，他们一边反复经历着戏剧性的波折和摸索，一边以惊人的势头推进了筹备工作。中国业务仅用一年零三个月就建立了起来，而这项业务和每次从日本进口商品来卖的代理店形式有着根本上的不同。

当地语言、当地货币的产品目录，品种之丰富可与日本的目录匹敌。而且不仅是上海，在广州也开设了配送中心。第一次在海外开办自己的配送中心就一下子开了两处，还有招揽日本厂家的艰难过程，米思米村的启动……

中国业务的增长

中国业务建立起来了。

但是，到此为止的故事只是一个入口，中国业务的历史从这里才刚开始。那之后在中国建立的其他业务或在其他各国进行的业务筹建，都各自反复上演了跌宕起伏的悲喜剧。

我们已经写过，中国业务建立后约十二年来，米思米中国的销售额超过了 400 亿日元。中国当地法人的员工人数逼近一千，加上生产部门骏河精机的两所工厂，整个米思米集团的中国员工人数超过了两千。

这段历史全是从年仅三十岁的加加美和他仅有三人的团队来到上海开始的。

我写过当时的美国业务从开始过了十三年后的销售额是 12 亿日元，与此相对，中国业务建立十二年后是约 400 亿日元。这意味着参与业务的米思米员工的"志气"和"战略意识"在那之后发生了巨大的变化，可以说几乎是变了一家公司。

◎ 加加美健斗的话（同前。四年后返回日本成为公司历史上最年轻的副事业部长，之后接连升职为事业部长、企业体常务，直至企业体 CEO）

在中国的四年无疑成了我人生的转机。当初我自己志愿举手时想得过于简单，在中国陷入困境，曾经三次考虑过辞职。但是，我很庆幸自己每次都面对现实克服了困难。刚过三十就在修罗场与成功的交界处徘徊——这样的挑战在如今的日本企业是非常难得的机遇。

对，四年后回总公司时我受到了很大的提拔。我很吃惊——我曾多次让总裁那么犯难，他却能给我这样的待遇。

回国第二年的年底，我们事业部租了酒店的会场开忘年会时，发生了这样一件事：会上有个有奖竞猜的环节，我是出题者之一。灯光被调暗，我读出映在会场准备好的屏幕上的问题：

"这五个句子，是总裁在上海时冲我怒吼时说过的话。"

大家都喝了不少酒，看到画面后哄堂大笑。

可是，那天本来是听说三枝总裁不来的，他却就在那个瞬间进到了会场里。后来听说他是提前结束聚餐，从银座赶来的。

但画面上已经列出了五句过分的话，其中之一就是那句"你想毁了公司吗？！"。

怎么能在总裁面前出这种题？！我慌了手脚，真是巨大的危机啊。

可这时已经来不及了，大家一边不时瞟着总裁的反应一边玩得起劲，现在已经不可能停止竞猜了。

"那么，请听题：这五句话中有一句是总裁实际上没说过的，是哪一句呢？"

大家又爆笑起来。我看了看总裁，他也在和大家一起拍着手大笑。

不了解情况的员工当然不可能马上答对，每次有人举手我都回答"这句总裁真的说过"，这种往自己伤口上撒盐的解说又会招来爆笑，我出了一身冷汗。

这道竞猜题把三枝训斥加加美的前后经过都砍掉，只摘出一句激烈的话，真是太坏了，可总裁也当场和大家笑成了一团。对有时要一晚连赶好几场员工忘年会的三枝来说，这道题是拉近和员工们距离的最棒的笑料。

三枝看着加加美想：他是在用这道题自夸呢吧？他是想在事业部的部下们面前说："怎么样？我在中国受了这么大的锻炼！你们都没跟总裁一起这么工作过吧？"

还只有三十多岁的他经历了修罗场，做出了成果，得到了提拔，又走向新的成长——看着他的身影三枝心里十分高兴。

那之后的世界发展

三枝上任时，在海外发行的产品目录是美国和韩国各一本，总共才两本。

用当地语言发行当地货币的产品目录不是件简单的工作，如果不先充实在该国的业务推进组织，并在各个国家配备能了解该国的目录制作工艺、应对销售和基础设施建设的人员，是无法发行目录的。

而这个海外目录，四年后变成了21本。这意味着在各国建立的新业务总计达到了21项。扩大的速度可说是相当惊人。

此外，用纸印刷的目录现在已经逐渐落伍于时代了，这十三年来我们还急速开展了向网络的转移。虽然这本身伴随着相当大的投资，但现在已经能从1600万件这么庞大数量的商品中瞬间搜索出每种商品的详细信息了。

国内的订单现在已经是8成都通过互联网了。虽然身处一个现在仍然重用传真的行业，米思米却以另类的速度提高了电子化的比例。海外的网上受订比例也平均超过了50%，并且还有继续增加的势头。

以前在海外一处都没有的自营仓库（配送中心），以上海QCT中心为开端，在十年后达到了11处，最近开设的是在印度尼西亚。营业据点包括中国的地方据点在内增加到了53处。

那么，执行这样的扩大战略后，销售额变成了多少呢？

前面已经写过，三枝上任时的海外销售额，即所有当地法人的总计销售额是44亿日元，在联结销售额中的比例连9%都不到。作为一部上市企业的海外业务可以说非常罕见，但十三年后的海外销售额达到了约17倍，746亿日元。

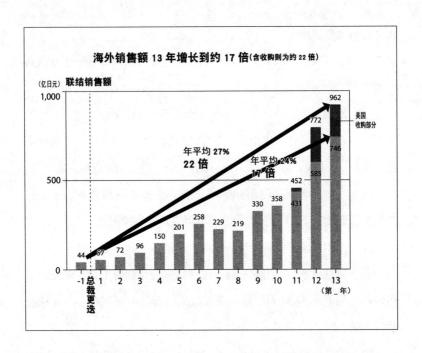

海外销售额 **13** 年增长到约 **17** 倍（含收购则为约 **22** 倍）

（亿日元）**联结销售额**

年平均 **27%**
22 倍

年平均 **24%**
17 倍

美国
收购部分

-1总
裁
更
迭

（第_年）

以上是以前就有的业务经由"内部增长"而扩大的结果，再加上"外界增长"即总裁在上任第 10 年进行的美国工厂收购的数字，海外销售额在第 13 年达到了总裁上任时的约 22 倍，962 亿日元。

海外销售额的比例从总裁上任时的约 9% 超过了当初目标的 30%，达到了 36%，包括北美的收购则达到了 46%，米思米的销售额变成了国内和海外势均力敌的形势。后来海外销售额进一步提高，本书出版时超过了 1000 亿日元。

增长最大的海外经营指标是员工人数。包括当地员工，现在已经超过了 7000 人。经营这些海外业务的是米思米的经营人才们，他们

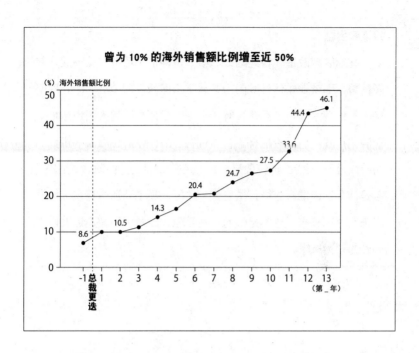

也像曾经的加加美那样摸不着头脑就出击，在随时可能挫败的痛苦中被迫有了战略性，然后逐渐地提高了经营本领。

给读者出题

在《公司改造》讲述的改革中，每种情况都会有一场战斗在等待着，那就是如何打破因为既有常识而僵化的员工们的心理壁垒。不论哪家公司里都存在有意识地、隐性地限制人们想法与行动的"符咒"。是否把符咒当作符咒，会让你的思考大不相同。妨碍你公司"改造"的符咒是什么？还有，每种符咒开始的"起源"各是什么？由谁来怎样打破它们，才能让员工从那些符咒中解放出来？对三枝来说这不是演习，而是他在经营现场被逼迫着做出回答的现实课题。

米思米的商业计划系统

商业计划的含义

我（作者）以米思米的所有业务为对象，引入了"商业计划制定系统"作为公司的制度。这样做的意图是将组织论和战略论作为一体化的制度固定下来。这在很多的日本企业里都是堪称绝对重要的课题，但仍然有很多企业把"组织"和"战略"作为不同的问题看待。

挑战扭转局面专家（业务重建专家）的工作时，我一直摸索在重建对象公司里培育经营人才的手法。后来我找到了答案，那就是"以商业计划为轴心经营业务"。如果把商业计划定位于组织论中，就能发生"组织"和"战略"的结合。如果不用这样的制度，则员工思考战略的力量不会增加，也不会钻研事业。

因此在米思米，商业计划不是"培训"，而是流着血的战争现场的一部分。业务负责人会制订一份真刀真枪的经营方针，并实际加以执行。通过这样做而学到的生动知识是课堂里的培训怎么也比不上的。

所以我当时就把它列入了企业重建的手法里。

40%审议，70%审议，100%审议

在米思米，"业务团队""事业部""企业体"（企业体是后来米思米引入的组织形态，在第8章有说明）的各层级都要制订商业计划。这里我们介绍一下业务团队是怎么做的。

商业计划为谁而写?

1. 为自己而写
· 为让自己能"琢磨透"的工具 ——————→ **经营人才**
· 重要的是写到纸上

2. 让人热情起来的工具
· 把大家"装上同一条船" ——————→ **战略的统合**
　(甚至包括董事长、总裁)
· 引出必要的承诺

3. 确认自由裁量的范围 ——————→ **基层充满活力**
· "此范围内可自由运作"

　　首先，商业计划为谁而写？图表是开始使用商业计划以前干部员工们对我做说明时使用的 PPT 实物。

　　计划时间为四年，第一年的数值是原封不动的本年度预算，第二年的数值是"要实现到这个程度"和本人下的保证。第 3～4 年的数值是"(虽然不知能做到什么程度，但是)目前能描绘出的最好计划"。

　　在米思米，每年 12 月到 3 月的四个月是制订商业计划的季节，特别是前面的两个月要被占用掉很多时间。

　　第一步，要给战略编排出一条"扎实的主线"。在这个阶段，部下要把自己的想法跟上司一对一地进行讨论，因为"第一页（反省）"是出发点，非常重要。

扎实的主线

成功的经营行动一定要：
· 符合"第一→第二→第三页套"结构

↓

· 有"扎实的主线"

得到扎实的主线后：
· 对于领导者，它是"信念"
· 对于组织，它是"大义"
· 对于跟随者们，它是"说服力"
· 从各节点回顾时，它是"根本论"

这项工作从一张 A3 纸就能开始，但战略不是那么容易就能做出来的，它要求制订者投入相当多的思考和精力。所以如果开始做了以后再被上司说内容不行，部下就要进行工作量相当大的返工，这个损耗太可惜了。如果觉得部下的想法内容不充分，就需要及早提醒他重新考虑。

等到上司对部下描绘的"扎实的主线"说 OK，就可以认为商业计划已经做好 40% 了。上司说 OK 的那场会议叫作"40%审议"。

接下来，过了这一关的总监要按着"扎实的主线"开始用 PPT 做具体的战略方案，要把自己的业务按"《第一页》→《第二页》→《第三页》"［参照"开解经营者的谜团（13）第一页，第二页，第三页"］

的顺序进行说明。

所有人都需要冥思苦想，所以大家会都开始奋战到深夜。商业计划是让上司和部下热情起来的工具，关键是要完整包括所有重要的战略要素。同时如果方案不够简明的话，大家也热情不起来。

在完成了 70% 的阶段，要进行公司的正式审议。这个会议由事业部长主持，叫作"70%审议"。如果议长许可，其他部门的人也可以"和别派比武"——过来旁听。如果是重要的业务，那么连总裁也会去旁听。

其他部门的事业部长和管理部门的室长等几人被任命为审议委员，给总监发表的商业计划内容打分。如果内容不够充分，总监就会得到"驳回，重想"的答复，并收到一份"指导书"，上面写着审议委员指摘的改正事项。

"由执行者来做"是绝对条件

最终审议被称作"100%审议"。

商业计划和学校里的学习不同，这是实业的世界，总监们要作为经营领导者直接动员人力和资金。"思考什么才算是思考了战略？"，他们会被这样问很多次，而战略思考就是这样锻炼起来的。

和那些让经营企划室的班底制订业务计划的公司相比，我们从根本上想法就不同。在米思米，"执行者自己来制订战略"是绝对条件，"制订打胜仗的方案"把组织和人才培育结合到了一起。因为一切都是经营阵线上的责任，所以如果自己只想出了粗劣的战略，那打了败仗也只能怪自己。

此外，商业计划并不把主要的着眼点放在归纳数字的工作上，"战略构思"才是关键。竞争对手是谁？决定胜负的要素是什么？本公司对此的优势、劣势是什么？在把这些都充分考虑过的前提下，作为经营领导者的业务战略是什么？

因为有呼声希望减轻制订商业计划时的工作负担，最近其制作过程在相当程度上被简化了，但过度的简化是个问题。如果轻易地写些似乎有道理的东西，心情上就会感觉战略已经做好了。这样一来眼前的工作负担是少了，但作为经营领导者的思考还停留在狭隘而浅薄的状态，会让业务无法强有力地运作。

如果业务计划是普通公司的普通员工考虑的那种水平，那么米思米这家公司也只能达到那种水平。员工应以经营者的眼光和战略的眼光回到原点，**大范围查找**症结，自己进行修正并进入执行阶段。业务负责人将从每次尝试的成功或失败中得到崭新的收获。

关于商业计划系统，我们将在第 8 章（组织论）做进一步讲解。

第 **5** 章

公司改造 5
发起"收购"，
力图"业态革新"

米思米告别了四十专业商社的历史，果断着手收购生产商。决然进行业态变革的战略，让米思米一举摆脱了"业务模式的弱点"，战略的内里有着怎样的"历史观"，又有着什么样的"用意"呢?

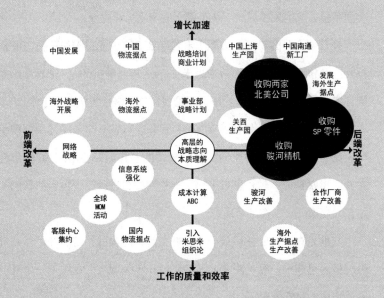

冲击性的发布——收购生产商

三枝就任总裁两年零四个月后的 10 月 13 日，米思米召开了临时董事会，批准了米思米与东证二部上市的生产商骏河精机的"经营整合"，傍晚举行了记者招待会。这个决断让米思米创业以来持续了四十年的"专业商社"历史宣告结束，给米思米的"业态"带来了巨大的变化。

为统一管理这两家公司，设立了米思米集团总公司，将过去的米思米和骏河精机并入旗下。上市公司的名称由"米思米"变成了"米思米集团总公司"（本书在下文中将继续使用"米思米"这一称呼）。担负着米思米短交期生产的近 20 家合作厂商几乎都是中小企业，而骏河精机在其中规模最大，也是唯一的一家上市企业。

经营整合时的年度销售额为米思米 815 亿日元，骏河精机 139 亿日元。销售额同比增长率为米思米 17%，骏河精机 7%。米思米的戏剧性增长已经开始，而骏河精机不论规模还是增长势头都小于米思米。

而且，骏河精机销售额的 60% 都来自米思米的零件订单，即使两家结合，从联结决算来看，整合公司的销售额只会增加 50 亿日元左右。也就是说，对米思米来说，与骏河精机进行经营整合的目的不是扩大规模——三枝别有用意。

交涉是在三枝上任后仅一年零五个月的时候就秘密展开了，并且进展极为迅速——经过两家公司的协商和事先调查，在约十一个月以后就实现了对外公布。

一天，正忙于改革业务和执行战略的三枝意识到一个问题：

"如果不在集团内部拥有生产功能，米思米将来就不可能有发展。"

三枝没跟任何人商量，自己开始思考起了这一可能性：从零开始靠自己的力量建立生产工厂，怎么想都是不现实的——公司里没有生产技术，也没有一个懂生产的员工。

只有收购了，三枝想。有合适的公司能作为收购对象吗？还有，就算米思米觉得合适，对方真的会接受吗？

那么，这个举动有哪些战略上的合理性呢？在三枝头脑中运作的经营框架到底是什么样的呢？

从在中国发展学到的事

自从就任总裁以来，通过这一年半在中国的发展，三枝学到了一些东西。

他想到要在上海建立日本厂家的生产园区"米思米村"并邀请了各家公司，但他们的反应很麻木。于是三枝注意到：对于把国际战略作为目标的米思米来说，最大的制约因素是生产体制。他虽然把"创，造，卖"的组织概念放在了米思米经营的中轴上，却不得不痛感到现实——米思米自身的功能中欠缺了"创，造，卖"中的"造"。

在总裁上任消息公布的两天前，三枝在给经营干部们做的发表会上展示的"米思米的8个弱点"中没有包括这个问题，因为他是开始着手在中国发展后才第一次注意到的。

虽然花了很多时间，最后也有9家合作厂商同意了来中国发展，但三枝看到那之后各公司的准备活动觉得很不安——他感到了极限。

就连在米思米的公司内部，员工的国际意识也很贫乏，组织严重衰弱。三枝刚上任就开始为强化国际人才而大力奔走，有时甚至把一天的三分之一都花在面试候选人上。

从以前就有来往、非常信赖的主管招募员大川勇开始，三枝请了很多的人才中介活跃运作，结果仅这一年半就请到了相当人数的国际人才加入米思米。

可是，合作厂商对这种为国际发展做准备的组织强化却没有那么热心，从这一点三枝得出了一个重要的结论：

"合作厂商向海外主动出击的范围，到中国就是极限了吧。能指望他们和米思米一起超越中国去到亚洲、欧洲、美国发展吗？"

这样一追问自己，三枝就明白了，上一章讲述的"米思米村的世界发展"构想接近于幻想。这迫使三枝产生了一个大胆的想法——"只有在旗下拥有自己的生产工厂"。不这样做，在中国之后的世界战略就无法成立——三枝就是这样想的。

互相依存，互相讨厌

三枝考虑进行"收购厂商"这一重大行动的背后，还有一个理由。

米思米历史上建立的合作厂商群是一个中小企业的网络。不论哪家公司的经营者都是那里的国王，他们对自己的技术很自信，同时也心高气傲，不是米思米的员工能轻易指使得动的。

以往米思米为建立"米思米 QCT 模式"，对合作厂商进行了各种各样的指导。在交货延迟和品质投诉、为扩销而降低成本等方面，每次发生问题米思米都严格要求他们进行改善。这些要求与合作厂商为满足要求而做的经营努力和现场改善共同作用，帮助"米思米 QCT 模式"逐渐增强了竞争力，不仅米思米取得了增长，合作厂商的经营规模也扩大了起来。

米思米与合作厂商的关系总是伴随着紧张。如果他们彼此亲近，"米思米 QCT 模式"绝不可能达到今天的强大。这种紧张造成的切磋与打磨是不可或缺的。

可是，这也是一种每天都彼此发泄不满和愤怒的纠结关系。

每家厂商都有很多经营者和员工把对米思米的不满挂在嘴上：

"米思米那帮家伙坐在干净的办公室里，一通电话打来想说什么就说什么。他们不理解我们是怎么满身机油地干活。掌握技术的是我们，是我们养活着米思米！"

确实，三枝也在刚上任时就注意到了，米思米几乎所有的员工对于"制造"都只有极浅的经验和知识。他觉得很不可思议——这些生产上的外行居然也能推动合作厂商。

米思米对于厂商的优势在于掌握着与客户的接点和流通。不难想象，员工们没少靠着这个优势对厂商说些"傲慢不逊"的话。可是，也正因为他们是一个外行的集团，所以才不会因对合作厂商同情或妥协而采取不彻底的态度，才能把客户和流通业者的要求不客气地对厂商提出来。

同时，米思米的员工也说过很多对厂商的不满：

"销售和市场的努力一概不用做，每天不说话就能收到订单——厂商那些人忘了这是多么幸运的事。他们就算没能按期交货或者出了残次品，也意识不到自己给客户带来了损害。我们和客户打交道，为了提高销量付出了多少辛苦，他们一点都不理解！"

在这个对立的局势中，三枝并没有袒护米思米员工。因为他在一定程度上也知道生产现场的辛苦，所以自认为是在平等地看待双方，他还曾经形容双方的关系像是"近亲相憎"——

"彼此的人生和生活都完全处于相互依赖的状态，同时在这种亲近的背后总是存在着利益的分歧，发生着感情的摩擦——即使这样也离不开彼此的关系。"

这种相克对双方来说是一种宿命。对米思米来说，只要是有关生产的问题，就必须把经营的新招数一一拿来和厂商的经营者"交涉"，有时还会被拒绝。

而且，要是"改革"的话，必须让所有合作厂商的经营者统一步调。因为公司数量太多，花的时间也多。

三枝希望在旗下拥有能按米思米要求的速度运作的"生产"功能，哪怕规模小也行。他认为这也是能把不善技术和"制造"的米思米员工的水平迅速提高的好办法。

世界性经营革新的新浪潮

三枝考虑收购厂商的背景中，还有另外一个理由。

对于这一点，要是想想在《三枝 匡的经营笔记❺》中阐述的世界性"业务创新大趋势"就很容易理解了——米思米没有"生产"战略的自由决策权这件事，将来可能在世界战略上引发致命的问题。三枝担忧的就是这一点。

此外，米思米当时已经开始对客服中心和物流等单一职能部门进行改善，还给各种改革主题冠上"5C"这一名称，表示其含义"不是单纯的局部优化改革"。

开解经营者的
谜团
31
5C＝
5 个连锁
(Chain)

> 想让业务有活力，必须对贯穿"创，造，卖"的"5个连锁（Chain）"即"价值连锁""时间连锁""信息连锁""战略连锁""思维连锁"进行根本性的改善。如果将复杂的职能型组织构造保持原样，那么不论怎么逐个反复摆弄这些连锁，也很难产生显著的改善效果（摘自前作《重返问题现场·逆转篇》第 3 章的要点 13）。

但是，三枝知道，如果只按职能对部门分别进行改善，米思米的经营革新是不充分的。在他担任总裁的第四年零七个月，他设立了掌握米思米所有的业务流程并推进全公司改革的"战略总指挥室"，三个月后又启动了"EC 事业部"——世界性大趋势日渐增大，对米思米构成威胁，三枝想对此做好准备。

但是，"战略总指挥室"怎么也无法获得能推进公司整体业务流程改革的优秀人才，"EC 事业部"无法限定业务的目标，驱动不起来。三枝没能把自己拥有的历史观、远见和感性按想法落实，但他觉得这是没办法的事，并未多加勉强，因为干部和员工们已经很努力，都到了筋疲力尽的程度——组织被拉伸得马上就要超过极限了。

他们非常拼命——剧增的销售额，急速扩大的海外业务最前线，此外还运作着好几个改正"米思米的 8 个弱点"、改善业务模式的改革项目。大家不分早晚地奋斗，连周末都不休。

对他们要求更多就太残酷了。但是，在"创，造，卖"中只有强化"生产"这件事，是不能忍耐或者因为员工太累就干等着的。为什么三枝会在刚来米思米一年半的时候就下了收购厂商的决断，现在您明白其背景了吧？

· 米思米如果继续在"短交期，单件流"的生产上百分之百依赖合作厂商群，那么就无法完善中国之后的世界发展体制，眼看就会陷入停滞。
· 米思米和合作厂商处于微妙的紧张关系，米思米不可能迅速地开展战略。
· 员工不对"生产"更加了解，米思米就无法成为热心推进业务流程改革和生产战略的企业。
· 世界性"业务革新大潮"是把"创，造，卖"作为整体来掌握业务的，从它的角度来看，欠缺对"生产"的控制可能会成为企业的重大缺陷。

这意味着一个戏剧性的变化，它将给米思米四十年的专业商社历史带来巨大的转变。

重要的分界线——经营者的解谜和判断

· 如果米思米以收购生产厂商为目标，下面的认识也很重要：首先，这次收购不是要弃用现在的合作厂商群。所谓"米思米今后要在自己公司里生产所有的商品"之类的想法是很愚蠢的。

· 那么，收购是为了什么呢？答案是为了让米思米今后能有一个自己"磨炼生产技术"的"锻炼场"。米思米想要一个可以不用顾虑合作厂商的想法，能自由地来回改动的生产现场，并想以此来建立一个强有力的"创，造，卖"整体变革模式。

· 在这个模式中产生的改善手法要向合作厂商公开，他们是战略结盟（战略合作）的对象。米思米不要追随在他们之后，而是要做他们的先导。

· 这次收购估计会在米思米公司内部产生巨大的教育效果。

于是三枝开始行动起来去收购生产厂商了。

读者们还记得三枝在就任总裁的记者招待会上说过要把米思米变成培育经营人才的"实验场"吧？那是关于"组织模式"的话，而现在三枝想的是，在"生产模式"上也要同样得到一个可以进行各种尝试的现场，让米思米能进入全球竞争的最前线。

不实现这一点，米思米就不能成为一流的公司。不论今后的国际发展、对业务模式战略的追求，还是聚拢来的人才的资质，都将停留在低劣的水平吧。

假如三枝是一个无能的经营者，这十二年米别的什么都没做，仅是撬开窄门实现了与骏河精机的经营整合这一项工作也会给之后的米思米带来巨大的变化，这应该正是历史性"切割力"的发挥。

提议收购

三枝只对经营企划室长吐露了发动收购的方针，让他去研究调查。这是在三枝上任一年零三个月后，9 月前后发生的事。

收购候选名单上的第一家，列出的是骏河精机的名字。他们和米思米有近三十年的交易实绩，能充分理解"米思米 QCT 模式"的运作方式。

还有一点，骏河精机有一个巨大的魅力——作为合作厂商中唯一的例外，他们以前就一直在谋求国际发展，仿佛能预测米思米的国际战略似的。他们在越南建有中间零件的工厂，还在中国上海和美国芝加哥拥有精加工的小工厂。

不论跟哪家公司提议收购的事，如果对方不答应就算完了。与其思考不如不论成败先试试。这样一想，三枝就把目标定在骏河精机上，联系了该公司的滨川彰男总裁。

那一年的 11 月 11 日，三枝在相熟的料亭"青山浅田"和滨川总裁会面了。那里是《重返问题现场·逆转篇》的主人公黑岩莞太第一次被小松的安崎晓总裁款待的地方。这次餐会能否和那次一样留下深刻记忆呢，不谈谈看是不知道的。

两位总裁以前并不特别亲密，这是他们第一次对酌。

刚见面时气氛莫名有些拘束，他们说话时都字斟句酌——滨川总裁肯定以为自己被请来吃饭只是单纯地为了联络感情。

几次推杯换盏之后，气氛多少缓和了一些，三枝切入了正题：

"滨川先生，今天请您来是有一件特别的事。其实，您能不能考虑一下，让米思米和骏河精机在经营上成为一体，共同发展世界战略呢？"

滨川总裁长了一双粗而浓的眉毛，喜怒不大形于色，让人很难猜测他的想法。

三枝毫不隐瞒地说明了自己的动机，为什么想把生产厂商收入米思米的旗下。他坦率地说，即使和骏河精机的事不能实现，自己也打算拉上别的哪家厂商来实现这个想法。

过了一会，得到了一个意外的答复：

"我能理解您的想法。这不是很好吗？"

三枝很吃惊——因为这是改变企业和其员工命运的事，所以他早有心理准备，光找出能点头的公司就要花相当长的时间。可是，在他定为最佳对象的第一家公司的第一次会谈上就一下子出现了肯定的反应。

滨川总裁说了一个要求：

"我想避免给员工和社会各界一种骏河精机'被买走了'的印象。如果能采取不是'收购'而是'经营整合'的形式，这件事是可以办到的。我希望不是让骏河精机变成米思米的子公司，而是采取两家公司以同样地位并列的形式。"

估计他希望的是设立一家控股公司之类的东西，在其属下由旧有的米思米和骏河精机并列享受同等地位那种形态吧，三枝对此没有任何异议。

"骏河精机的高管们不会反对吧？"

听到这话，滨川总裁露出笑容回答道：

"有可能反对，不过最终我会统一他们的意见的。"

那天的会餐就说到了这里，进展超出了预想，三枝对此很满意。

三周后的 12 月 2 日，两人再次会面。滨川总裁说要秉持对等精神，所以这次由他来设宴，地点选在了一家日式点心的老店在银座经营的餐厅。

滨川总裁带来了一位骏河精机的高管——主持人事、总务、会计等工作的池上纯二。池上相当于骏河精机的大掌柜，在其他高管是否赞成这件事上，他是可能左右结果的人。

这次会餐中具体讨论了两家公司进行统一时的组织形态。第二次会餐就谈到这个程度，进展实在是太顺利了。

不过，这次会餐让三枝有一个强烈的感觉——同桌的池上明显很不起劲。

池上性格温和，在三枝访问骏河精机时总是笑眯眯地、礼貌地接待他。这次他还是那种态度，但从话里话外能感到他不赞成这件事。三枝没能判断出，今后深入讨论时他是会接受还是会成为阻碍。

在那之后，两者之间的协议开始顺利地进行，但三枝不敢太乐观。米思米与合作厂商长久以来根深蒂固的心理对立局势和公司收购这种微妙的发展，这两个因素都可能让问题爆发，无法预测。

三枝想的是，不管自己多么卑躬屈膝，为了米思米的未来也一定要实现这次收购。但总裁的决心竟然如此坚定，这一点不论当时还是现在都没有员工知道吧。

成败都握在骏河精机的滨川总裁一人手上。后来三枝才知道，就像他想象的一样，骏河精机的所有高管都反对这件事。

一边在公司内部遭受着强烈的反对，一边积极地推进了这件事——滨川总裁真正的想法是什么？三枝心里在感谢他这种积极努力的同时，也觉得有些不安。

最终，两家公司的经营整合按双方的意向实现了。

在两位总裁初次会谈经过十一个月后的第二年10月13日，两家公司各自在内部发布了经营整合的决定。当天傍晚，召开了记者招待会。

对于米思米的员工来说，这项公布在他们意料之外，令人震惊。谁都想象不到，米思米持续了四十年的专业商社业态会发生如此之大的转变，当时能理解其战略意图的人一定几近于无。

不过骏河精机的干部和员工受到的冲击更大。虽然为他们着想使用了"经营整合"这个词，但估计很难磨灭"收购"这种印象。第二天的报纸上报道了记者提的问题"这不是吸收合并吗？"，也加深了这种印象。

公布两个月后的12月，召开了两家公司的临时股东大会，议案得到了正式的批准。

在那约三个月之后的第二年4月1日，两家公司正式成了一家。上市公司的名称是"米思米集团总公司"，领导阵容是三枝任总裁，滨川任副总裁。

三枝开始构想收购是在上任后一年稍过的时候，实际交涉的开始是在第一年零五个月。经过各种准备和临时股东大会等的手续，正式启动是在第两年零十个月——"业态革新"战略以惊人的速度成形了。

但是，在新公司即将起动时，一直在为经营整合做准备工作的骏河精机高管池上提交了离职申请。虽然也有他快到退休年龄的因素，但无疑此前的交涉过程让他感觉到了什么。滨川总裁告诉三枝这件事时，三枝提议给池上以集团总公司非全职董事及骏河精机顾问的待遇。池上接受了这一待遇，但结果一年就辞职了。

经营整合的壁垒

虽然进行了经营整合，三枝也并没打算轻率地要求骏河精机做什么大的改变。

两家公司的员工在历史上有着复杂的感情，而在公司规模小、生意上的力量相对较弱的骏河精机里，这种感情更强烈一些。最该优先的是花时间缓和关系，实现两家公司的融合。有效的方法是先增加彼此员工的接触频度，让公司内到处产生个人层面的亲密关系。

读者中也有人听说过"PMI（Post Merger Integration，收购后的整合）要在九十天内完成"这种说法吧，这是在美国比较常见的想法。但是，三枝出于过去业务重建的经验，一直对这种短期性整合手法持否定态度。因为这种手法由于时间短，不得不进行强压整合。

三枝甚至认为九十天这种想法是肤浅的，这是想进入被收购公司里施展强权的人才说的话。更何况，即使在美国这种做法是否真明智也很难说。三枝认为可以花上一、两年来消除米思米和骏河精机的隔阂。

4月1日集团总公司起动并召开了董事会，下一周的4月4日召开了第一次经营会议，这是米思米和骏河精机各自被集团总公司任命为董事或经营高管的干部们第一次汇聚一堂。米思米方面包括总裁三枝在内共有10名高管出席，骏河精机方面包括滨川总裁在内共有3名高管出席，会议由三枝担任议长。

第一项议案上就发生了变故。一名米思米的经营高管说明了议案后进入问答阶段时，一名骏河精机经营高管举起了手。他的问题对于米思米的高管充满挑战意味，也可以理解为他是在小瞧米思米，认为米思米水平低。

三枝很吃惊。这个议题里不包含任何会让两家公司利害对立的问题，没什么值得互相吹毛求疵的。这是经营整合后第一次会议的第一项议题，彼此的脾性都还不了解，为什么会有人提如此针锋相对的问题？

说明议案的米思米高管虽然看起来很不愉快，但还是给出了稳妥的回答。并排坐着的米思米高管虽然在默默地看着，但可以确定他们也在想"这家伙胡说什么呢？！"。两家公司高管初次见面的会议气氛逐渐变得恶劣了。

各位聪明的读者，如果你是总裁，这种场面下会如何应对？

前作《重返问题现场·逆转篇》有这样一个场景：

在经营低迷、陷入困境的公司召开改革方针说明会时，管理层的一个人迟到了不说，还用高高在上的傲慢态度批判起了改革方案。如果这时改革领导者黑岩莞太没有采取决然的态度，也许他作为改革者就不能把组织"拧成一股绳"，改革就会挫败。

米思米会议室的形势也很紧迫，这样的场面留给经营者的时间只有数十秒。黑岩莞太的原型三枝在当时也必须要有同样的反应速度。

三枝想：自己必须要做站在两家公司之上的、公正的经营者。固然不能片面袒护米思米，但如果反过来让人以为自己是在对骏河精机的高管赔小心，那才是最糟糕的。

滨川总裁也是一副困惑的表情，但是，三枝不应该等他发言——现在发话可以把事情了结为个人对个人的交锋，如果演变成总裁对总裁、公司对公司的局面就是糟糕之最了。该是自己这个大老板出场的时候了。

三枝举起手，打断了骏河精机高管的发言。

"等一下！"

那位高管转过身来，和三枝四目相对。

三枝直瞪着他，用低而粗的嗓音说话了。他想模仿的是黑道老大用极具震慑力的声音镇住轻举妄动的小喽啰，就是不知道有没有表现出那么大的气魄。

"你……到这里是来吵架的吗？"

那个高管吓了一跳，表情随即变得困惑，然后垂下了目光，好像是终于意识到自己给现场带来了多严重的影响。三枝马上接着用沉稳的声音说：

"这里是大家齐心合力、开始努力的出发点。难道不该有建设性一些吗？"

高管沉默了，会议室里流动着松了一口气的气氛。

骏河精机和米思米今后还要花多少时间才能意气相投呢？这不仅是对经营者手腕的考验，还关系着将来国际战略的成败。

优先国际发展

详细我们将在下一章讲，这段时间三枝除了和骏河精机的经营整合之外还开始了进行"生产改革"。他在米思米总公司设立了"生产企划室"，完善了对合作厂商生产改善的支援体系。

但是，他在公司里下了命令，这次的活动对象暂时不包括骏河精机。

他告诉大家，"至少在经营整合后一段时间内，在总裁发出许可之前，不许接近骏河精机！"

这不是说"骏河精机的制造水平很高，在米思米的改善活动中可以推迟处理"，实际情况正相反。三枝在经营整合前访问过几次骏河精机的工厂，实在是不敢恭维。一进生产现场就会看到：因为排气设备不够，油雾一直弥漫到天花板，机器满是污垢，地板油腻发黏到了一不小心就会滑倒的程度。在这样的车间工作的人真可怜。

夹具和工具也没有整理，各项工序中到处都滞留着半成品。很明显，这里连"5S（整理、整顿、清扫、清洁、素养）"或"2S3定（整理、整顿、定品、定量、定位置）"之类生产改善的入门篇都没有引进。如果是正在推进生产改善的工厂，那么只要走在过道上就会看见张贴着相关的目标和数字，而在那里什么都看不到。

工厂就是这么一种状态，很难想象里面会有钻研生产技术或生产改善的技术集团，三枝在过去积累起的经验让他能看透这一点。

不过，这并不是坏事——毫无疑问这家公司相应地潜藏着很多能创造更多利润的"材料"，在那脏乱的车间地板下沉睡着一条"金脉"——这就是经营整合前三枝的判断。

但因此就在完成经营整合后马上督促骏河精机进行生产改善是很不明智的。不可以忘记——和骏河精机统合的最大目的是为了加速米思米的国际战略，为此要让它在各国开办工厂。骏河精机以往几十年来一直都满足了米思米的短交期模式，不论其工厂车间的水平有多低，都应该先让它进行海外发展。

骏河精机的总裁更迭

三枝在经营整合成立后马上开始找各种理由频繁地去骏河精机在静冈县的总公司工作。最初，对方是像整合前他来拜访时那样，把他当作客人看待。他被带到离得很远的会客室里，没法自由地接触员工。

这样的状况连续三次以后，三枝放弃了忍耐，他需要让骏河精机改正这种简直是把集团总公司总裁隔离起来的做法。他拜托滨川总裁调用和员工们同一层的会客室给他做房间，后者干脆地答应了下来。

下次三枝再去的时候，那个房间已经准备好了。

三枝每次都会去工厂的生产现场。即使没什么事，他也会穿着工作服在工厂里或公司里到处走走——重要的是要让员工们议论"那个人是谁啊？"、"他又来了"。

在那之后，骏河精机一举加速了国际发展。他们响应米思米的国际战略，在各国新开办进行精加工的工厂，在实现经营整合的当年度就进行了四个项目：新开设越南第二工厂、泰国工厂、中国广州工厂，增设美国工厂。并且，还以两年后为目标计划要新开设韩国工厂和欧洲工厂。

原本同时建立两座工厂就会耗尽全力了，可生产筹建团队奋力拼搏，完成了上述的任务。

三枝认为日本的合作厂商群难以谋求比中国更远大的世界发展，而骏河精机取代它们超越了这道壁垒，这正是三枝的目的。

可是，在经营整合后过了约一年时，发生了预想之外的事件——骏河精机的滨川总裁提出了辞职。

滨川总裁同时也是集团总公司的代表董事副总裁，对这一年来的集团经营和三枝的经管他没有表露过任何不满，对集团总公司起步后的待遇也没抱怨过什么——不管怎么说，是他本人不顾所有高管的反对推进了与米思米的经营整合嘛。

三枝努力挽留过他，但没能明白他真正的想法。

"剩下的人生，我还有别的事想做。"

60 岁的滨川总裁只坚持这一点。

三枝放弃了介入他的人生选择，但是，代替他的总裁该怎么办呢？米思米的经营阵营太年轻，没人适合作为总裁送进骏河精机，因为他们既没有经营经验，也让人担心会发生意外的混乱或抵触。最重要的是米思米里没有熟悉生产的人，而骏河精机里也没有合适的人选。

这么一来就只能自己兼任骏河精机的总裁了。经营整合以来这一年，三枝频繁地去静冈县，处处为两家公司的融合着想，多亏了这种努力，骏河的员工对米思米那种戒备的气氛似乎不那么强了。

人事令公布了：滨川先生卸任，三枝兼任总裁。

意外的是，骏河精机的公司内部平静地接受了这件事——看来三枝这一年来的活动还算及时。

不过，对三枝来说，兼任骏河精机的总裁绝不是一件轻松的事——光是米思米的经营已经让他担负着好几个巨大的课题了。

但三枝还是决定增加去静冈的频率。他坚持每周至少一次，早上从东京出发，在骏河精机的总公司度过一天，夜里 10 点左右回到东京家里。

总裁兼任的体制也产生了一些益处。成为直接的高层后，对公司内的指导变得容易了。比如在集团的联结决算和信息系统的联结等方面，就是由米思米的部门长去支援骏河精机的——进一步促进两家公司交流的体制就这样逐渐扩大了。

不论米思米还是骏河精机的员工都不知道，三枝是如何照顾骏河精机员工的情绪，慎重地推进两家的融合的。如果米思米的干部在更早阶段就进入骏河精机，池上辞职这样的事件一定会发生得更多。

在这个意义上，三枝觉得"虽然背地里操了很多心，但也因此还算顺利地渡过了第一年的引入期"。

给读者出题

　　"公司改造"是要积累起伴随着风险的"改革连锁"，把企业的竞争力推向一个与以前完全不同的水平。特别是公司的"业态革新"需要经营高层做出重大决断。此外，这里不仅有战略上的风险，还有过渡期的"抵触"和"死谷"的风险。如果现在你的公司正在把"业态革新"作为目标，它可能会是什么样的形式呢？通过这次革新，你想达到什么样的战略效果呢？此外，你预想的风险是什么？对三枝来说这不是演习，而是他在经营现场被逼迫着做出回答的现实课题。

什么是组织的危机感

如果仅仅述说危机感，什么都不会发生

公司的"危机"与员工抱有的"危机感"不一定相关，甚至不如说是<u>负相关</u>。

也就是说，越是业绩差、员工的危机感应该很强的公司，往往内部越松懈。反而那些业绩好、应该没有危机的成长企业，员工是兢兢业业的拼命三郎。

为什么呢？因为对市场竞争敏感的成长企业员工会对客户的想法和竞争对手的举动、世界的新技术动向等公司"外边"的动态敏感地做出反应。如果在某场战斗中落后，员工会自己感到"痛"。

与此相对，在不行的公司里，员工按照"内部"的逻辑行动，他们对市场上的胜负和客户的声音一般都很麻木。最重要的是员工都输<u>惯</u>了，输了也只会觉得"又输了啊"，不觉得怎么"痛"。

提高组织危机感的经营手法不是由高层来大喊"大家的危机感不够！"，也不是让高层为了改变经营风气而大喊"改革风气吧！"。如果经营者为了改变员工的意识而大喊"改革意识吧！"，说明他的经营能力不够。

我（作者）从自己三十几岁经手的三家公司的经营中，学到了上述行为是多么的没有意义。从那以后，我不再在公司里说"危机感"和"改革风气"之类的词了——说再多也不会发生什么。

改变公司，要由经营者准备一套经过精密计算的战略方法和具体

行动的切入口，然后高层还要做好自己成为众矢之的的心理准备，再去推倒既成组织和既成价值观。

只需一个强大的领导者就能催生变化

优秀的经营者能够一个人就人为地创造出危机感。不论哪里的大企业或中小企业，陷入困境的公司通过根本性的改革恢复活力时，其变化常常是仅由一个强大的领导者催生的。

即使是有几十万员工的巨型企业，通过仅一人的 CEO 更迭也会让组织文化发生彻底的改变。比如，通用电气的杰克·韦尔奇、来到 NTT 的真藤恒、拯救了日产汽车的卡洛斯·戈恩，他们都是孤身一人进入了历代总裁都改革失败、饱受积年停滞之苦的企业，并成功地改变了这家公司。

具有危机感、试图冷静地切入问题的高层，可能会被现场的员工畏惧，但几乎不会被喜欢，这是高层的宿命。我曾在需要重建业务的企业看到"高层很受欢迎，而其他的高管和幕僚被员工批判"的局面，这是得病的症状。

为什么呢，因为只要高层不是自己采取"亲力亲为"（现场主义）的经营风格，就无法改革公司、提高组织的危机感——高层是不可能一直温和并讨人喜欢的。从本书各章那些陷入困境的场景中，读者也能发现这样的模式是一种共通现象了吧。

此外还有一点能说的——正是在这种艰难的状况里，才会成长出担负事业未来的优秀人才。

第 **6** 章

公司改造6
用"生产改革"
来引发突破

眼看就要被现场的抗拒逼进"死谷"的生产改革，是通过什么契机复活的呢？与高层团结一心的智力战争加上不辞辛劳的现场改善，创造出了最适合米思米行业性质的"世界水平的生产系统"。

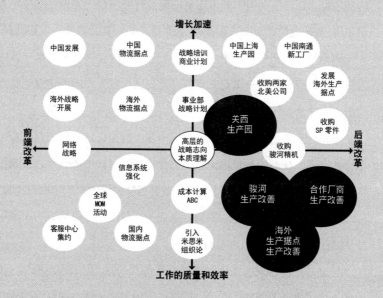

第1节 对生产革新的抗拒

致力于生产改善

话要说回半年以前了。就在米思米与骏河精机在秘密状态下交涉经营整合的同时，三枝还推进着另一个构想。

读者还记得他决定收购生产商的第三个理由吧：对于像"创，造，卖"和"业务流程重组""供应链改革"等这样，把业务流程作为整体进行综合革新的世界性"业务创新大趋势"，三枝一直以来的观点就是——米思米绝对不能错过这个大趋势。

当他想在米思米推进"创，造，卖"的整体革新时，米思米最大的弱项是"生产"。当时的米思米内部没有能创造出先进性的技术人员集团，确切地说是一个人都没有，甚至连认识到其必要性的人都没有。

要通过"制造"、"生产技术"、"生产改善"让米思米一跃进入日本、继而世界的一流企业行列，首先必须在公司内部建立一支致力于"生产改善"的团队。

三枝一直很喜欢"制造"，他三十多岁时担任过总裁的两家公司都是生产商，在那之后长达十六年的业务重建工作中他也一直喜欢以生产商为对象的工作，并从中积累了各种各样现场改善的知识和经验。

但是，三枝不是生产改善的专业人士。他的任务是建立一个组织或机制让改善或改革能持续进行。

于是，三枝在米思米公司内部新设立了一个"生产改善室"（岗位名称从"生产改善室"开始，后来曾发生多次变动，但在本书内统一写作"生产改善室"）。三枝听说过去在工作中结识的一位有改善领导者经验的人正好在考虑换工作，就邀请他来担任室长。

与此同时，三枝也在寻找能指导生产改善的老师。

社会上有很多丰田生产方式的指导者，其中有些严厉得就像部队里那种"鬼见愁"军官，所以必须注意指导老师和米思米员工能否合得来。不久以后，三枝遇到了一位老师，让他感觉非此人不行——高木史章老师。高木老师四十岁，说话很有逻辑，应该能和对生产改善一无所知的米思米员工们投缘。

三枝一边和高木老师用餐一边向他描述了米思米那关注世界性大趋势的生产革新理想和国际化构想。高木说三枝讲的内容很有趣，于是加入了这个理想。那之后的十多年里，他一直对米思米进行着指导。

米思米的合作厂商仅主要企业就有20家，其生产线的数量超过了40条，生产品种也多种多样。可以预想，要让生产改善的成果普及到所有这些生产线，会是一项艰巨的工作。但三枝还是做好了心理准备，要在自己身居米思米高层的时间里把这个问题理出头绪。

三枝要求合作厂商各公司接受高木老师的指导，费用由米思米来出，不会给各公司添负担。作为项目的第一弹，他打算从主要的20家公司中选出3家，但计划却进展不下去——合作厂商中发生了和他们拒绝去中国办厂时同样的现象。

各公司的真实想法是明摆着的：生产的事情我们自己全都明白，不想接受什么米思米送来的老师的指导。我们不知道什么是生产改善，也没兴趣知道。

对于丰田生产方式的改善，他们不去了解就说不好，说自己公司更优秀——这纯属眼界狭隘。

最后总算有 3 家公司同意了接受这个项目，但其中既有非常热心的，也有想先试试看的，态度的差别很大。但其实，如果米思米的所有主要生产商不一齐推进改善活动，那么即使有一家做出了成果，也没法让顾客享受到该项成果的益处。不知读者们能否理解这种困境。

开解经营者的谜团
32
交期改善的益处

生产改善的重要目标是缩短生产周期——缩短从着手生产到出厂所耗费的时间。供应链整体要缩短从客户下单开始到货物送到客户手里为止的总耗费时间。特别是客户不把所需全套零件配齐就无法着手操作时，即使部分零件生产商缩短了交期，只要有一家生产商交货晚，则先行企业实现的改善益处就无法得到发挥。

米思米生产改善的艰难

在米思米的生产改善中，存在着普通企业不会遇到的严酷条件，那就是《米思米 QCT 模式》最为重视的"T（时间）"——短交期和对交期的遵守。

三枝就任总裁时，米思米的全部商品有 200 万种，之后由于事业发展，商品增加到了 1600 万种。仅是商品种类的数量就很庞大了，如果再算上每种商品包含的以微米为单位的尺寸差异，商品数就会达到 80,000,000,000,000,000,000,000 件。

各位读者会读这个数字吗？知道这个数位叫什么吗？

三枝第一次看见这个数字时张目结舌地读不上来，他让人去查资料后才知道原来还有叫"垓"的数位。这个数字是 800 垓——米思米的商品件数是 1 兆的 800 亿倍，多么惊人啊——这真是字面意义上的

"天文数字"。

对米思米来说，最大的问题是不知什么时候就会收到这些商品中某一个的订单——也许是今天，也许是五年后；可能来自日本，也可能来自欧洲——米思米总是在等候这种不知会来自何时何地的订单。而且，哪怕只是一个零件也要在接单后进行生产，并于三天以后（本书出版时缩短到了两天）发货。

如果把商品保管在仓库里并从仓库发货，那么实现短交期是很容易的，很多消费品都能做到。但是，如果米思米也把天文数字的商品放在仓库里，那就需要好几个巨大无比的仓库。而且因为能保持一定频率周转的只是其中的一部分商品，就算准备了巨型仓库也很难保证划算，所以还是以"零库存"接单的系统更有道理。

对于截止至前一天夜里收到的米思米订单，即使只是 1 个零件，即使是精度达到微米水平或需要费工夫的加工，各合作厂商也会在当天就生产出来，并最晚在夜里出厂送到米思米的配送中心。

因为用了这样的方法，所以各生产商的接单量每天都有很大变动。因此，必须在生产能力上留出富余，不然订货量大的日子就会生产不完，造成交货的迟延。可是，如果留的富余太大，人和机器的空闲时间就会增多，相应的成本也会上升。

能解决这个矛盾的，是丰田生产方式的应用。在米思米把这种业务方法叫作MTO（Make To Order. 订单生产），和戴尔的"BTO（Build To Order）"是同一个意思。

在米思米，"一旦和客户约定了交期就无论如何都要遵守"的精神贯彻到了从总裁到年轻员工的所有人心里，所以即使走钢丝般的高难度工作也会严格保质保速完成。"遵守交期"既是米思米的公司基本方针，也是米思米得到客户信任的基础。

米思米在日本的交期遵守率，除受灾时以外保持在 99.96% 左右。这个数字背后不仅包括生产上的问题，还包括从生产商到配送中心途中的运输问题和订单处理错误带来的错误配送等——米思米在克服以上困难后仍保持住了如此之高的交期遵守率。

"发生错误的概率是 0.04%"，意味着：除受灾时以外，即使每月都重复订货几次的客户也几年才会经历一次到货延期。而因为被延误的订单如此之少，所以客服中心能把每一件的迟延都预先通知给客户。

对客户来说，这是关系到工厂现场生产的大问题。如果客户表示为难，米思米就立刻发送代用品，或在没赶上快递截止时间时让员工坐火车去送货。据说在快递尚不发达的年代，米思米员工甚至曾经坐飞机去送过只值几千日元的商品。

为实现这种高水平服务，米思米与合作厂商自创业以来用了四十年的时间磨合业务的操作。

现在，越来越多的消费品把"翌日到货"都视作平常，如果是在大都市圈内，则下单当天就能到货，当中甚至还出现了下单后一小时之内到货的服务。但是，所有这些服务都是不伴随"生产"的，只是把商品放在仓库里保管，然后从仓库发货。

与此相对，米思米是把微米精度的订货商品"生产"出来后再进行供给。其业务模式和压倒性的齐全品种，是其他企业没法一朝一夕学会的"绝技"。可明明已经有了这么大的优势，三枝却在当上总裁后还要进一步推进生产改善，他到底是想把什么变得更好呢？

- 米思米的短交期方法可以提供巨大的便利，但和大批量生产一种商品的情况相比，它也必然更容易高成本。三枝在考虑对"单件流"的生产方法加以打磨，以便进一步降低成本，缩小与量产商品的成本差距。
- 骏河精机连生产改善的"基础"都还没引进，那里应该有很多可以改善的"材料"吧。如果能用正确的手法缩短生产周期，成本也会同时得到改善——那里沉睡着金矿——同样的说法也适用于各家合作厂商。
- 今后如果考虑到中国和亚洲生产商的崛起，则必须提高成本竞争力。
- 米思米的标准第三天交货这一短交期模式，已经近二十年没有变过。在公司向风险业务多元化倾斜的时期，这个业务模式的改进在公司内部被搁置了下来。如果现在从整体的角度重新审视"创，造，卖"，里面应该隐藏着相当大的改革余地。

缩短生产周期和削减成本

上述说明中起决定性重要作用的是"在缩短生产周期的同时降低成本"。读者中可能有人不信吧。这两者的关系是怎样的呢？

后来甚至出现过这样的场景：骏河精机的年轻员工摆出一副十足的在野党嘴脸说"要是做什么单件流，生产效率肯定会下降啊！"。这是几乎所有反感丰田生产方式的抵抗派都说过的台词——共通得让人吃惊。而且，这种认识百分之百是错的。

这种事是"一试就知道"的，但反过来说，"不试就不会知道"。这是通过丰田生产方式进行改善时一定会碰到的壁垒。

也就是说，在世上有很多对具体手法进行解说的操作手册，即"如何运用看板方式推进改善"，但却没有一种理论体系或方程式能告诉人们"实施该手法中的哪一条能削减多少成本"。

每一个现场中都有太多太多不同种类的要素互相关联，作用机制（改变某种事物时产生效果的顺序）是动态的，很多种相互作用错综复杂，随时变动。实际上，即使进行变更时以为它会很好，也可能会有预想之外的负面因素出现，造成效果适得其反，不得不又改回去——类似的情况时常发生，只有不断反复摸索。

三枝这样说：

"我作为经营者是个喜欢讲道理的人，但唯独对丰田生产方式，我打算让员工'先做做看'。因为它的道理是看不见的，不论怎么努力说服，公司内部都会有人反对。所以，这种手法在领导力弱的公司里是无法完成的。"

要学的话，各种基本工艺手法都很齐全。只要忠实于基本原理，用"正确的手法"把改善做下去就好，更多的道理是没有的。然后，如果熬过了反复摸索的苦难，就会明白"这个确实了不起"。这样一来就会发生不可思议的现象——从以往的抵抗派中，会有人无需理由就一下子变成赞成派。

虽说是变成了赞成派，但能用逻辑来说明的道理并没增加多少，他们是从无需理由地说"不行"，在仍然是无需理由的状态下变成了说"反正就是好"。这只能理解为是他们的身体想通了——"动起来尝试一下就明白了"。

所以这十三年来，三枝作为总裁并没有高喊"削减成本"，而是一直在高喊要"缩短生产周期"。

对合作厂商的指导

三枝觉得，生产改善的第一弹可以把范围限定在那 3 家同意接受指导的合作厂商里，于是他就请高木老师开始了指导。米思米生产改善室的员工也跟老师同行，担任现场指导的辅助工作。

可是，这 3 家的改善活动却怎么也无法推进。

为什么呢？社会上很多人以为生产改善是一种"自下而上"的活动，其实这是大错特错的。和重视自下而上提案的 QC 活动相反，生产改善是一种"自上而下"的手法。

开解经营者的
谜团
33
生产改善
要自上而
下

如果一家公司的经营者认为"生产改善是自下而上的日本式手法"而只是从上方观望，那么它的生产改善不会有太好的结果。远渡美国的"KAIZEN（改善）"手法之所以会被各种行业尝试，以超过日本的势头衍生开来，正是因为它契合了美国经营组织那种自上而下的特质。

如果高层经营者有心改善，那么生产改善的进展会很快，但如果是在没干劲的经营者手下，那么连早期就该收到的效果都只会半生不熟。这样一来，不仅总裁本人，连员工的态度都会冷上加冷，而一旦进入这种恶性循环就只有眼睁睁地看着时间流逝了。问题毫无例外都出在高层的态度上，三枝已经见过了好多次这样的事例。

高木老师是这方面的专家，很清楚公司内部存在着这种抗拒。如果合作厂商的高层心想"这种改善其实没必要"，其本意马上就会从这个人的态度上表现出来。老师本来是不指导这种生产商的，他是为了三枝描绘的米思米模式革新和海外发展的理想，才一直忍耐了下来。

即使如此，只是3家合作厂商就花了这么多的时间和工夫，到改善全面推广到主要20家公司为止，还要多长的时间呢？岂不是要十年也做不完？真是前路漫漫啊。

三枝开始感觉危险了——如果不想点新办法，这次改善就会变成歌中唱的"永远走不到头的泥沼"。

然后有一天，三枝想到了一个出乎意料的点子——他夜里自己小酌的时候，收到了从天而降的启示。这个计划很与众不同，能一下子缩短米思米与合作厂商的距离。

重要的分界线——经营者的解谜和判断

· 如果放弃改革，米思米就会赶不上世界性"业务创新大趋势"。必须避免米思米业务模式的加拉巴哥化。这对于合作厂商也同样意味着灭亡。

· 因为三枝上任这四年来，米思米的销售额升至两倍，超过了1000亿日元，所以生产能力达到了上限的各家合作厂商开始考虑增设工厂了。那么，就像在上海建"米思米村"那样，在国内建起同样的园区并让各家合作厂商在那里增设工厂如何？现在合作厂商的工厂分散在东日本各地，如果建一个园区，高木老师也能对他们一起进行指导。

· 各公司会把改善的成果带回各自的总公司工厂。这样一来，改善就会一下子影响到所有的合作厂商了吧。

虽然这个点子听起来有些异想天开，三枝却是非常认真的。和中国的米思米村不同，这次连土地和房子都由米思米来准备。合作厂商只要付出生产设备的投资，就能盖起一家新工厂——难道不是很有魅力的招商条件吗？

最初的想法是在大东和大西这两地都设立米思米村，但各公司既有的工厂都集中在东日本，所以他们认为关东的米思米村好处太少。

那么就只在关西办也行。如果各公司的能力得到增强，不仅生产改善，连以往在西日本较为薄弱的短交期体制也能得到充实——那样就是一箭双雕了。

在制作具体的方案时估算得出：米思米的必要投资额是土地加建筑物总计约 40 亿日元。再加上招商引来的各公司的生产设备投资，金额就更大了。如果否定创业总裁"不持有的经营"，由米思米自费进行生产功能的投资，那么这会是公司有史以来金额最大的投资。米思米还同时进行着骏河精机的收购，这下要支出巨额的资金了。

三枝面临着决断。他不知道股东们对改革米思米的行业性质会做何反应，但投资机构们是一定会担心的——这种投资可能使米思米逐渐变成资产"沉重"的公司，收益性会越来越低。

但是，三枝抱着的是相反的看法——对现在的米思米来说，回避投资而继续"轻松的经营"才会"慢慢变穷"。他在上任的同时就从既往的外包形态转向了"持有的经营"，并收购生产商，进而向生产革新投资——就算是为了向海外发展和不错过业务流程改革这一世界性"业务创新大趋势"，这些也是绝对不能回避的战略。

考虑到米思米的十年大计，二十年大计，这个判断将会把公司带到一个巨大的岔道口。和迎合投资家的想法相比，三枝断然选择了遵从自己的企业家精神和生活方式而行动。他做好了心理准备，必要时会跟股东们对抗。

而这项方针以后应该能给投资家们也带来相应的回报。幸运的是，米思米还有丰富的现金，拿得出这 40 亿日元。

关西生产园

三枝把将要在关西建立的米思米村命名为"关西生产园"。在离原本就有的关西配送中心不远的工业园区里，占地面积约 5000 坪的工厂竣工了。这是三枝上任后第五年零三个月的事。

各公司都搬进来并启动了生产后，由米思米牵头，开始每个月举行由高木老师主持的生产改善研究会。

起初，进驻的生产商似乎连对让彼此看自己的工厂都很抵触，但随着每月举行研究会，各公司的改善成果陆续发表，米思米村居民之间越来越和睦了。各公司之间合作推进改善的同时，还萌生了暗暗的竞争心理。三枝也时常出席该研究会，以表明他作为米思米统帅的态度。

但是，很长一段时间里，参加会议的生产商并没把在关西生产园学到的东西带回各自总公司的工厂。要让他们踊跃地这样做，还得费几番周折。很明显，各公司的经营者对此并不热心。

骏河精机的生产改善

另一方面，经营整合后的骏河精机的生产改善还没着手，因为三枝命令过米思米总公司的生产改善室"暂时不许接近骏河精机！"。

等到滨川总裁卸任，三枝开始兼任骏河总裁后，才开始一点点地动起来。

三枝将米思米总公司的两名改善专员从东京调到了静冈县的骏河精机。以往由于三枝的关照，骏河精机的员工并没有受到米思米的影响，所以对他们来说，从此开始的交流才让他们第一次感觉到了米思米总公司的想法。

◎ 朝井章雄的话（朝井章雄，骏河精机模具零件生产的领导级员工，当时三十六岁，后来成为模具制造公司的总裁）

与米思米进行经营整合后过了一年，生产改善的浪潮冲击到了骏河精机。"冲击"这个说法是我当时纯粹的感受。从米思米来了两位员工到静冈县常驻，开始了准备工作。

从那以后又过了几年，现在工厂的水平已和以往全然不同，而回想起来，当时的工厂真的太糟糕了——各工序之间半成品堆积如山；工序不考虑生产流程而只是把同样的机器摆成一排；别说当天，连前一天的不良品率都没人清楚；生产效率的数字也一个月才算出来一次；对于"生产周期"这个词，大家都没有任何概念。

但是，"给米思米出货要遵守交期"在当时是一条绝对纪律。为了能赶上傍晚交货，我们拼了命地进行生产。而只要做到了这一点，我们就认为自己的工作算得上一流了。

生产改善从一项叫作"2S3定"的整理活动开始。第一次活动大约进行了两个半月，我们从操作台和架子等处清出了能装 12 辆卡车的废品。

◎ 太田伸也的话（太田伸也，骏河精机的生产改善团队员工，当时二十六岁）

我曾在海外工厂工作过一阵，回国后就被分配到了生产改善团队，当时感觉自己是被打发到了一个不知该做什么的岗位。

生产改善团队的具体主题是"短交期"。那段时间我第一次见到了三枝总裁，当时我心里认为"短交期没必要"，而总裁从我的话中察觉到了我的反感。

我的任务是改变"制造"，但当时我有种自负，觉得"自己完全习惯了的这种骏河精机既有的做法，即使不是最好，也比其他公司要优秀"，所以当外边的人要求我们改变时，我觉得很不爽。

后来回过头看，这种抵触情绪是我最初的抗拒，也是失败。

以上每则谈话都是几年后意识到生产改善效果的员工回顾当初给本书写来的文章，他们诚实地记录了当时的心境。

这些三枝也知道——抗拒改善或改革的人，都会把这句共通的台词挂在嘴上。因为不管去哪家公司，员工嘴里的说法都过于相似，他甚至想笑说一句"又来了"。

但真能笑得出来吗？当然不能——这正是所谓"改革死谷"的本来面目啊。如果轻率地对待，改革指导者就会被干掉。"开解经营者的谜团（2）经营的修罗场"中也指出过，和"对还是不对"的道理相比，绝大多数情况下反抗者们从一开始就抱着的是"喜欢还是讨厌"的成见。

这种成见的典型是对从公司外部来的外人的反感，正是古代日本的"村落心态"。在村子里生活的人，是意识不到自己沾染了村落心态的。

采取这种行动的人有一个共通的特征，那就是沾染了"在野党心理"。即使是公司的高管或部门长等身居上层职位的人，如果责任感淡薄的话，也会毫不在意地扮演在野党角色。因为感觉不到自己是"旧式村民"或"信口开河的在野党"，所以只要没有能让他们意识到这一点的重大契机，他们就会一直持续这种幼稚的行为。

开解经营者的谜团

34

坚定抵抗派（C1 型）

属于"坚定抵抗派（C1 型）"的人有行动力，所以会积极地在公司里散布否定性意见。对于这种行为会让领导陷入困境，自己成为拖延改革的"加害者"，他们的认识是很淡薄的。不如说他们认为改革是强加到自己身上的，自己才是"受害者"。抵抗程度更高的"过激抵抗派（C2 型）"是那些有意识地采取"破坏者"行动的人。（前作《重返问题现场·逆转篇》的《三枝 匡的经营笔记❷改革的支持者与反对者》里有详细说明）。

在野党最大的优势，是和政治中的在野党一样"随口乱批判也不会被追究责任"。他们会利用这种无所顾忌，在公司内部或晚上的酒馆等公司上层看不到的地方散布毒素。

但是，这种声音和态度总有一天会传到改革领导者那里。拼命挣扎想要渡过死谷的改革领导者本来就够痛苦了，还要被挤兑得更加沮丧。实际上，还曾有非常过分的事被泄露出来传到三枝耳朵里——骏河精机的员工对上司说"你行你上啊！"。这可不是背后说坏话那种程度，而是当面对上层领导说的。

其实仔细想想，说这话的人原本该反过来——这是上司对不肯动弹的部下说的台词，可在骏河精机却是部下在对上司说。

这种生产改善的手法在历史上是由丰田首创的，现在全世界都积累了非常多的有效事例。可是，部下们既不了解这种手法也没有国际化的视野，他们明明没怎么学习相关知识，甚至连明确的反对理由都没有，却不肯动弹。明明是自己下定决心要偷懒，却要上级动起来——简直荒唐透顶。

被不知执政党苦楚的年轻人这样说，会让改革领导者感觉非常屈辱，能把人气得心肝疼，满心憋屈，甚至觉得自己的信念在萎缩，当然还会有孤独感。三枝对这些是一路经历过来的，痛切地了解这种心情。

典型的抗拒改革心理

三枝兼任骏河精机总裁的体制持续了大约一年。

担任米思米总裁满四年后，三枝开始了一个叫作"企业体"的新组织（组织论将在第8章提到），骏河精机也被定位为其中之一。集团的体制变为先任命一名"生产指挥高管"来统领全公司所有与生产有关的工作，同时由这位高管兼任骏河精机的总裁。

此时经营整合已经成立了两年零两个月，生产统领高管最大的任务是在骏河精机正式开展丰田生产方式的生产改善活动。他等到从一年前开始在骏河精机推进的"2S3定"告一段落，就从外部引进了顾问集团。负责指导合作厂商的不是高木章史老师，而是别的顾问公司。

三枝听到这个安排时，感觉这种改革途径有些别扭。但他想：既然生产指挥高管兼骏河精机总裁是自己任命的部下，而此人又是在经过思考后决定这样做的，那么这应该也是个办法吧。

这个时期，生产指挥高管还进行了一个举措——从外部雇用了一位新的生产推进负责人。那位先生号称是这方面的专家，还上过媒体。当然，会把上过媒体的事拿来自夸的人不一定是真的优秀。

加上从米思米总公司来的领导者，就成了双人领导体制。即使在这个阶段，骏河精机的员工们仍然未能消除对改善活动的抵触感。

◎ 太田伸也的话（前出）

米思米的生产指挥高管从外边引进了一个顾问集团，我对此很是反感。我想的是："顾问是一群不用负责的、清闲的人，反正他们不等做完就会不在了吧"。

当时我到这个岗位已经两年零九个月了，本来早该成为一个改革推进者，但结果我连改革的追随者都算不上，不如说是成了抵抗者。

"外边的人不懂骏河精机的制造"、"我们是多品种少量生产，工序内部的滞留是难免的"、"搞什么单件流，生产效率肯定会下降！"——

这就是我当时的态度。

◎ 朝井章雄的话（前出）

米思米的生产指挥高管引进的外部顾问的活动持续了大约有一年。明明是对现场的改善，却要没完没了地做文件。改善报告会开了两次，所有的会议资料加在一起居然超过了 400 页（笑）。

在第二次报告会上，米思米集团总公司的三枝总裁也来了。那天从早上到傍晚接连发表了很多现场的成果，而总裁一整天都默默地听着。傍晚顾问退席，只剩下员工们开会的时候，总裁站起来，讲起了自己的感想——

而他的发言让我吃了一惊——

"今天听了一整天，看清了改善活动的真实状态——我觉得完全不能接受。"

高管和改善领导者就坐在总裁眼前，但他毫不在乎。

"你们几位，算上以前进行类似活动的一年，你们这两年零九个月来到底做了什么？我莫名其妙！"

确实，算上之前的"2S3 定"，我们虽然在整理整顿上花了将近三年的岁月，当时却连生产周期的数值都没有把握。

在那之后我们改变方法，让生产改善发生了戏剧性的进展，现在回头来看，当时总裁的斥责是理所当然的。他的发言，让我们第一次注意到自己已经偏离了本来的宗旨。

在三枝看来，生产指挥高管和从外边雇来的两名生产改善领导者称不上是在发挥领导作用。领导者，因为是领导的人才叫"领导者"，世上有很多人虽然被赋予了带"领导者"头衔的职位，领着相应的高薪，实际上却什么都没有领导。

面对"改革"这种事物时，要调整好心态，相信"出现抗拒和怠工这些症状是理所当然的"。改革领导者需要在此前提下与员工好好对话，以理服人，正面面对在野党意识。对于身居上位却抱着在野党心态的"冒牌管理者"，要让其改变想法，做不到的话就必须要其让开。

骏河精机的改革看起来已经不是停滞的问题，而是一点点在接近"死谷"了。领导者的能力低下时，改革就会陷入"停滞、受挫、失败"的症候。只有当强有力的新领导者出现时，才会带来突破口。

莫要怪我老生常谈——哪家公司在改革时都会在平衡各种情况的基础上任命一个看起来能行的领导者，但现实就是这样的改革很可能会显露出颓势。而且，到公司认定这是失败为止，一晃就是几年时间过去了。

结果，骏河精机员工们的行动过了两年零九个月也没有发生变化，只有"感觉自己被强迫了"的抱怨。如果在这时放弃，改革就会挫败。这样的话，抵抗派的员工们就会认为"自己的抵抗是对的"，他们会保持原来那种狭隘的眼界，并感觉出了一口胸中恶气吧。

那样的结果会是什么？这家公司会几乎半永久性地失去让自己变得强大的改革机会。有多少日本企业曾走过这样的道路啊。在经营领导能力衰弱的日本企业，这是一种改革失败的典型过程。

结果，从公司外招来的干部领导者连该从哪里下手都看不清，给部下们丢下一句"这样的改革谁也做不了"就消失了。不难想象，员工们被这么一说，心情会多么黯然。

就这样，第一次受挫发生了。

该如何化解危机？

有过停滞和受挫的不光是生产改革，物流改革和信息系统改革、海外的业务筹建等高风险案例都各自经历过至少一次这样的危机。

这种时候，首先应该判断的是"如果让现在的领导者就这样接着做下去，今后能否化解危机"。如果觉得还有希望，那么总裁也要和他一起谋求危机的化解；如果判断没希望了，就该找其他能力强的人来代替这个领导者——犹豫不决是不行的。经营高层必须要正面担负起这个职责。

即使改革陷入了迷途，三枝也保持着一贯的态度。这不是短期决战的业务重建。他努力避免急躁，花上很多时间强化人才，摸索突破口。

三枝也曾对员工说过"你们太累了，休息一阵吧""把体制缩小到最低限度，想想下一次该怎么跃进吧"，这样就等于延长了空白期和发生亏损的时间——而结果既有因此虚度时光的情况，也曾经真的创造出了后来的飞跃。

高层要首先明确自己的目标。在此基础上要注意的是，如何在自己瞄准的理想与严酷的现实之间妥协。对人们心理的掌控、推开和拉近的时机、赏罚分寸的斟酌、对自己怒火和忍耐的控制，以及人事的奥妙——这些既是这十三年来不为人知的辛苦，同时也构成了经营的有趣之处和人生的挑战。

三枝很确信——要实现米思米业务模式的"整体改革"，"生产革新"是必不可少的。所以，哪怕花上好几年的时间，他也要坚持追求理想的模式。

那么，接下来三枝会怎样化解危机呢？

第2节 觉悟＋智慧＋汗水的结晶

生产改革的新指导者

三枝在米思米付诸实践的改革主题不是随便想到乱说的，那里有着扎实的骨架——为了开拓米思米的新时代，谋求"创，造，卖"的整体改革。

这三项改革哪怕只差了一项，差的地方就会变成隘路（瓶颈）而阻碍全体。所以，三枝认为"不论花上多少年，每一项改革都绝对必须完成"。他追求的正是堪称"公司改造"的多样化的改革连锁。

前面的经营笔记中曾写过："当改革停滞时，只要不出现强有力的领导者，就不会产生突破口"。在这场生产改革中接下来登场的，也是压轴的那位改革领导者，会是谁呢？

开解经营者的谜团

36

组织要从上建起

要创造有活力的事业，原则是"组织要从上建起"。如果图眼前方便先决定了组织下级的人事，就会连上司都按那个水平选。不要这样，要让先选中的优秀上级去决定符合自己眼光的下级。这个顺序很关键。

读者还记得西堀阳平吧？三枝上任前夕，米思米决定裁撤公司内部的风险业务时，西堀三十七岁，是最年轻的经营高管(第1章第2节)，就是那个三枝对他说"人生可是很短的哦，稀里糊涂的话，转眼就过完了"的人。

在决定裁撤 7 项多元化业务时，西堀的业务受到的处理是"暂时继续"。那之后的两年半中，三枝在给他各种援助的同时基本是让他自由发挥的，但那项事业却被逼进了更困窘的境地——在意外出现的国际性竞争对手与急速互联网化的市场趋势面前招架不住了。

三枝看到这种情况，决心把西堀从该业务负责人的岗位上调到正业的机械工业零件领域——米思米的经营人才很少，他看好西堀是当中的宝贵人才——西堀体会过自己制订多元化业务战略并进行筹建的痛苦，遭遇过超出预想的竞争和时代的变化，为求生存经历过水深火热——他和在公司内部旁观的家伙们不一样。但三枝也开始感觉，如果一直整个人沉浸在低迷的业务里，西堀可能会忘掉成功的滋味，逐渐失去光彩。

正在那时，机械工业零件领域开始了爆发性的成长，迫切需要西堀在那个领域发挥力量。

不过，如果强行进行这项调动，西堀可能会认为这件事不地道——把在多元化业务一起吃苦的部下留下，自己一个人去能赚钱的其他部门——并因此提出辞职，所以三枝在说服他时非常慎重。

西堀对自己的立场有着清醒的认识——如果说现在的自己作为经营人才有什么价值，那也是米思米这家公司花费时间和金钱给自己提供机会的结果。所以他强烈地感觉，自己的使命是把在新业务产生的损失用"下一个什么"<u>挽回来</u>，或者说，是报答培养了自己的公司。

越来越多的日本人把像美国人一样跳槽想象得比美国的实际还要稀松平常，而在这样的社会气氛中，西堀却清楚地意识到了"对公司的感恩与职责"。

三枝觉得，要想从沉湎于过去的心情摆脱出来，西堀只有一条路，那就是接下来在什么地方获得巨大的"成功"。如果能上一或两级台阶再从那里回顾过去，就可以淡然面对过去的失败，觉得那只是"让不成熟的自己发生蜕变的痛苦经验中的一幕而已"。这也是三枝本人经历过的人生模式。

听了三枝的话，西堀带着对"把部下们留下而自己离开"的羞愧心情，服从了三枝的命令。

那之后四年，回到机械工业零件业务的西堀历任电子事业部长和物流部门掌管高管、EC事业掌管高管等职务后，被选为了董事。

粗暴的人事

三枝把西堀叫到了总裁室。四十三岁的他已经长了很多白发，看起来比实际年纪更大，开始有些气派了。

"打那以后都过了四年了，我想让你挑战下一项工作，希望你能自己思考一下想做什么。"

刚说完这句，三枝马上又说："我的建议呢，就是'生产'。"

"还说让人自己想，明明已经决定了嘛！"，西堀虽然这样想却没法这么说，嘴上说的是别的话：

"'生产'？我在这方面没有经验，而且感觉自己性格也不太适合。"

"现在你可能还不明白，但这会是你人生中宝贵的资历。考虑一下吧。"

米思米从不把调令作为绝对的公司命令。员工可以因家庭情况等的限制拒绝调动，或者只凭"提不起兴趣"这一个理由也可以说不，并且不会因为拒绝了调动而在今后受什么影响。这是从创业总裁时代起米思米就一直遵守的、了不起的隐性人事规则。

西堀对于负责自己生疏而且前景不明的工作感到十分不安。他还感叹，从前那么果断面对新挑战的自己现在竟然变得如此保守。

最后，西堀接受了这个职位。

三枝在把西堀从董事兼经营高管升为常务董事的基础上，又任命他为生产指挥高管（兼骏河精机总裁）。

西堀很吃惊——四十三岁就升到一部上市企业的常务，这是谁都没预想到的人事安排。

就这样，又一次"粗暴的人事"被执行了。能否在自己被赋予的"舞台"上做出一番事业，全看他本人了。

让症结显现出来

就任生产指挥高管后，西堀虽然早有心理准备，却仍然在上任第一天就痛切地感觉到了自己的无能。他在米思米工作了二十年，积攒的几乎都是流通业务的经验，和制造业是两个世界。刚开始他连在车间对话中出现的单词都不懂——起步的形势相当严峻。

可是，在三枝看来，这根本算不上严峻。

三枝在三十多岁时作为经营者经手的 3 家公司各自属于不同的行业，那之后他作为扭转局面专家（业务重建专家）进入过数不清的亏损公司，刚到每一家时在该领域都完全是外行。虽然只能从在黑暗中摸索开始，但过了三个月他就能给员工下命令了。

在本书的第 1 章中也是如此——从降落到米思米开始到在员工前面讲述"米思米的八个弱点"为止的过程就是一段这样的经历。"必须在公司陷入困境的状态下尽早逼近问题的本质"——三枝的速度就来自于不断重复这种紧迫工作的经验——要在一次次说着"这个不对劲"的同时逐渐领会。

三枝觉得，自己只是在让西堀进行同样的体验而已。

开解经营者的谜团
37
经营本领的通用化

经营人才每次得到机会去参与没经历过的领域，都会让自己的经营本领更加多面化，由此，经营本领的通用性也会提高。这和专业运动选手不论转会到哪里都能从第一天就发挥本领是一样的。

西堀对新事物感受力强，领导能力也高，所以飞快地适应了新环境。他拜托一直以来负责合作厂商群指导的高木老师给骏河精机也进行指导，于是老师每月一次的指导马上就开始了。

三枝对于米思米的生产改善濒临"死谷"这一状况有着强烈的危机感。自己既然把西堀这个生产上的外行送进了骏河精机，就需要作为保荐人好好扶助他。三枝离开骏河精机的现场已经有一段时间，不太了解实际情况了，所以他决定自己介入改善的现场，用自己的观察来对状况进行把握。

三枝以"亲力亲为"的姿态走访了骏河精机和合作厂商等3家公司的工厂，把从这次实地调查得到的观察和看法总结成"意见"送给了西堀，这是一份写得密密麻麻并且长达9页的文件。

一部上市企业的CEO为部下写报告！和总裁在部下制作业务计划时当批卷先生那回很像吧——这就是他的经营风格。

这份文件的内容与其叫"意见"，不如叫"指导书"。因为它依据在现场的观察，写得既具体又有实践性。

- 到现场一看我就明白了——以往生产改善室向高管报告的KPI（表示达成度的指标）是没能反映现实的、愚蠢的指标，它们给公司高层带来了"错误的放心感"。我很愤怒。我们应该全面重新审视活动的整体管理。
- 生产改善室的活动在很多的合作厂商处开展，但过于分散了，结果哪一处都没出成果。只在高木老师的指导日陪着这种做法，作为活动是没有意义的。
- 在指导日上，生产改善室的工作人员出头过多——给高木老师报告工作结果的、被老师训斥的都是生产改善室。工厂的负责人和其下属的生产线才是问题的关键，他们却没有表现出任何自主性或自律性。
- 为了骏河精机的改善而安装的计算机管理系统反而在阻碍改善。"在复杂的业务改革中，动不动就想系统化的人是危险人物。首先要用手来验证"（参见第7章）这一教训没有得到吸取。对于妨碍改善的软件应该坚决排除，哪怕让以前的投资打了水漂也在所不惜。

· 最重要的一点是，没有人能看到我们在生产改善中的目标，即"完成后的样子"。所以，也没人看出通向目标的道路（行动步骤）。生产改善成了"没有目标的改善活动"（和第2章里"FA业务的改革"中长尾事业部长用的词一样）。"没有方案的改革"是长不了的。

· 生产改善室任由这种状况发生，它的智囊功能和企划制订功能都没起到作用，简直是没头脑。

对于这种严峻的状况，三枝觉得怎样的突破方法才能有效呢？

重要的分界线——经营者的解谜和判断

· 这是超出预想的悲惨的无控制状态。总裁懊悔自己过于放手不管了。这样下去改革会死掉的。

· 重要的是让改革"完成后的样子"能被人看到。所以首先应该在某家企业的工厂做出一个"完成模型"，

让大家能分享对它的印象。

· 果断把分散在各地的工作人员全都调回来，集中在一、两处选好的工厂里如何？在这家工厂里，大家要不折不扣地住在厂里，全天候努力实现"完成后的样子"。

包括解决方法在内的总裁"意见"，被交给了西堀和有限的几位干部。这份文件起到了逃离"死谷"时"第一页"（深刻的反省论）的作用。

西堀和他的部下们读了这份文件，感觉眼前豁然开朗，最重要的是他们从中获得了勇气——里面包含着很多"从制约条件中的解放"（开解经营者的谜团 29），他们看到了可以不受以往情节的束缚自由活动的舞台设定。

开始真正的改革

就在这个时候，代替离职的两位领导者，推进今后生产改革的两位新领导者相继加入了团队。一位是星川修，他有在汽车零件生产商进行改善活动的经验；另一位是来自电子设备生产商的夏井洋司。

这次建立的体制是由西堀兼任生产改善室的室长，而两名新人都被任命为他手下的副室长，分头推进今后的活动。

◎ 星川修的话（星川修，生产改善室副室长，当时四十岁，后担任生产平台代表经营高管）

刚到骏河精机赴任时，现场的状态非常糟糕，我感觉自己到了一家荒唐的公司。

而且，我以前的公司和骏河精机在制造的手法上有很大的不同。以前我工作的地方是"大量生产"的工厂，而米思米是"少量多品种"，并且生产量还每天都会变化。"缩短生产周期"和"提高生产效率（降低成本）"之间存在着互相极为矛盾的要素。

所以，我的前任不知所措地逃走了。而我感觉自己被扔到一条流速极快的大河里，耳边能听到"改变流向！"的命令，实际却只能一个人在水里挣扎。

正是在这个时候，总裁的"意见"出台了。虽然刚上任的我不在这份报告的对象中，但自己的岗位被说成"没头脑"还是让我很震惊。

但是，知道公司高层对现场的状况把握得如此之准确，也让我增添了很多干劲，感觉自己从挣扎的河水中被拉上岸来了。

新改革选中了两个实验场，其中之一是米思米的子公司"SP零件"，生产改善室派出了员工驻守在那里。

"原来就该这么做！我们的假说好像是对的。"

"即使不是量产型而是少量多品种，这种方法也行得通啊。"

生产模型开发在那家工厂早早开始结出成果，改革团队有了自信。他们意图的变化开始发生了。

可是，在另一处实验场骏河精机，团队仍然处于苦战之中——抵抗还在继续。为打破改革的停滞状态，西堀阳平走马上任来当骏河精机的总裁。

如果派去了强有力的领导者后下边的员工仍然坚持抵抗，剩下的就只有两条路了。一条是，以某种手法为契机，试试能否让那些员工变得想要"别管什么道理，认真自发地动起来试试"。

另一条是，如果在野党式员工不改变态度，而是坚持那种"别人拼命搭起积木，他从旁边推倒"的言行，就要以毅然决然的态度把这个恶性肿瘤"切除"掉。

由于过去企业重建的经验，三枝很明白这一点——改革长期停滞的状况中，在野党可不是造成停滞的配角，和无能的领导者该负的责任几乎相同——在野党是近乎主犯的存在。

骏河精机今后会怎样呢？

◎ 山泽功一的话（山泽功一，生产改善室领导者，当时四十一岁）

当时我还没能认真领会高木老师的指导，只是在老师快来的时候做个大概的准备，即使被老师批评也不太在意。

可是，事情发生了变化。高木老师第三次指导会结束之后，当天的反省会上，西堀总裁以一副下了决心的样子对大家说：

"让我们打开天窗说亮话吧。如果你们不能说出真心话并自己动起来，这场改革是不会有未来的，什么成果也创造不出来。"

"你们站在决定改革成败的立场上，你们明白自己的职责吗？"

当时在场的领导者们都被西堀总裁那认真的表情和迫切的语气打动了。他们总算明白了，原来自己在左右着这场改革的去向。

虽然有些太晚，但我也意识到自己以前的态度不对了。

通过这件事，大家参与改革的态度开始发生了巨大的变化。

当然，这个故事不是变革成功的小插曲，我只是在描写改革的失败是如何结束的。读者们觉得很奇怪吧——如果西堀的几句话就能让员工们的意识发生如此之大的改变，那以前的领导者们都在做什么呢？如果从一开始就让西堀上场的话，不就没有这三年的停滞了吗？

还记得太田伸也这个员工吗？就是那个在本章第1节中说"用不着什么短交期""骏河精机的做法更优秀""被从外边来的人这么说很不愉快"的现场领导者。他仍然坚持着以前的态度。

只靠西堀这一次发言，他没能消除抵触感，因此还需要再有一个事件。

◎ 太田伸也的话（前出。三十岁。说过本章第 1 节的话三年半后成为改善领导者）

那是在关西工厂的高木老师指导会结束后的事情。高木老师、西堀总裁、星川副室长三个人要去吃饭，他们招呼我也来参加。这是以前从未有过的事。

在饭桌上，他们让我说几句心里话，于是我就告诉他们："这个改善手法不对劲"，"骏河精机以前的生产方法足够用"。

上次西堀总裁的话让我的态度变得积极一些了，但根本的想法没有变。西堀总裁单刀直入地说：

"既然你将近三年都没自己认真地尝试过新手法，那么这个手法对你来说应该没什么好坏之分啊。你说它不好的根据是什么？如果你试过把这个手法做到最后，而且看到了它没有效果，那你可以说这个手法不好，但你也没做到那个程度啊。"

实际就是这么回事。

"这种手法本来也许可以在相当程度上增强你车间的生产

能力，而只要你没有彻底参与的态度，公司就连尝试都没法尝试——是你在阻止这种手法。"

我感觉脑袋被狠狠揍了一下。我意识到了——我本身是有问题的。

我看到了这样一个图式："自己不改变"＝"自己成了改革的枷锁"。

以前我完全沉浸在自我满足和对周围的批判中。现在我终于发觉，自己才是那个被批判的存在。

托付给改革领导者的切割力

如果那次聚餐还有一个干部参加，那就会是集团总公司的 CEO 三枝——这个问题在公司里已经严重到了这个程度。切割力发动得有些晚了。太田直到经营高层逼近到能感觉其压力的程度，都没有改变自己的态度，而且是三年来一直如此。还有别的哪家上市企业会对一个年轻员工如此赔小心吗？

然后，一旦压力真的逼近了，他本人马上就说什么"觉察到了"、"反省了"。这只能证明，以前的改革领导者没有试图打动员工的心，也疏于给员工施加必要的压力。

如果西堀跟太田谈过后事态还是不变，那么照此下去后面会发生什么呢？

首先，高木老师可能会决心要从这场改革中撤出来了——"和三枝总裁分享的米思米生产改革理想？管不了那么多了。在野党的员工消极怠工，连我布置的作业都不好好做，把改革当笑话。这么散漫的经营算怎么回事啊？"

西堀也会面临抉择吧。剩下的两条路中的一条，即"清除那些不论怎么劝说都一直推倒积木的癌细胞"——这次聚餐离做出这个决断只差一点点了。

如果美国人听到这种事，一定会对如此没原则的日本经营目瞪口呆。

如果是在美国，抵抗的员工三年前就被解雇了。然后，就像什么都没发生过一样，改革会被果断执行，到现在这个时候都改完了。在犀利的经营中，这种速度是理所当然的。

可在日本企业里，组织的下层总爱撒娇，管不了他们的组织上层也爱撒娇，所有人拖拉着整个公司，经营怎么也犀利不起来。

如果是三枝以前接手的企业重建，这种延迟是不会被允许的。卡洛斯·戈恩改变日产汽车用了两年，《重返问题现场·逆转篇》描写的小松产机事业改头换面也用了两年，京瓷之神稻盛和夫重建日本航空还是花了两年——公司是可以两年就发生巨变的。反过来说，如果没做两年完成的打算，那就算经过十年也改变不了。

就像前面说的，三枝来到米思米以后，有意识地把在企业重建中理所当然的短期决战式经营风格改换成了基于长期立场的手法。即使面对着骏河精机这种迫切的状况，他也还是想尽量避免自己进去参与。在下一章讲到的"客服中心改革"陷入僵局时，他也没有自己跨进去，而是选择了指定下一个挑战者并等待结果。

高层经营者不可能什么都直接参与，也不应该这样做。自己寄予期待开召集起来的经营人才将会各目如何应对艰难的改革考验，如何攻克难关，逐渐拥有真正的经营实力并成长起来？如果不能等待这一切，是培养不起来人才的。

三枝把这个地方托付给西堀阳平了。

而西堀非常沉着坚定。他不离根本，和人们正面相对，好好讲道理。他以惊人的魄力、认真、觉悟和热情接近改善现场，以自己的风格发挥了切割力。员工们应该感觉到了强烈的风压。西堀的前任们没能做到这一点，他们作为改革领导者是无能的，他们只是上班族。

西堀虽然说自己是"生产上的外行"，但这项改革仅三个月就开始动起来了——改革开始发生了巨大的变化。

大变样和由此带来的改革跃进

就这样，米思米的生产改革总算开始在原本的轨道上跑起来了。

组织也得到了进一步的加强。在指定的两处实验现场里开始急速推进模型开发的工作，以打造"完成后的样子"。

◎ 芝山太智的话（芝山太智，生产改善室经理，当时三十七岁，后任生产改善室长）

我在那年的年初自己申请要做北美业务的总监，并且定下来要去上任了。正当我在办理芝加哥的住房和孩子上学的手续时，西堀常务在夜里9点左右打来了电话。

后来我才听说，当时三枝总裁、西堀常务、星川副室长这三位那天夜里在饭店送走客人以后聊了起来，认为"要想打破生产改善的停滞状态，不把那家伙扔进去可不行"——据说他们就这样决定了要让我放弃去北美。

米思米的有趣之处就在于会无视调令之类，以战略为优先，发生"不是那边，不对，是这边！"这种粗暴的调动。接下来的一段时间，公司里甚至流行着一个口号"米思米的人事，在夜里决定"。

错过去北美的机会当然很遗憾，但既然被包括三枝总裁在内的高层经营团队点名，也不可能不接受。被选中进行生产模型开发的两处现场中，我去的是离东京两小时左右车程的子公司SP零件。我租了附近的租赁式公寓住进去，开始了每天早上比任何一个员工都早到工厂上班的日子。

芝山他们被西堀命令："改善团队不要自己跑在前面，要把工厂的现场负责任人推到前面"。这是根据在骏河精机看到的问题而做出的决定。他们从听取现场员工的意见开始做起，但状况比预想的要严峻得多。

"改善以后加班减少，工资就会变少了吧？这样的改善我们可不想做。"

他们就是从这样的认识水平起步的。

但是，也因为这是一条相对比较简单的生产线，随着一步一步推进准备好的改善手法，渐渐每次都能很快觉出效果了。

◎ 芝山太智的话（续）

我到当地大概两个月后，三枝总裁、西堀常务、星川副室长这三位高层来进行了第一次当地考察。

这不是单纯的视察。米思米的事业是一个订货数量每天都剧烈变化的、少量多品种的世界。如何能在这样的状况下守住交期？我们为了寻求新的概念，和高层经营团队一起进行了具体的讨论。

在米思米的战略培训中学的《椅子匠的悲剧》的隐喻也给了我参考——员工到公司后感到的"工作的意义"非常重要。

开解经营者的谜团

38

椅子匠的悲剧

如果一个工匠一把一把地装配出完整的手工椅子，然后再自己卖掉，那么他就会对"顾客满意度"很敏感，所以他会不断磨炼自己的技术、改进椅子的设计。可是，"分工"的方式被引进以后，产生了在工厂里每天只做椅子"腿"的操作者，于是为了让椅子腿和其他的部件严丝合缝，规格和品质基准变得重要了起来。受此影响，操作者能否像机器一样工作也变得很重要。而这样一来，个人就离制作的乐趣越来越远，对顾客的不满也变得麻木了。和做好的椅子能否畅销相比，越来越多的人只在意自己能否拿到工资。在日本企业里大量发生的"上班族化"，不就是和这同样的现象吗？（《重返问题现场·逆转篇》第3章中有详述。原书是莫什·鲁宾斯坦所著，上海交通大学出版社出版的《大脑型组织：前瞻未来，从创新思想到企业解决方案》）。

SP零件的改善会议原本是在天花板很高的大食堂角落里进行的，某次三枝总裁提议："改善会议最好在更狭小的屋子里开，最好是人挤人，这样更能有热烈的气氛。"

　　大家试着实行后发现，以前现场那些态度冷淡的人们开始热烈地讨论起了改善，甚至到了吵起来的程度——据说这是有科学道理的，叫作"场地理论"。

　　后来开始有其他工序的人来参观实验生产线，公司内部开始产生了积极的传播。

　　生产改善室的成员们成了媒介，还产生了预想之外的效果——SP 零件和骏河精机的实验生产线开始有竞争意识了。

　　让人高兴的是，骏河精机的太田也完全改变了想法和行动。为用实验方式确认生产改善的效果，他自己主动担任了把零件从一道工序运到下一道工序的"豉虫（材料定量定序供应）"工作，开始在工厂里来回跑。

　　这种确认方法的思路是：实际改变机器的布局要花很多的时间和费用，首先要试着用自己的脚联结工序，确认改善在生产周期和生产效率上能产生多大的效果。

　　太田把记步器系在腰上，每天都飞奔 20 千米左右，到傍晚时累得站不起来，连身材都变得苗条了。看到他的姿态，当初持怀疑态度的现场员工也都开始合作——公司里开始了良性的上升。

　　"现场的改善速度发生了戏剧性的变化。我很感叹，原来只靠自己改变就能让组织发生这么大的变化，原来我这三年都没明白自己存在的重要性。"

　　集中到两处实验现场的生产模型开发取得了显著的进展，只花九个月左右，就看到了生产周期的显著缩短和成本降低的效果。

该做的事情还有很多，但停滞了长达三年的米思米生产改革总算开始让"完成后的样子"进入视野了，这是很出色的速度。住在工厂里的改善团队和现场员工团结一致，用无比的热情推进了改善。

"欲速则不达，把各地的成员先撤回来集中到两处"这句总裁建议的真正目的，被他们完美地实现了。

制作指南针，为水平铺开做准备

九个月前被说成"没头脑"的生产改善室，由副室长星川和夏井两人各司其职，将它变成了发挥智囊功能、企划功能、推进指挥功能的组织，制作出了《改善的基本概念》《改善说明书》等资料。

这两份资料后来成了在各家合作厂商水平铺开改善时的指南针和实践说明书。"变种变量"这一词语就是在这里产生和得到定义的。

但是，到此为止的进展还只是把正式重新开始改善活动的准备做好了。

在接下来的步骤中，还有庞大的工作在等着大家——要把该生产模型移植到骏河精机的其他生产现场和与米思米战略结盟的各家合作厂商的工厂里，并渗透到近40条生产线中。未来还会开始把这一模型移植到骏河精机的海外工厂，那就是以外国人为对象的工作了。

生产改善室的员工通过自己创造出"完成后的样子"，完整地掌握了"生产改善该做什么"的目标和程序、具体的改善技巧等。

今后参与改善的合作厂商的工厂各自都有独特的工序和做法，但改善的原理是共通的，剩下只要解决各个现场自己的"应用问题"就好了。

米思米的团队集中在两处现场时，高木老师不光指导这两处，同时还坚持每月去关西生产园指导合作厂商。

今后生产改善室的成员们要再次分散到全国各地，在各自的工厂接受高木老师指导的同时支援各公司的改善——实践这件事的时机到了！

召集经营者会议

正如"开解经营者的谜团（32）交期改善的益处"中写的那样，缩短交期的项目只要不是由所有主要生产商一齐进行改善活动，就没法让顾客受益。但是，在合作厂商中，现在还有些人对生产改善和高木老师的指导持怀疑态度。不打消他们的疑虑，这个项目今后无疑会再度遭遇停滞或挫败的危机。

于是三枝决定把战略结盟企业的经营者汇聚到一堂，然后请他们听取米思米的成果和今后的计划。这种集会在接下来一段时间内将以每月一次的频率召开。在这个所有的经营者齐聚的会场上，将公布包括米思米自身工厂改善在内的各公司改善进展状况。

与此同时，还开始制作并分发迷你报纸，以让各家生产商能分享改善的进度和解决方法等信息。

这种机制的意图在任何人看来都很明显——对于进展落后企业的经营者，要让他们拥有对改善的认识并促进改善。要让所有人都接受这个现实——一家公司的落后可能让所有的改善效果失去意义。

对于这些有着强烈独立意识的各公司经营者，这个经营者会议可能不那么有趣。米思米也一直都避免把生产商召集到一个地方并把各公司的总裁一律对待，但时代已经变了——现在需要更加突出战略结盟的意义。

高木老师在关西生产园的指导颇有进展，但改善的进度止步于园区内的工厂，对各生产商总公司工厂的影响很小。对这种状况需要一举打开局面。

第一次经营者会议在当年的6月1日召开了。离三枝上任已经过去了整整八年，离米思米总公司设立"生产改善室"并开始改善活动也过去了六年，离骏河精机的经营整合过去了五年零两个月，从西堀当上生产负责高管（兼骏河精机总裁）也经过了一年零八个月。

在会议上，米思米向合作厂商公开了本该是机密事项的米思米生产改善工艺。资料包括两处生产模型各自的改善手法和成果，并用图表、示意图和具体数据等做了说明。

对于坐成一排的各公司总裁来说，以前从没见过的明确成果被以数值的形式表现了出来，上面还附有逻辑性的说明，改善手法本身没有反驳的余地。

可是，即使如此也不一定所有人都赞成生产改善，一定还有总裁是仍然抱着怀疑态度在听的，会场的安静正是反映了这一点——气氛中没有那种要使劲进行生产改善的热烈反应。

过了一会儿，在当天的议题都已经结束时，三枝站了起来，开始了议程中没有的发言。他是对并排坐着的经营者们说的，这场热情的演说后来在米思米公司内部被津津乐道了好几年。

三枝的讲话超过了 30 分钟，会议结束的预定时间什么的都无所谓了——他判断，不把话说透反而会有害。

- 亚洲竞争对手企业已经昂然崛起了，日本企业输在了价格和成本上。虽然各位合作厂商的总裁们平时不用直接接触这种营销上的严峻形势，但我希望你们对此能理解。
- 日本的制造工艺流向了海外，日本企业正在丧失相对优势的地位。
- 历史上米思米和合作厂商之间是一种类似近亲相憎的关系，但我觉得自己上任以来一直是在努力促进大家融合的。
- 米思米开始"关西生产园"的真正目的是什么？现在让我来坦率地告诉大家——那不单是为了增强西日本各公司的生产能力，我的真正意图是把生产园里的生产改善手法推广到各家合作厂商中去。为此米思米在生产园里投资了 40 亿日元。
- 世界性"业务创新大趋势"是整个"创，造，卖"循环的较量。为对抗这种趋势，米思米一直在追求时间策略。请大家想起这一点——米思米的英语口号就是"It's all about TIME"。
- 在这样的背景下，今天我们向诸位公开了米思米进行的两处改善模型的工艺。
- 而最后我希望各位能了解——今后在应对这个项目上落后的企业，将会无法跟上以后的全球商战。

会议室被沉默包围了。并排坐的经营者们没有一个发言的，都沉默地低着头，还有人脸色很阴沉。他们把三枝的话当作了激励还是威胁？三枝横下了心——当作什么都可以，这也是听者的自由嘛，总之要让他们向前动起来。

米思米的干部和员工们也沉默地垂着头，很多人心中的石头落了地，其中也有人凭直觉感到了——这段总裁发言不正显示了他上任以来长年博弈的结果吗？——米思米与合作厂商的力量对比发生了历史性的变化。

拥有对于动态战略的独立性

三枝刚担任总裁时，米思米对于"生产"的一切都要依赖合作厂商。如果不一家一家地和他们商量，就什么都没法执行。而且，合作厂商当时想的是："生产的事情自己最懂，不想被米思米指手画脚"。而实际上米思米不论高管还是员工，确实也都对制造没有了解。

如果只是在日本这个小院子里描绘将来的战略，米思米的业务模式总有一天会失去竞争力。而失去成长性后，它作为公司也会开始枯萎吧。如果不能预测到下一代的成长，谋求"生产"的进一步进化，米思米就不可能描绘出动态的战略，而这样就会无法跟上那源自美国的、大河般的历史潮流。

不能忘记的是，对米思米来说，合作厂商不论现在还是将来，都是重要的战略伙伴。米思米必须珍视这份关系，也明确地表达了这一方针。但是，因为去中国办厂而知道了合作厂商的极限以后这近八年来，米思米终于通过"创，造，卖"的整体循环，提高到了能拥有自己的"独立性"和"自主性"的水平。

米思米的员工也从对生产很麻木的外行团体，终于逐渐变成了总是把生产放在头脑里的团体。

◎ 星川修的话（前出。晋升为生产改善室长，四十二岁。后任生产平台代表经营高管）

生产改善在两处先行模型开发上很有进展，生产周期眨眼就缩短了。同时，成果也表现到了生产效率上，已经能清楚地看到降低成本的效果。

我作为改革领导者学到了很多东西。下面要列举的重点是在任何改革中都通用的。

- 必要时高层要直接介入，坚持亲力亲为地将"改革的概念"热情地传递给现场。
- 要有能明确看出责任所在的组织设计（员工动作敏捷，组织规模要让个人能把握）。
- 为清除束缚员工的想法和行动的障碍，要及时执行"从制约条件中解放出来"。
- 要运作某种机制，让成果能被看到（进展 KPI 的量化、对努力的报偿、尽早成功的机制等）。

◎ 西堀阳平的话（前出。常务董事兼生产指挥高管，四十五岁。后任专务董事，再后来被任命为米思米集团总公司的总裁，翌年作为三枝的接班人就任 CEO）

当时我接受生产负责高管兼骏河精机总裁这一职位才两年，但这场改革已经发生了巨大的变化。我们没有原样采用社会上普通的丰田生产方式，而是摸索到了"变种变量"这一符合米思米事业特性的改善手法。然后，我们一下子就变得自信起来了。

一旦能实际感受到成果，大家就会自动从心底生出干劲和满足感。

这次我是在完全没经历过的生产领域担任高层，然后成功地让生产改善项目摆脱了漫长的停滞，并用两年就给米思米和骏河精机的战略带来了巨大的冲击。现在海外工厂的改善活动也很活跃。

通过这段经验，我想起了以前在米思米的多元化业务感到过的充实和昂扬——已经十年没体会过这种感觉了。

同时，我作为经营者也对生产商的经营有了自信。和十年前相比，或者和调到现在这个职位的两年前相比，我觉得自己的经营本领提高了很多，不可同日而语。

为实现标准第二天交货——新时间策略的发动

那以后，西堀把他的生产改善手法顺次移植到了骏河精机的海外工厂，然后利用其成果在全球范围内接连发动了作为米思米业务模式革新的新"时间策略"。

就这样，米思米的"创，造，卖"中的"生产"功能从三枝上任时的几近为零，成长为了现在支撑米思米全球网络的重要存在。

我们以前说过，向顾客交货的时间一直是日本国内业务模式"标准第三天交货"，但这近十年来生产改善的努力有了成果，在本书出版时，国内"标准第二天交货"已经转入了实际执行阶段。为了缩短这一天，我们积累了多少的创意和辛苦啊。再重复一遍：我们的商品包括多达1兆的800亿倍的微米水平的高精度零件，即使客户只订一个我们也会接受订单，然后把它生产出来，并在第二天就发货。

米思米的改善改革的本领在那之后有了更大的提高，超越了以往的生产改善水平，向着进一步的自动化和重新审视工法本身的根本性"制造"改革努力。其成果也通过世界各国的据点而被提供给全世界的客户。

三枝看着总算显现出来的生产战略的成果，回顾了至今的道路。那是与他过去以两到四年的短期较量进行业务重建时，作为黑岩莞太体会到的成就感不同的感觉——在他到米思米来后花了整整十年时间挑战"公司改造"的过程中，公司本身逐渐地脱胎换骨，正向着某种新阶段前进，这是一种伴随着静静的兴奋的成就感。

这难道不是只有挑战以十年为单位的"长时间经营"的经营者才能体会的乐趣吗？

给读者出题

　　本章讲述过，在"公司改造"中解决的改革主题总是会伴随着抗拒和怠工的症状。你从本章"抵抗改革的模式"里读出了哪些特征？与本章不同的抵抗模式有哪些？如果你是经营者将如何应对？对三枝来说这不是演习，而是他在经营现场被逼迫着做出回答的现实课题。

热情的事业团队的结构

共通的框架

本书各章的"开解谜团"几乎忠实地再现了实际发生过的事情，包括当时的事件本身和时间轴、症结被抽取出来的顺序等。而且，我（作者）过去作为扭转局面专家创造的一个框架"热情的事业团队的结构"也得到了发挥。这个框架在描述小松亏损业务重建的前作《重返问题现场·逆转篇》中也使用过。

《重返问题现场·逆转篇》写的是小松这种传统的日本企业，而本书写的是员工都很年轻的、气氛宽松的成长企业。但是，这个普遍的框架在两家公司同样地适用。业务陷入僵局的要因中共通的症状是如此之多，简直令人吃惊。《重返问题现场·逆转篇》的主人公黑岩莞太集合起优秀的年轻员工建立工作组，绘制出了让人无法辩驳的"第一页（深刻的反省论）"。与此相对，在本书中，实际的改革行动开始前我是一个人行动，给出了自己的"第一页"。在这两种情况中都进行了演讲，连给干部和员工们的既有价值观带来了震撼这一点都很相似。

《热情的事业团队的结构》框架看起来是一张简单的图表，但现在它为米思米全体经营干部所共有。它介绍了成功活化事业组织的"六种原动力"。

这里我们列出了其中的四种，首先是三种基本原动力。

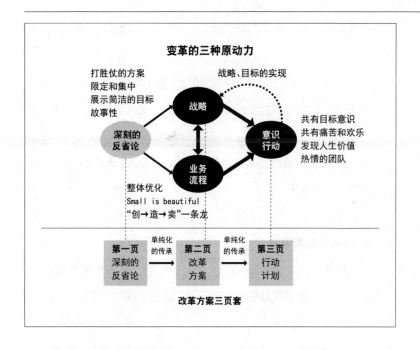

热情的事业团队的三种原动力

在充满活力的事业组织中，经营领导者会制作简洁的"战略"，并把它展示给员工们。与此同时，公司内部会构建起强有力的"业务流程"。如果这两者的水平都很高，那么当其内容按着图表中各自的箭头被落实在员工的"意识、行动"中后，事业组织的活力就会维持在很高的水平。

1. 战略是什么

一直以来，我在不同的公司里都尝试着一种连接的方法——把战略方案从经营高层的层面"落实"到现场的年轻员工中。

优秀战略的要点在于"限定和集中"、"展示简洁的目标"和"故事性"。

想让这个战略把员工的热情调动起来、触动员工的"意识、行动"，（从图表的"战略"朝右下方发出的箭头），必须要保证一个要素的运作——"由领导者进行的热情讲述"和"领导者'亲力亲为'的态度"。由此，简洁的战略方案才会驱动"此时此处人们"的心灵和行动，把大家的热情激发出来。

2. 什么是业务流程

在公司里，每件商品都有联结"创，造，卖（生意的基本循环）"功能的流程，商品或服务就乘着这个流程被送到客户那里。然后，还有以客户为起点并把客户的要求带回各岗位的循环。如果把客户的要求反映在后面的商品开发或服务改善中，作为公司的答复交给客户，客户就会高兴。但是，客户又会提出下一个要求。

这种循环往复成立的基础，是工作在公司内部从一个岗位被传递到下一个岗位。也就是说，业务流程是包括业务流和公司内合作、公司内管理体制在内的"工作的流动"。

在拥有强大业务流程的企业中，这种传递以很高的效率进行，而衰弱的企业中，这一循环在公司内到处停滞或中断，以很低的速度运转。在强大的事业组织中：

· 实现了以客户或竞争为起点的<u>整体优化</u>（不是个别优化）。

· 为了让循环高速运行以提高企业的战斗力，有效的做法是把臃肿的"按功能分的组织"解体，并设计一个"拥有全套'创，造，卖'功能的组织体"。

这个组织比起社会上的事业组织单位明显要<u>小一号</u>，我把它叫作"小即是美"。如果这个组织设计得当，在改革后的组织里：

- 在里面工作的人们会比以前感觉离客户更近。
- 和中小企业一样，每一个员工都更易于"把事业整体作为自己的东西来感受"。
- 这样一来，员工对**外界竞争**的紧迫感就会升高，对自己的业**务是否赚钱**会变得敏感。

必须深思熟虑设计一个能让这种变化发生的组织，并努力实现组织改革。

3. 什么是"意识、行动"

明快的"战略"被描绘出来，迅捷的"业务流程"被设计出来，而这两者被落实到"此时此地的人们"当中后，这个团体就会开始显示出巨大的变化：

- 大家会共同拥有"目的意识"。
- 大家会成为一体，分享"痛苦和欢乐"。
- 大家会为了实现战略而团结一致，并开始在其中感觉到"人生价值"。
- 这样的效果会把他们逐渐变成"充满激情的团体"。

这项改革如果能顺利进行，就会发生《重返问题现场·逆转篇》里描绘的那种戏剧性变化，"此时此地的人们"的活力会增强，组织的**战斗力**变得明显不同。

传承单纯化

框架"热情的事业团队的结构"中的第四种原动力是"深刻的反省论"。

"深刻的反省论"与"深刻的反省"不同，前者带一个"论"字。这不是大声怒斥让人反省的行动，而是冷静的道理。拿本书来说，第一章我进行的"开解谜团"就是不断寻找"深刻的反省论"的工作，它需要一个能让员工明白"原来是这么回事啊"的道理。

然后，当这个被单纯化的道理，即"深刻的反省论"的"第一页"描绘好了以后，它会被传承给"第二页"和"第三页"，正像《三枝匡的经营笔记❷经营者的较量在于"开解谜团"》中详细讲述的那样。由此，组织将加快进行解决行动。做不到这一点的公司会在改善或改革上磨磨蹭蹭地花掉很多时间，而在这个过程中有时行动就会自动分解，甚至消失。

三枝自从自己描绘了"热情的事业团队的结构"框架以来，每天都会想起它。他总是把它放在心上，不论打出什么方针时，都会在头脑里和那个构图对照，自问是否有矛盾后再开始行动。

但是，不论多么经验丰富的经营者，都不知道预想之外的"死谷"会在何时何处以何种姿态出现。今后总裁会因为什么事情而忧虑呢？

第 **7** 章

公司改造 7
与时间战斗——
挑战 "运营改革"

从前要用600人的工作，现在的体系只用145人就能完成。在客服中心进行了哪些饱含汗水、泪水与忍耐的"工作改革步骤"？时间战斗的运营又是什么？

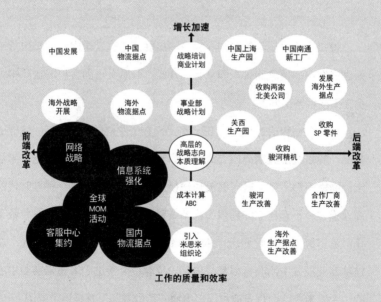

第1节 在改革概念上做出错误选择

运营连锁的病症

总裁更迭前夕公布的"米思米的八个弱点"之中，最先列举的就是销售组织和客服中心的衰弱。三枝对客服中心改革给予了高度的优先，他将这个改革项目与去中国发展的项目（第4章）并列，称作当时米思米的"两大高风险（危险）项目"。

客服中心的改革伴随着一个又一个的苦难。米思米经历了两次挫折，"三局为定"才终于完成了改革。在这章中，我将忍着羞愧写下那些挫折的经过，以及通过改革培养出了什么样的经营人才。

很多企业在运营的连锁（客户→接受订单→公司内处理→出货→配送→客户→货款回收）即从客户开始，最后又返回客户的循环中，会在某些地方出问题。

米思米销售的是朴素的B2B商品，在工业机械零件行业，这样的商品一般是经由经销商或二级批发商等传统方式流通的。但是，米思米以前就不但不依赖既有的流通途径，还将其转换成了一种划时代的商业模式——连自家的销售员都不做销售活动。尽管销售额在总裁上任时就已经有500亿日元，本书出版时甚至超过了2000亿日元，在这种商业模式中所有订单都是由每一位客户直接进入米思米客服中心的。米思米在这个行业被称作"流通的革命者"，就是这个原因。

在客服中心里，有很多名客服人员在随时待命。当时订单的8成都是通过传真发来的，但现在网络接单已经达到了 8 成以上（线上订单比例之高在这个行业中绝无仅有）。如果出现了电脑无法自动处理的问题，就由客服人员用电话或传真与客户互相联络。客服中心是米思米最大的客户接点，也是销售的最前线。

三枝在上任前访问过两所客服中心，上任后访问过四所，在那里他看到了光坐在总公司里无法察觉的病症。

<table>
<tr><td>开解经营者的谜团
39
公司内部矛盾在销售上的表现</td><td>当对竞争对手或客户的应对机制垮掉时，也许总公司还很麻木，但在与客户的销售接点上有<u>很多的矛盾已经显现出来了</u>。高层越过公司内部的组织亲赴最前线时，重要的不是自己引人瞩目，而是要在与客户的接点上察觉自家公司组织背后潜藏着的业务流程的不协调之处。</td></tr>
</table>

正如"米思米的八个弱点"指出的那样，当时米思米在全国设了十三处客服中心。除东京和大阪以外，其他所有客服中心的规模都很小。在业务外包的方针下，与客户打交道的客服人员工作是由业务委托公司的派遣员工负责的，而每家客服中心的米思米员工只有一或两名。

◎ 入谷优花子的话（入谷优花子，B 客服中心长，当时三十五岁）

是的，三枝总裁还是独立董事时就来到过我们客服中心。当时他提了一些问题，给人感觉他对现场相当地了解，所以我很吃惊。他的眼光非常锐利（笑）。

"主要靠派遣员工的话，这里的跳槽率会很高吧？"

"是的，客服人员中有一半进公司不满一年，这一半中有一半还不满四个月。"

"啊？这样即使人数再多也没有战斗力吧。"

"是的。新人到能独当一面为止要花一年。虽然老手会教她们，但新人往往很快就会辞职，这样我们到此为止花的所有劳力就都白费了。我们一年到头都在为招人而面试。"

三枝总裁和业务委托公司的管理人也谈了一下，回来后这样对我们说：

"那位管理人说客服人员的教育用的是 OJT 方式。"

我们在公司内部也会用这个词，所以一开始我没明白这有什么问题。

"日本企业说 OJT 时，往往意味着'什么都没做'哦。"

原来总裁一眼就看穿了。

◎ 山田日奈子的话（山田日奈子，C 客服中心长，当时三十四岁）

三枝总裁上任后，来到了我们中心。

米思米出版了 7 册页数超过一千的商品目录（当时），商品种类多达 200 万件（本书出版时增加到 1600 万件），谁也不可能都记住。

"如果把负责范围按业务分组，每组只用管一到两本目录，那样不就轻松了吗？"

"不是的。这个中心人数很少，如果因为离职而少了哪个人，就会产生'那个领域的事没一个人知道'的状态，所以没办法专门化。"

"也就是说，每一个客服人员都要处理米思米所有的商品，要跟总公司所有的业务团队打交道。反过来说，总公司所有的业务团队，要跟全国十三处客服中心的所有客服人员打交道？"

"是这样的。"

"在这样的组织里，'团队间合作'是发展不起来的吧。在彼此工作的交接处，不会因为互相推卸责任而发生很多争执吗？"

真是一针见血。我觉得很不可思议，总裁怎么能一下子就看得这么透？实际上，我们和总公司事业部的相关负责人说话时经常会情绪激动。

如果总公司的人觉得一件事"对自己的工作很重要"，就会迅速行动，除此之外的时候，他们的答复往往是一副事不关己的态度。可被客户训斥却是我们。

"不过，这份工作你已经做了七年。你不会辞职的，对吧（笑）？"

是的，一旦说出"我辞职"就完了（笑）。不过虽然说了这么多意见，我其实是非常喜欢米思米的。这里的工作富于变化，不会让人厌倦。虽然被客户训斥了我会情绪低落，但努力工作被客户感谢的时候也很多。客户中还有很多人自称是米思米的粉丝呢。

双重的亏耗构造——高成本的外包

三枝在自己访问的三处客服中心，感到了米思米组织的停滞和疲惫。他认定全国的客服中心都蔓延着同样的病症。

这是和《重返问题现场·逆转篇》中主人公黑岩莞太的经历相同的症状。也就是说，本应是竞争力源泉的"创，造，卖"的基本循环，在总公司业务团队和客服中心之间断裂了。

三枝注意到：米思米的外包虽然被外界看作"领先时代"，实际上却已经引发了严重的经营问题。销售的最前线本来最能听到客户的苦恼或要求，然而这里却没有米思米的员工。这里的工作被全团扔给了外包公司和派遣员工。

开解经营者的谜团
40
过度的外包

> 如果过于重视外包，把公司内部的功能削减到了对革新的感受力变得麻木的程度，这家公司就会连"自主改换战略的能力"都一并失掉，而这样就可能会陷入严重的战略陈旧化状态。

而且，外包的目的无疑是降低成本，可米思米却很可能反而因外包造成了高成本——这是一个非常重大的发现。

大侦探波洛把谜团解开后，总会看到这样的情况：大家都当作小问题的事情其实是重大的关键，而明白这个关键，事情就变得简单了。同样，三枝的道理也很简单。

米思米的商品技术难度比较大。派遣员工在入职时以为这里的商品和消费品是一样的，然后很多人就会被工作的复杂程度难倒并辞职。这是开解谜团的第一个关键——为补缺而轻易增加人手，一定会逐渐走向亏本。

亏本的机制是这样的：因为新人不熟悉工作，所以发挥不出与工资相符的战斗力，而老手的时间被指导新人和面试所占用，也发挥不出与工资相符的战斗力。如果这种症状成为常态，那么外包就会反而让成本增高。

看透这一点的三枝，把这个机制叫作"双重的亏耗构造"——他的本事就在于用简洁的命名来突出概念本身。回到总公司后，他马上问干部：

"在改善地方中心工作方面，总公司推进到了什么程度？"

"改善由当地自主进行。"

三枝开始怀疑了——"自主"云云，听着很有腔调，但心里话是"问题过于复杂，总公司已经束手无策了"吧？也就是说公司疏于改革，这一矛盾被转嫁给地方的客服中心，现场的米思米员工被当作了堆积问题的垃圾堆。

然后，用个人的努力支撑这个矛盾体系勉强不至于崩溃的，是地方的女员工们。可她们却被总公司视为低人一等，灌输了类似自卑感的想法——三枝直觉到了这一点。当时的局面是，总公司业务部的员工处于上层，而地方的女员工们忍受着底层的各种辛苦，简直是"不见天日"。

在这样的情况下她们还是说喜欢米思米，三枝对她们非常佩服。虽然没能说出口，他在心中向她们道了歉，还承诺要改善这种状况。

这不仅是对她们的心意，也因为三枝觉得这个问题很严重——它不仅反映出米思米业务模式的疲敝，放置不管的话，还会成为事业陷入僵局的原因。

重要的分界线——经营者的解谜和判断

· 总公司和销售最前线之间发生了断裂。虽然总公司干部认识还很淡漠，但很有可能米思米已经在一点点地招致竞争失败。

· 客服中心分散在十三处是不正常的。这难道不是长途电话昂贵时代的遗物吗？

· "将中心进行集约"就是为了消除这种现象，但其过程应该会伴随着很多的苦难，而最大的风险是"劳务风险"。一旦传达出要解除各地派遣合同的意向，人们就会开始辞职，接单工作会开始崩溃。这点处理错了，接单窗口就可能停业，导致公司破产。

· 但是，结论是明确的——这种状态不能放置不管，无论如何也要摸索出将十三处集约起来的办法。

　　随着将来米思米的企业规模扩大，这个问题将会越来越难以解决。这样一来，米思米就会被半永久性地束缚在效率低下的结构里。所以，三枝无论如何也要在自己这一任了结这个问题。

　　但是，随着改革的进展，又接连出现了预想之外的风险。包括接下来的两次挫折，改革在长达五年零八个月的时间里逐渐变成了泥沼一样的搏斗。

第一次挫折

　　三枝甫一上任，就听说总公司负责相关工作的部门长组建了团队开始讨论客服中心的改革。他让他们汇报了研究的内容，很担心这个团队太弱，没有能力引领改革。

所以三枝帮了他们一把，他决定采取最简单的手段——引进外界的顾问。其实这十二年来在米思米的经营中，三枝雇用外界顾问，除了第6章的生产改善以外，这是第一次，也是最后一次。

◎ 山崎健太郎的话（山崎健太郎，A营业所长，当时四十六岁。克服了两次挫折，成为全公司运营的总负责人）

总公司传达，说是要召开研究改革的会议，让我去东京参加。

在三枝总裁上任还没到一个月的7月10日，举行了集训。以前总裁从没到过这种场合，所以我吃了一惊。顾问公司也来了集训会场。

集训刚结束，我就被要求加入改革团队，就这样定下来要调到东京总公司去。

两个月后我到总公司一看，和集训时可太不一样了——统括部门长的牵引太弱，主导权被顾问公司牢牢握住了，而他们在有意无意地小看米思米。

而且，他们想要把所有的问题都用"信息系统"来解决，这和我最初感觉到的那种非常接地气的印象大相径庭。

10月里三枝收到了改革团队的"改革计划"提案，这时离集训才过了三个月。这份计划书由40页左右的PPT构成。

内容很唐突，提议要"进行约20亿日元的系统投资"——怎么才三个月就出了这样的提案呢？

"在复杂的业务改革中，动辄提议进行系统化的人是危险人物。要更深入现场一些去掌握实际状态。如果看到了可用的手法，哪怕在纸上也好，要尽量对其有效性进行验证。系统化什么的要排在这之后。"

◎ 山崎健太郎的话（前出）

投资提案被总裁一口回绝了。总裁看似什么都没注意，其实什么都看在眼里，不会轻易答应这种事。

而且，我要老实坦白一件事——当时我们还出了水平更低的问题——改革团队完全被总裁这个"将十三处客服中心集约到一处"的想法给吓住了。

我们害怕这个构想的风声传开会引起反抗和辞职，一直对此保密。所以，我们没法和公司内部的任何人商量，陷入了作茧自缚的僵局。

过了一段时间，总裁察觉到了这一点。

"你们啊，在捕章鱼的陶罐（比喻小圈子）里做什么呢？"

以我的立场可能有些不够严肃，但也觉得这个比喻太妙了（笑）。

因为我们的活动方式是一到深夜就出来商量点事情，确实和章鱼的习性一样。

三枝总算领教了米思米的组织能力有多低下——和他以前见过的中小企业一个水平。他观察了一段时间，还是发出了"停止射击""撤退"的命令。这是他上任后第9个月的事。和付给顾问的钱白费相比，失去的时间更让他惋惜。

当然，三枝虽然训斥了团队，但因为自己也有相应的责任，所以并没有追究团队的责任。但是，在章鱼罐子里熬了太久的那位领导随即开始休长假，后来又提出了辞职报告。

"我那么倚重你，而你连改革的一枪都没放就这么轻易地辞职？"

三枝很想这么说，但还是默默地目送他走了。有人不战而去，这也没什么办法。对三枝来说，培育经营人才的对象只能是立志高远、肯努力、有骨气的人。

5C 改革——从头出发

三枝没有放弃，他重新编成了改革团队，并把这个团队命名为"5C改革团队"。5C 就是"开解经营者的谜团（31）5C＝5 个连锁（Chain）"里那个 5C。

按三枝理解，上一次受挫的最主要原因就是领导力的缺乏。这场改革内容太复杂，一般的领导力是无法驾驭的。而且，受挫的总公司团队里聚集的都是眼高手低、现场经验不足的人，必须增加熟知现场细节的人。

于是，他从这十三处的客服中心长里选拔了熟知现场情况、有勇有谋的人，任命为改革团队的领导，然后又从现场追加调入了一名全职成员和三名兼职成员。

在对公司内部保密的状态下推进这个计划是不现实的。不从章鱼罐子里出来是不会产生好计划的。三枝决心要以正面突破的方法面对。

"背地里鬼鬼祟祟做事是不行的。十三处的客服中心长自不必说，我们要对所有在各地监督客服人员的米思米员工都公开这个计划。要想求得各地工作真实状况的分析和为准备集约而进行标准化，我们必须要有他们的合作。"

团队成员们很紧张，也有人提出了反对意见：

"跟所有人说？他们可有 60 多人呢。风声传开后会开始有人辞职的。"

"不会的。这不会成为风声。我们要表里如一，告诉所有人我们的想法。今后，改革团队和那 60 个人之间没有秘密——这样揣测和风声都会绝迹。"

改革成员们很不安——真会像总裁说的那样吗？

吐露计划

总部发出了召集命令，对象是在全国十三处客服中心工作的所有米思米员工。因为他们平时忙着应对客户，只有周末才能把所有人都集齐，所以最后决定在 5 月最后的周末，周六在东京、周日在大阪，分两次举行会议。

所有的改革、战略都从展示明快的"第一页"（深刻的反省论）开始。这个步骤非常重要，它能决定改革整体的成败。

在大阪举行的会议集合了从福冈和广岛等西日本地区的员工，约30 名。对他们来说，总裁来这里这件事本身就很不寻常。

会议一开始三枝就站了起来，他满面笑容逐个和所有人对视——彼此的表情一览无余——这就是分成少人数开会的最大的理由。

"周日还要来开会，大家辛苦了。今天我来是因为，作为总裁有些话想直接跟大家说。大家每天在各地的客服中心都直接面对着很多的问题。我们查了一下，居然发现了多达 284 个的问题点。"

映在屏幕上的284个问题点被分成了"关于客服中心内部工作流程的问题""在与总公司事业部的合作中发生的问题""信息系统的问题"和"与在客服中心工作的员工自身相关的问题"这几项。

总裁宣读了四项总结：

- 从客户角度看，米思米"慢、抓不住重点、不会为客户着想"。
- 从经营的角度看，现在是"战略的停滞、资源的浪费、机会的损失"。
- 对现场的员工来说，感觉"倦怠、不信任、封闭"。
- 任其发展下去，就是"客户离开，竞争失败，事业衰退"的命运。

参加者很吃惊——这些都是自己一直以来只要有机会就到处呼吁的问题。几乎所有的呼吁都被总公司无视了，但现在眼前这位总裁却正在从正面受理这些问题。

为什么以往的改革没有成功？三枝又宣读了下面四项结论：

1．没有达到公司整体角度上的"优化组织"。
2．"改革的概念"和"系统战略"不明了。
3．十三处各自为政，改革的能量没有被使到一处去。
4．对根本性改革的领导力太弱。

三枝读到第 4 条时声音变得更强有力，大家明白这次高层要亲自出马了。

然后，他开始了对框架"创，造，卖（生意的基本循环）"的说明。

"总公司和十三处的客服中心之间发生了断裂。总公司业务部追求自己的'单独优化'，同时你们地方中心也是在按自己的'单独优化'工作。"

客服中心的员工们以前一直都认为最大的责任在于总公司，对总公司诸多非难。可是，这次总裁告诉他们，他们自己的行动也有问题——总裁指出了他们眼界的狭隘。

三枝把一个让人吃惊的事实映在了屏幕上，这是以往在米思米经营中没有披露过的。现在看来已经是过去的笑话了，所以我就忍着羞愧跟读者们也说了吧。

"在我担任总裁前的三年里，全国十三处的客服人员总人数从190 名增加到了 239 名，也就是说增加了 49 名。"

乍看起来，这是个普通的数字。

"但是，这一增加是因为这三年来有 206 个人辞职，为补充他们造成的空缺又录用了 255 名，这个数字是有出有进后的结果。"

在场的所有人都大跌眼镜，原来自己打的是这样激烈的消耗战。

这种激烈的人员更替给客户带来了多大的困扰啊。在场所有人都盯着画面——原来为客服中心运营苦恼的不是自己一个人。把全国十三处合计起来一看，我们居然做了这么多无用功。公司怎么就一直把这样的状况置之不理呢？

三枝的讲话终于要进入核心了。他展示了一张决定性的画面——

集约化的预告。

大家屏住气——自己的单位要没了吗？

女员工们长年以来在各地战斗已经累了，离去的伙伴也很多，谁心里都感觉受够了，感觉就算这样的状态再持续下去，自己也没法纠正了，也就是说，她们有强烈的意愿想要改变。既然总裁说"摆脱现状的最好办法是向在东京新设的'集中运营中心'集约"，那一定是对的吧——很多人都这么想。

她们大多很刚强，作为米思米员工想的是"这下就不会再给客户添麻烦了。这样也不错。"，这是会后好几位出席者吐露的内心反应。

与此同时，她们的心中感到严酷的现实正在逼近——自己要失去工作了吗？

同时在场的 5C 改革成员们也是一副严肃的表情——总裁终于说出来了，这样一来，该有很多员工开始考虑辞职了吧。集约的准备做好之前人就开始减少的话，各客服中心不会陷入崩溃吗？不会发生可能让公司倒闭的混乱吗？

当然，总裁非常清楚现在大家在考虑什么。

"大家听了我这番话，都在担心自己会怎么样吧？"

三枝直到现在都记得那个会场，那里有明亮的光从建筑物的窗口照进来。他环视全场，缓了一口气继续说到：

"我在这里清楚地告诉大家——我将百分之百地保证你们的雇用。"

"听好了，这可是米思米总裁的承诺。即使客服中心没了，营业所里还有很多工作等着大家作为米思米员工来做。大家听好了，所以我希望你们根本不要考虑辞职。"

改革团队也不曾预想到总裁的这番发言，大吃一惊。

会场这些女员工们凝视着总裁的脸，什么都没有说。但她们的脸上的表情不是"你在说谎"、"不可信"的怀疑。三枝感到更多的是信赖的目光。

就这样，三枝抢先回答了她们关于境遇的严重忧虑。这件事就算完了，但是，工作还没有结束。三枝估计她们一定会转向下一个问题，这个问题也必须现在就在这里回答。今天不能让她们在这个问题暧昧不明的状态下回各地的单位。

"只有一件事，我想要拜托大家——今天的话只限于我们这些在这个屋子里的人。"

对着会场里大家投向总裁的信赖目光，总裁无论如何要再拜托一次。如果她们不能理解这一点，那么可以预想，全国的各处将会发生大问题。

"现在这个阶段，还不能对业务委托公司吐露我们的方针。为什么呢？因为今后该怎么做的具体计划还一点都没确定。之所以告诉你们，是因为我们需要你们来参加这个计划的制订。"

"你们将和改革团队一起分析现场的工作，决定集约的方法和顺序。现在还是什么都看不出来的状态，说任何会动摇与派遣员工或外包公司关系的话都是愚蠢的。不论对于对方，对于米思米，还是对于你们，对于所有这三者都只会有坏处。"

"请听好了，下面的话也是我要……作为总裁说的：米思米并不打算让委托公司和其派遣员工们措手不及。等计划决定了，我们将好好告诉对方，并留出预告期间。对于和委托公司签订的合同，我们将遵守到最后。我们会创造条件，让大家和每家公司都能怀着诚意彼此合作到最后。"

在场的所有人都理解了总裁的意思。她们的目光总是那么坦率。

那以后各地都没有不经意流传讨风声或揣测，也不曾因信息的外流让职场发生震荡。一切都在控制之下，经营团队出色地发挥了功能。

◎ 山崎健太郎的话（前出）

在改革工作在全国同时开始之前铺设好轨道，这一步走得实在太对了。我本身也从第一次挫折时的萎靡状态再次振奋了起来。

已经停滞了几年的组织，居然在一天之内就在整体上起了心理变化！尽管那只是一个不到两小时的会议。

我从没想到，原来还可以将员工的想法如此猛然地改变。所以我不禁会想，关在章鱼罐子里的自己到底算什么。

原来经营领导力就是这样一种东西，我的收获太大了。

总裁最大的"失策与不幸"

在向员工吐露计划后，5C 改革团队开始行动了。在两个月后的 7 月，他们在湘南地区的叶山进行集训，确认了项目的进展和方向。

这次集训，总裁也从头到尾一直跟着。实际上，总裁有个关于在新中心如何设计工作流程的思想，打算在团队成员中贯彻下去。

◎ 滋贺明子的话（滋贺明子，从现场运营经理的职位调动

到总公司，作为"5C改革团队"的全职成员参加改革，当时三十七岁）

在集训中总裁对我们说，关键在于缩短以客户为起点的"TAT"。

这个词我还是第一次听到。TAT是"Turn-around-Time"的略称。据说Turn-around是像回力镖那样"骨碌一转，回到起点"的意思，也就是说，TAT指的是从客户进行对米思米订货或咨询等行动开始，到下次米思米的答复回到客户那里为止的耗费时间。

"如果我们追求缩短TAT的做法，工作的效率就会提高，成本也会自动下降。这就是丰田生产方式的精髓。"

"我希望大家思考一下，如何能做到，把顾客的订货和咨询等客服中心里所有的工作基本都用'单件流'来处理。"

"请听好了，我们要否定'按功能划分的组织'或'成批处理'的想法。如果用新思路设计工作的流程，应该能得到一个优秀的新客服中心。"

总裁就是这样告诉我们的。后来我们逐渐知道，这个问题是决定项目成败的重要分界线。但当时我们还不明白这一点。

在这里发生了一个问题，让这次改革走向第二次挫折的原因开始发生了，但当时谁都没意识到。

三枝一心以为，自己在这次集训中指示的原则已经被团队成员们完全领会了。特别是制订计划的企划组，三枝以为他们会主动学习'单件流'的思想，并将其运用在5C改革的执行方案里。

可是，后来他才知道，他们并没有学习那个思想，没有将当时总裁说的话理解为一种真刀真枪的地道手法——他们把它当作单纯的文化讲座听过就算了。

其实，从上次挫败的团队会合到新 5C 改革团队的成员虽然当时也在场，他们却误以为当时的错误概念是<u>正确的遗产</u>，并将其带到了新团队里。那种手法被他们称作"工种化"，和三枝所说的丰田生产方式的精髓是<u>完全相反</u>的概念。

如果三枝知道这种情况，当场就会把这种手法砍掉。但是，他没有看出来。三枝参加的集训中，这种手法也作为议题被提了出来。三枝最大的<u>失策</u>是没能在那次近两小时的讨论中看出这一点并加以否定。即使在过了十三年后的今天，他仍然记得当时会议室的样子——那是一个朝着培训所内院的、有点阴暗狭小的会议室。

他当时就知道"工种化"这个词和自己指示的概念相反。但是，由于对客服中心内部的业务没有了解，他跟不上对现场细节工作的讨论，只是<u>默默地听着</u>——这是一个错误。

成员们虽然都理解总裁的想法，但他们还以为新客服中心的什么地方有个无法适用这种想法的部分，大家是在讨论用工种化的思路单独应对那个部分呢。哪曾想，就在总裁展示了自己的想法以后，会有人主张用相反的概念设计整个客服中心。

所以，那天三枝头脑中的警报没有被拉响，而那以后三枝又再没有遇到过讨论工种化的场面——这次集训成了决定性的岔路口。

在那以后，投入了将近 10 亿日元预算的信息系统，其设计也是按照这种错误的思想进行的。

而且，三枝为了从根本上加强改革的领导力，从外界聘用了新的部门长，据说那位先生曾作为负责人筹建过海外的呼叫中心。既然有这方面的专业人士到公司里来了，三枝就大幅度地减少了对改革的直接参与。

第二次挫折

设计和开发在新客服中心使用的新信息系统，花掉了将近一年的时间。

随着时间的耗费，准备工作终于有了进展，5C 改革团队成立一年零七个月后的第二年 11 月（包括上一次的挫折期，则是改革项目初次启动两年零六个月后），在东京总公司里开设了新的集约中心。三枝把它命名为"QCT 中心"。QCT 这个词取自"米思米 QCT 模式"。

三枝更进一步，命令在 QCT 中心所在楼层的内部装修上花大价钱，要比其他楼层装修得更高级。他想要的是颠覆总公司对地方举止傲慢的历史，即把 QCT 中心定位成"总公司里最漂亮、重要的部门"，让在中心工作的员工拥有自豪感。

因此，首先要让以前在附近大楼办公的旧有东京中心搬进新中心，为地方集约做准备实验。

可是，不论组织还是系统，引入的都是那种叫作"工种化"的构想。

三枝犯了一个愚蠢的错误——直到这时，他仍然没发现原来全中心采用的是与自己在集训时指示的"单件流"概念正相反的做法。

"新系统中某个我们还不习惯的地方出了些问题，但没什么关系。总体很顺利。"

这是从外界聘来的资深部门长的报告。

可是，现实中其实发生了严重的问题。后来三枝问过才知道，就在这个实验阶段，导致第二次挫折的征兆已经全都出现了——开始出现了工种化的组织结构必然会具有的典型症状。

工序间的工作交接增多，工作发生了浪费和积压。结果就是，新客服中心的生产效率比直到搬迁前还做着同样工作的东京中心降低了很多。这不是"习不习惯"的问题。打个比方说，这相当于在工厂生产上开倒车——特地把丰田生产方式改成更陈旧的生产方式，所以必然会发生这样的症状。

但是，他们连丰田生产方式的基本知识都没打算学，而且据说因为觉得客服人员的工作是单调运营，所以连上岗教育都是蜻蜓点水，并预计新人入职一个月后就能顶一个熟练员工——在地方要花六个月以上的教育时间，他们认为只要一个月就够。

现实终于逼近了。新人的工作效率无法提高，为完成一天的工作不得不雇更多的人。而下决心追加招聘的时候，本该是发现该理论破产的绝好机会。

发现理论破产就该认定其为失败，这样的做法才能称为实验。但是，他们并没有把握住这个机会。

发动切割力

做了半年的实验以后，终于要正式开始从地方集约了。一旦搬迁过来，当地的客服中心就会被关闭，成为无人状态，不可能再回复原状。十三处客服中心将各自一次定胜负。

总裁从那位部门长那里听到的报告，依然是准备工作正在顺利进行。只是从外表看的话，实验中心楼层没有任何不对劲的地方。只是在那里走过的话，是不可能感觉到客服人员的异常的。总裁同意了开始集约。

就这样，5C改革团队成立两年零三个月以后（包括上次的挫折则是总计三年零两个月后），集约终于开始了。这时离三枝上任也满了三年。

米思米和地方的委托公司事先反复进行了慎重的协商，拜托派遣员工一直工作到搬迁前最后一天，并为此准备了奖金来表示感谢。

让人高兴的是，几乎所有人都合作到了最后一天。这应该要归功于各地的客服中心长和米思米员工平时在管理上费尽心血。三枝感觉这正是日本人特有的真心换真心，就是对公司和工作尽责到最后，他非常感激。

◎ 滋贺明子的话（前出。担任QCT中心组织的总监，主持其中的一半业务）

首先决定的是在7月把冈山、福岛、金泽这三处据点集约到东京的QCT中心。

这三处据点在十三处里算规模比较小的。虽然好歹完成了搬迁，但我在搬迁前夕就开始感觉出了问题。

等下一个月把仙台中心搬来以后，就达到了极限——客户的销售投诉和生产效率都开始日趋恶化。客户打来的电话响个不停。大家每天都从一大早就开始拼命地处理工作，但即使如此也没法在工作时间内做完，每天都要加班到深夜。

米思米把遵守跟客户约好的交期奉为公司的指导方针，也一直对外宣传着这一点。因此，大家每天都拼命地想把当天接到的订单在当天处理完，以保证能按时交货，但这一点越来越悬。而如果留到第二天，未处理的订单就会在第二天越积越多，滚雪球一样膨胀起来。

大家为此疲于奔命，但问题还不仅是这些——新人的招聘面试和教育训练占用了我们大量的时间。

很明显，如果接着进行地方的集约，QCT 中心的业务就会爆炸，销售上会发生巨大的混乱。

米思米经营破产的危险逼近了。三枝察觉到异常，是在事态发展到了这个程度之后。从公司外部聘来的部门长依然没有送来任何报告。

"QCT 中心的状况好像很糟糕。"

三枝偶然听到风声，马上就跑了过去。

干部们的表情跟以前完全不一样了，客服中心里充满了疲惫和焦灼感，大家都沉着脸，尽量躲避总裁的眼光。部门长也满脸疲惫，只会说"糟糕了"。他看起来不知所措，对原因和对策都没有了解。

对于他把问题放置不顾到了这种程度，三枝感觉到强烈的不信任。而且，三枝在部门里走了一圈，马上就注意到了一件事——

推进这个项目的"企划组"与负责监督客服人员维持业务运转的"现场组"之间产生了严重的对立情绪。现场一方觉得自己是受害者，"被强加了不可能办到的计划"，而企划一方又认为"现场一方没做好"，两者互相非难，结果都陷入了困境，并且情绪上互相冲突。

"组织要出故障了，这里缺少了能主持全局的人。"

也就是说，指挥团队死掉了，对这里的领导和管理垮掉了。这样一来，只能紧急出动消防车了。这已经不是批卷老师能对付的事态了。消防车就是总裁，总裁必须自己穿上长靴，踏进泥沼里。

三枝的判断标准很明确。首先，不能让这种波及客户的混乱继续扩大了。按集约计划，下个月要把福冈客服中心搬到东京。几天后，此事就会被通知给客户。如果在这种状态下把福冈的业务加到新中心，估计会是致命一击。选择只有一个——立刻停止从地方的集约。

如果集约在这里中断，新中心的 10 亿日元系统开发费等投资和已经雇用的客服人员的经费、和以前一样继续工作的地方中心的经费等，新旧重叠造成双重经费的状态就会被延长。

这个时间将会有多长？对于公司决算来说，将会是多大程度上的恶化因素？在今天这个时候，三枝对这些数字全然没有头绪。

作为总裁，没法看透背后的风险就做出重大决断，三枝心里非常不踏实，但眼下已经没有时间让他计算这些了。而且，只有自己能做这个决断。不论以后要付出多大代价，都绝对要优先排除让麻烦殃及客户的可能性。

三枝把干部们集合了起来。

"马上停止集约。要重建新中心，重新开始集约要放到这之后考虑。"

这就是在发动切割力。所有人都垂下了头。疲惫不堪的脸上懊悔的表情越扩越大。

一刻都没耽误，"福冈集约停止"、"以后的集约也全部延期"的命令飞向了各地。这个通知一下，团队的所有人都没了气力。他们一边觉得自己得救了，一边痛切地悔悟到自己的失败给公司带来了多么大的损害。

逃也逃不掉——"死谷"之苦

就这样，第二次挫折发生了。这是那年 8 月的事了。在 5C 改革团队开始两年零四个月后（包括上次的挫折就是总计三年零三个月后），自三枝上任以来，三年零两个月过去了。

从外边来的部门长在这次大乱子中，说了一句"我生病了"就离开了公司再也没回来，然后就这么辞职走人了。

"我把你作为经营人才聘请来，给了你挑战的场地，你就把部下丢在这滩泥沼里自己走掉？"

三枝很想这么说，但什么也没说就目送他离开了。而且他又想起了那种痛苦，想逃也逃不掉的"死谷"的痛苦。他甚至羡慕这种时候能张开口辞职的人，他曾想过多少次"能辞我还想辞职呢"啊！对三枝来说这种计划破产的事态也是种"似曾相识的风景"。

公司里的苦战仍在继续。这种时候总裁不能让人看见自己软弱的一面。而给他精神支撑的，是始终在努力的米思米干部和员工们的姿态。他们无疑也都想逃走，但没有一个人这么说。

就这样，剩余的九处地方中心和空荡荡的新中心并存这种奇妙古怪的状态出现了。而且大家也知道了，因此带来的双重经费的浪费约为每年 3 亿 6000 万日元。

今后果真能在几个月之内结束这种双重状态吗？还是会持续一年甚至两年？现实是一片混沌，完全看不出下一步该怎么走，所以没有人知道问题的答案。

然后他们向着下一次挑战出发了，这次可以说是"三局为定"。他们创造出了适合米思米业务形态的新概念，精彩地穿越了"死谷"。在新概念带来的合理化效果中，他们逐渐创造出了让自己骄傲的运营方法，方法好得让人简直想说那是世界一流。

然后他们不断获取了作为经营人才的宝贵知识和成就感，这是只有穿越过死谷的人才能得到的。对于他们的人生来说，这会成为无可取代的经验。

第 2 节 三局为定

火场赴任

与重建接近破产的企业时不同，三枝对于正在盈利的米思米采取的态度是将时间轴放长，沉着地进行改革，但即使如此，这场改革花的时间也太长了。

武田义昭（当时 36 岁）被叫到了总裁室。他进米思米工作还不到三个月。

武田曾在全日本都数得着的大商社工作，还被公司委派去读了一个 MBA。他对工作不满足，决定跳槽到米思米，可公司又派给了他一项新的工作，以至于他不得不推迟来米思米入职的时间。当时三枝通过人才中介公司的大川勇转告他：

"米思米多久都会等。请你在现在的公司花上必要的时间把工作整理好，在此基础上，请你一定要来米思米。"

武田实际入职是在半年以后了，他进公司后的职位是经营企划室副室长兼总裁助理。三枝很欣赏武田进公司以来这三个月的工作表现。

"武田啊，客服中心现在着火了。你能去把火灭了吗？"

突然被这么一问，武田很困惑。

"什么？……这个工作……我可什么知识和经验都没有。"

"我觉得你能行。这和派总裁幕僚去现场支援可不一样，你要当300人的组织的头儿。这个问题盘根错节，不全力以赴是没法解决的。要不要试试看？"

对武田来说，他不仅没有这一领域的经验，也是人生中第一次领导300人的组织。

"等你将来做更高级别的工作，这个经验一定会用得着的。"

为挽救骏河精机的改革而劝说西堀时，三枝也说了同样的话，他是真心这么想的。他一直认为挑战未知路径是一跃成为优秀经营者的最好办法。

武田立刻就上任了，那里确实是火场。

而且，武田的身份并不一般，他是最近刚从公司外边跳槽进来的、米思米最年轻的部门长，只有三十六岁。这样一个人单枪匹马就进了遇到大麻烦的部门，而那里的所有干部不是和他年龄相同，就是比他长一辈。

让三枝察觉出异样的内部对立的局势，武田也很快就注意到了，

291

而他马上就想出了办法来消除企划组与现场组的对立情绪。

武田开始了一项工作，内容是从双方选出主要成员，让这两方团结一致来分析挫败的原因。武田本人扮演裁判员的角色，所有人你一句我一句地坦率说出症结和课题，然后在墙上贴上写着这些内容的便利贴，逐条进行讨论。

武田显示出了与辞职那位部门长有天壤之别的行动力和洞察力。

见识到武田的领导力后，以前一直吵架的人们也快速地敞开了心扉。

上任一个月，武田总结了一份题为《5C改革重启项目》的文件，对包括总裁在内的经营团队做了演示。

三枝很佩服——武田完全从零开始，一个月就对状况有了如此深刻的了解。

- **计划破产的现实**　在停止集约时，东京新中心的人员为136名，而工作量和以前的地方中心体制下由88名处理的一样多。新中心的人工费多了一半，这是何等糟糕的状况。
- **错误估计了熟练起来的速度**　"工种化是单调运营，新人用一个月就能熟练掌握"这种盲目乐观的假定加速了破产。事实是，新人的工作能力到稳定为止至少要花三个月。其后不论经过多少个月，都达不到地方的老手那种熟练程度，这样一来人手当然会不够。
- **事先准备上偷工减料**　总裁曾多次指示要事先把地方中心的工作程序进行"标准化"，但这一步被偷懒省略了。在各地做法不同的状态下，工作被移到东京，导致新中心的"例外处理"增加，进而加速了陷入混乱的过程。

- **对 KPI（关键绩效指标）的轻视**　在长达半年的实验阶段，已经显现出了客户投诉率上升的状况，如果对此认真对待，应该能预测出开始集约后会发生的计划破产。

- **系统设计不完善**　引入新中心的工作系统，被假定为能覆盖工作的 90%，实际上却发生了大量的人工运营。和原本就用人工运营处理的地方中心相比，工作反而重复化了。这是由于系统化的需求定义不完善，其原因也是在企划时脱离了现场。

三枝很沮丧——员工的技能也太不成熟了，组织的经营力不够。而所有的问题中共通的要素是"对现场的轻视"，他们欠缺了"现地现物"的精神。

总裁"停止中心的集约"这一决断让新中心避开了眼前的危机，但工作的泥沼状态今天仍在继续，员工们的头脑还是很混乱。今后到底该怎么做呢？

武田把对高管们进行的发表也给团队干部们看了，让他们对现状有了正确的认识。

"原来是这么一回事啊。"

每个人都拥有了同一个"第一页"，这成为 5C 改革向新行动出发的起点。

为重启而做的改善

问题在于"第二页"（对策、战略、方案）。

据武田的说明中估算，新中心和既有中心的并存现在每月造成3000万日元的追加经费，一年就是3亿6000万日元。

"每天都在把100万日元打水漂啊。"

总裁的发言让团队干部们很痛心。

按照武田制订的重启企划，今后摆脱这种现状需要花上约四个月，最长不过五个月来进行新中心的改善，在此基础上再重启集约。

三枝听到这条时想"这点儿时间能改善多少呢？很不对劲啊"，这个疑问为下一个事件埋下了伏笔。

武田开始在现场寻求解决方案，并积极地去参观地方中心，但他推进的工作还是和三枝期待的不太一样。

为知道新中心每个业务流程中发生了什么，武田多次分析实际的数据和运营，从中找到症结，把它们列在了一张叫作"课题管理表"的表上。然后，他对每个问题都反复进行了改善的命令。他认为通过重复这项工作，就能让客服人员逐渐稳定下来。

他认为自己按"上帝存在于现场中"这一想法，做到了注重"落实到个体的分析"和"依据事实的讨论"，他这样总结出来的原因关系图中一共显示了18个单独课题。

武田原本打算组建一个研究改善措施的工作组，但光整理课题就花费了两个月的时间。

这期间集约处于中断状态，新旧双重化的运营一直在给现场带来沉重的负担，对客户咨询的应答时间"TAT"一直处于恶化后的水平。

工作的生产效率降低到集约前的50%，客户投诉的数量增加到了2.5倍，客户的忍耐和组织的疲敝都正在接近极限。

三枝这段时间正为中国事业（第4章）和骏河精机的收购（第5章）飞来飞去。因为武田不来汇报5C改革的进展，所以他开始担心了。然后武田总算来了，给三枝看了他做出来的关系图和18个课题的表格。

"为研究今后该怎样分别处理这些课题，大家要举办集训。能请总裁也来参加吗？"

在花两个月制作出这张表后，武田感觉问题已经明确，自己也再次抵达了起点。

可是，总裁的回答让他很意外。

"武田啊，我从刚才听的时候就觉得很不对头。这份文件的思路是把过去的失败整理出来，然后一个一个加以改善，这就能成为真正的改革吗？"

武田很困惑，这份报告可是他倾力打造的成果啊。

"你现在需要的不是这个。这么漂亮的对过去的分析里是不会有解决方法的。下次再拿这么厚的分析资料过来，我当场就给你撕掉！"

三枝以往从没撕过部下拼命做出来的文件。这句话是他为了一下子把武田的思考错误矫正过来而故意给他的打击，这也是一种"切割力"。

三枝不知道，这份过于精美的文件是武田独有的个人美学，还是通过大商社的内部政治而学到的智慧，还是在MBA课程中染上的习惯，总之这是不对的。我们经营者读"手写稿"和"白板的打印件"

也无所谓，重要的是有能解决问题的关键概念，而这在文件里根本看不到。

武田回到了自己的座位，试图思考发生了什么。

确实这两个月以来，他一直在对眼前发生的现象进行细致的分析，并试图调动部下把它们逐个改正过来。可是，这样真的逼近了新改革战略的"核心"吗？不，确实如总裁所说，这不过是"对症疗法的拼凑"，等于在说"今后不会真的解决"。

他意识到了，自己已经不再是上班族了。如果自己因为手法的陈腐而受挫，那么米思米的事业也会受挫——自己是经营团队的一员啊，这是改革啊——这种认识总算涌上了武田的心头。

世上大多数上班族花一辈子也走不出去的隧道，武田用三个月就穿过去了。

被框架引导得来的深刻的反省论

武田相信米思米的框架——"小即是美"和"创，造，卖"这两个概念。他有种直觉，它们会给新中心的改革带来重要的提示。

当他再次将其作为切入口来审视新中心时，开始看出了有趣的事——总裁在叶山集训中说的"TAT"（回力镖返回为止的耗费时间）。

调查"从顾客发出一份订单，到米思米处理完接单工作，再把信息发回客户确认为止"的"TAT"，其耗费时间的77%都是"等待时间"。也就是说，米思米公司的接单业务中，"干等着"下一步处理状态的时间占了绝大的比例。

武田注意到了，如果减少员工什么都没做的停滞时间，将会划时代性地缩短"TAT"，而这会带来客户服务的改善。

根据丰田生产方式的理论，如果工作的流程顺畅，则"TAT"（工件被放回去为止的耗费时间）就会缩短。这时减少的不仅是"耗费时间"，实际上连投入到该工作中的总"运营时间"也会减少。也就是说，TAT 的缩短会提高生产效率，由此降低成本。

如果采用工种化，则会把工作分解成多个单项作业，每一个小组从早到晚进行一种单项作业。它的思想就是：每组各自都在一直做同样的作业，所以作业效率会很高。

但是，让人吃惊的事实显现出来了。武田感到了理性思考所带来的兴奋。

在地方时，老手由于人数较少，没有把工作进行专门化，而是采用每个人都根据需要一项接一项地完成各种作业的方法。而这时如果分别关注其中各个环节的作业，就会发现每项作业的效率都很高。

可是，这些老手一到了东京的新中心来支援，就在工种化的组织里每天都从早到晚做单项作业。这样一来，其单项作业的效率就比在地方时候还要低了。

武田觉得这是个了不起的发现——会成为改革概念突破口的数据出现了。

现在我正在向读者们展示一个珍贵的事实，所以请各位用心领会。

如果用夸张的说法，这里显示的事实能够"否定自亚当·斯密的分工理论以来一直支配着资本主义的'分工的效用'"。

这和《椅子匠的悲剧》故事、为何日本很多上班族因为工作而迷失活着的意义、细胞式生产方式带来的效率提高等，是可以连成一串的。

武田从这里还注意到了员工的"心"与"组织的活力"的问题——这是很重要的衍生。

如果从早到晚进行单项作业，各组都会几乎完全看不到前后工序的状况。而最严重的问题是，即使有位客户真的来要求解决什么问题，米思米也看不到该项工作的整体状态，单项作业的前后工序的人们没法有心情去通力合作解决问题。也就是说，工作变成了"单纯的作业"，顺从作业标准比什么都重要。

这样一来，人们失去了工作的趣味和判断能力，变得不再在乎工作整体或客户。

原来在地方中心，人们会活泼生动地表达"让客户高兴我也很开心"、"中心整体工作质量提高了，我很快乐"这些感情，而在米思米的新中心，工种化这个恶魔逐渐夺去了这些感情。与此同时，她们"想要早日学会工作、提高自己技能"这些上进心也开始减退了。

这是一个让人吃惊的现象。武田的这一发现给米思米带来了十分深刻的反省论。

总公司的企划者们，对于在总裁战略培训里学的《椅子匠的悲剧》故事等，一定是听过的第二天就忘掉了。

仔细想想，就会看出一个简单得让人发笑的图解——原本十三处地方中心的规模是不够引入工种化的。这是一种幸运，使得她们在地方时从一开始就自己琢磨出了避免《椅子匠的悲剧》的办法，在历史上就采用了一个人什么都能处理的"多面手化"方式。

武田不禁哑然——原来自己这两个月来是在维持工种化思想的状态下想要重启改革，而总裁对此说了一句"且慢"。武田的思考迅速地开始了新的展开，他开始靠自己的能力绞尽脑汁，进行逼近"原理"、"本质"的思考。

新模式概念的构建

武田原本就喜欢"现场"，因此在注意到需要探索另一个要素"框架"后，他的强项开始全面地发挥功能了。武田想起了一件事，那是他刚就任部门长后访问一家地方中心时印象很深的事情。

◎ 半田公子的话（半田公子，E 客服中心长，当时三十二岁）

武田部门长到我们部门来视察了，在眼光锐利这一点上他和总裁很像（笑）。

"这个中心好像和其他地方不太一样啊。"

"是的，这里一直以来的做法是'走着进行客服工作'。"

"好新鲜，这是什么意思？"

"这里有两个人数很少的团队，每个团队中运营者的职责会随时间变化。这里没有所谓个人的座位，而是按人在工作中的职责决定座位，个人的职责变成了什么，就挪动到哪个座位上去。"

"就像抢椅子游戏一样啊。"

"这里的客服人员技能水平高，是因为所有人都经历过了整个这一系列工作。大家都知道自己现在所处理工作的'前后的工作'。"

"真有趣。"

武田想起了当时的对话，这和总裁教的丰田生产方式是完全相通的。

第二天深夜，武田看到总公司大楼的总裁室还亮着灯，就去找总裁了。为了学习丰田生产方式，他想跟总裁借书。

当时位于东阳町的米思米总公司高管楼层里，有一个像图书室一样的小房间，靠墙并排放着的书架上陈列着三枝的藏书。总裁听了武田的来意，从书架里抽出了好几本书摆在了桌子上。

"理论书的话，新乡重夫教授这本最好，虽然已经绝版了。这本书太厚了，只读最开始的三章也行。还有这本像漫画似的书也很推荐，这是我以前改革医院时发给护士们读的书。"

突然开始的深夜小辅导班。三枝很欣赏武田这种想要返回"原著"的态度。

第二天，武田入迷地读着借来的书。工厂生产和米思米的 QCT 中心的工作完全不同，但其原理和手法是可以完全重合的。让他恍然大悟的发现一个接着一个。

关键的要素包括"追求时间价值"、"带单人旁的自働化（动字加单人旁，意为人的劳作）"、"水平化"、"同步化"、"多面手化"、"单件流"等。总裁在说到"创，造，卖"时常挂在嘴上的麻将术语"一条龙"，还有《椅子匠的悲剧》的故事，都和这个原理相关。

准备新运营的实验

被总裁训斥"光会做漂亮的文件"后又过了两个半月，过完年后的 2 月初（武田上任五个月后，算上两次挫折就是改革项目整体开始总计三年零九个月后），武田完成了 QCT 中心的新工作设计。

他拿着设计思想去见了总裁。

"武田啊，这个概念很不错嘛。我希望你马上就进入'实验'，验证这个概念。"

武田很焦虑，他懊悔一开始那两个月走过的弯路，想尽量早点做完这个实验。

重要的分界线——经营者的解谜和判断

· 双重投资状态、低效、组织疲敝正在持续。武田提案的集约重启日程十分紧迫，他满脸都是着急往前赶的表情。

· 但是，我们还没看懂这场改革的恶魔在哪里。在验证不够的状态下重启是危险的。接下来武田要是失败的话，公司就无计可施了。已经没有回头路了，

这是背水一战。

· 和每天扔掉的 100 万日元双重经费相比，通过这次实验彻底减少风险更重要。为此需要把眼前这位指挥官武田从"期限"的压迫下解放出来。这只有自己这个总裁才能做到。

三枝说出了一句让武田大感意外的话：

"武田啊，你最好别着急。实验上要慢工出细活，不要在意期限，

集约的重启晚了也没关系，不要急躁，要'Do it right！'。"

武田凝视着总裁的脸。

"'Do it right！'……？就是要刨根问底，对吗？"

读者明白三枝这番发言到底有多重要了吗？现在对武田来说最大的重压就是"时间"，而他被从这个"限制条件"下解放出来了。如果是普通人，听了这话不会多想，会马上放心并高兴起来，但武田没有那样。

他懊悔自己太被动了——作为"部门一把手"，他应该自己判断出解除限制条件的重要性，比总裁抢先说出来才对。这是和上班族不一样的态度，意味着经营者特有的骨气。武田作为经营人才又学到了一点。

即使风险就在眼前，老板也要横下心来，把束缚人们心理的压迫条件拿掉。而这样一来，人们将会被激发出怎样热烈的挑战欲望啊！

武田马上就开始了"实验阶段"。

开始看到成果

起初，实验还是不太顺利——生产效率不能像预想那样提高，工作错误也经常发生，只能不断反复摸索。因为要一边运营一边决定新工作的规则，给员工也带来了新的负担。

有位员工忍受不了这种负担，说出"以这种做法给员工增加负担是不对的"。由此引发的事件是，赞同他的几名派遣员工一起离开公司再也不来了。

武田意识到自己想得太简单了。他还一心以为，为了让公司脱离困境，包括派遣员工在内的所有人都会理解实验的目的呢。

总裁听了武田对这场事件的报告，想起了自己三十出头时经历过的一件事——他在日外合资企业被部下背叛了。这也是"似曾相识的场景"。然后，他对武田说：

"不论你作为上司怎么说自己对事业的深思熟虑，部下也不一定都会和你怀着同样的动机来工作。经营者如果过于依赖员工的努力，就会在意想不到的地方遭到报复。"

三枝认为，这次事件只闹到这个程度就完了毋宁说是一种幸运。如果武田在实验没有充分进行的状态下一口气执行向新构想的转换，可能会发生更大规模的反抗，造成第三次挫折。

在上一次挫折中，下令中断公司的接单业务是在该业务即将难以为继之前。虽然发生了效率的恶化和双重经费，但也可以说全部代价只这些而已。

但是，如果这次还要强行上马，就可能造成接单功能失灵，规模之大将是上次所无法比拟的。这样一来，包括工厂在内的所有业务就会停滞。就像金融机构的系统转换失败会被媒体抨击一样，米思米可能会面临重大的经营危机。

就这样，虽然发生了派遣员工拒绝上班的事件，那之后的实验还是踏实地进行下去了。

参加实验的米思米员工们工作起来十分拼命。员工的骨干是从地方中心调动来支援新中心的现场领导们，她们真的很出色。

她们不希望因为自己把接待客户的方式从地方的换到了东京的而造成投诉增加。为让客户高兴，应该做什么实验呢？她们用强烈的责任感鼓舞了其他员工。

对于一路守护工作的迁移而调动到东京来的她们，三枝心里怀着深深的谢意。

而后，实验中心里工作的积压开始减少了，这是一个征兆。

◎ 武田义昭的话（武田义昭，上任时为三十六岁，略历在本文中讲过。后来他升入了米思米的经营团队）

虽然总算看到了光明的兆头，但大家都太累了。这泥沼还要持续多远？我们真的会成功吗？当时对这些都没法确定。

我认为有必要让他们拥有自信，让他们觉得"现在开始显现的成果很了不起"。也就是说，我觉得到了该发动"Early Win（早期的成果认知）"的时候了。

所以我考虑，也许有效的做法是把实验团队暂时取得的成果在 QCT 中心的所有员工面前发表。当我把这件事和总裁商量时，得到了意外的反应。我本来以为总裁可能会嫌太早，结果正相反。

"不错嘛。可是，再张扬点怎么样？要不我把总公司的所有人都集合起来吧。"

总裁告诉我"要把动静弄得更大一点"。这样啊，原来还有这种说法。

召集总公司的全体员工，不是我这个部门长能做的，但如果总裁下令的话，所有经营干部都会来。米思米是一家对这种事说干就干的公司，我们借了当时位于东阳町的总公司旁边大楼里一座很小的剧场，从傍晚开始进行了约两小时的集会。

也叫"Early Success"。大型战役如果陷入长期化总也看不到成果，员工就会喘不过气来，开始失去自信，士气也会低落。组织一旦疲惫，同伴们之间批判性看法和抵抗派的力量就会增加。为防止这种情况，要及时让公司不断认识到早期的成果，哪怕很小的成功也没关系，只要能让员工们确认"自己走在通向成功的路线上"就可以（《重返问题现场·逆转篇》第4章内有详述）。

我说完了开场白后，就在会场的角落里注视着大家发表。

实验成员们都不习惯在人前做发表，心情相当紧张，从地方来的资深女员工们看起来还很害羞，但大家的眼睛都是闪亮的。

她们努力、开朗地讲述着暂时看到的成果，从她们的姿态中，可以看到她们一直以来的辛苦和总算能看见通向成功之路后的自信。我感觉自己是在望着一群"战友"，不知不觉泪水微湿了眼眶。

会场里所有的总公司员工都是第一次听说QCT中心进行着什么样的战斗，他们被这个故事感动了，热烈地为她们鼓掌。

由此，我确信5C改革的苦战总算翻过险峰走向成功了。总裁告诉我"不要着急"，他对风险的直觉太准了。而且，"单件流"这一理论也起了很大作用。

这次发表活动很成功，但结束之后马上就发生了一个事件——"组织疲惫的话，组织内部的抵抗派就会增强力量"这一现象出现了。

以前就一直没能融入组织的一个员工，在公司内到处说"实验不成功，那次发表是谎话"。面对包括总裁在内总公司所有人发表的事，他说那都是谎话——这位的胆子还真是够大。

这位员工不仅把事实搞错了，而且除了对人好恶的感情以外，没有展示任何改革提案或改革手法。简直除了搅和没有别的目的，纯粹的在野党式的行动。

本来这种事苦笑着听过就算了，但三枝笑不出来。

自己在过去的人生中遭遇过好多次这样的现象——"破坏改革的上班族在野党，一脸无辜天真无邪地散布毒素"。如果放置不管，别说无法让上蹿下跳的人收敛，甚至还会出现声援他的人，趁此机会一起在暗地里大肆批判和嘲笑。

虽然米思米平时"政治性"淡薄，但此刻总裁正是感到了政治性的动向。他秘密地向当事者发出了警告，因为他必须防止事件的扩散。

对于在"死谷"中为脱离困境而百般受苦的人们，这样的事件让人痛苦得无法忍受。真是苦得让人想哭。因为经历过"似曾相识的场景"，总裁很了解这种心境。

对于那些把改革者们好不容易搭起来的积木从边上推倒，并不讲理地从背后放冷枪的抵抗者，如果讲道理不管用的话，最后就只能把他们排除掉了。

武田很好地履行了自己的职责，把问题解决了。

客服人员的"正式员工化"

那个时候，武田对另一个重大方针下了决心。那就是把以往基本雇派遣员工来担任的客服人员"正式员工化"。但是，他还没对总裁说过这件事，因为他觉得总裁可能会反对。

一天，他下决心去总裁室讲了这件事，而总裁的反应又很意外。

总裁当场就表示赞成，而且还敦促武田"要做得彻底"。

武田仔细一问，总裁这样的反应其实在自己进入米思米之前就埋下了伏笔。总裁在上任之前去地方中心参观的时候，早就注意到"双重的亏耗构造"、"与客户的接点中没有米思米员工"这些缺陷了。

武田和5C改革团队的实验比当初预定的三个月又延长了两个月，共花了五个月，总算完成了新的业务流程。

· 实验团队的工作效率比实验以前改善了75%。

· 投诉发生率减少了27%。

· 接单"TAT"缩短了52%。

· 客服人员的运营熟练程度提高到了2.3倍。

不仅是这些数字的变化，更重要的是成员们的心理发生了巨大的变化，变成了"为客户着想，有责任感""摆脱了被强迫感""体会能自己进行改善提案的喜悦"，还有"切实地体会到个人能力的增长"。

借由这个实验团队成功的结果，新手法在整个QCT中心水平铺开了。

这时，另一个重大的革新被引进了——新中心的组织被以事业部为单位进行了划分。

还记得总裁访问地方中心时间中心长山田日奈子的话吗？如果按事业部来划分，每一个客服人员负责的目录和商品数量就会大为减少，而这样一来，就使得专业度和熟练度的飞跃性提高成为可能。地方中心人少，所以很难实践这种做法，但新中心的人数已经大幅度增长，可以尝试了。

重启地方中心的集约

随着这些体制的健全，终于，剩余的地方中心的集约被重新启动了。

那一年 12 月（武田担任部门长一年零三个月后，如包括过去的两次挫折在内的改革项目整体，则实际是在合计四年零七个月后），作为重启的第一弹，从横滨和松本的集约开始了。

因为这次通过实验进行了周到的准备，所以没有发生什么严重的问题。这是几经推迟才制订出的战略的胜利，是为从挫折中站起来而积累了必要的切割力的结果。

武田从集约开始一个月以前，就使出了另一个大招数。

那就是继东京之后在熊本开设第二中心的计划。他把这个提案提到了总公司经营会议的议程上，这是为了防备东京遇到大地震。

熊本 QCT 中心（公司里的爱称是"熊 Q"）在获得开设批准五个月后的第二年 4 月，早早进入了运营体制。能够如此利落，多亏了米思米组织有速度感。

而且不用说，东京 QCT 中心的实验成果全部移植到了熊本。余下的地方中心的搬迁，以分东京和熊本两边吸收的形式继续了下去。

在地方中心工作的客服人员当中，有很多人随着业务的移交搬到了东京或熊本。算上第二次挫折之前搬到东京的福岛和仙台、金泽、群马县的太田、横滨的人员大约10名，重启集约后，从松本、静冈、名古屋、福冈、广岛、大阪的各地调到东京或熊本的员工多达近40名。

她们有一个共同点，都在喜欢米思米的同时对自己的职业（专业）感到自豪。

女领导们的活跃

熊本 QCT 中心开始作业五个月后的 9 月，三枝访问了熊本。

这是他第二次访问这里，上一次是为了最后判断熊本作为迁移地是否适合。米思米开办设施的事情在当地报纸也有报道。这次的访问他还去县政府拜访了熊本县知事，知事对米思米来到熊本投资表示感谢。

三枝到了熊本 QCT 中心的大楼，进了大门上到二楼后，那里已经满层都是当地雇用的客服人员在工作了。

然后，三枝遇到了让他吃惊的情景。他虽然听说过，为启动熊本中心从东京也有几位员工调了过去，但除了中心长的人事安排以外，他不知道具体是哪些人调了过去。可是，当他被引导着走在楼层里，面熟的女领导们一个接一个满面笑容地向他问候"总裁，您好"。

每次三枝都很吃惊，"你到这里来了？"、"你也来了？"、"欸？你也来了！"。

在5C 改革的第二次挫折发生前，从地方调到东京来的女领导们一直在武田的带领下坚持参与实验中心的工作，她们就是被武田称作"战友"的那群人。以中心长滋贺明子（前出）和山田日奈子（前出）

为首，从福岛和群马县的太田、东京、横滨、后来从广岛等地调到东京来的她们，这次又不远千里调到了熊本。

她们是来带领在熊本雇用的这些还不熟练的客服人员的。

"等'熊Q'完全稳定了，5C改革也就完成了。我们会一直工作到那个时候。"

在楼层里走着，三枝心情非常激动，差点流出了眼泪。

以前日本有很多公司都是这样的。但是，如今还有人这样爱公司和工作吗？有这些人在，难道不值得米思米大大地自豪吗？

米思米的客服中心改革，就由她们这些一边忍受着总公司的轻视一边在地方做底层工作的资深员工从头到尾支撑着，终于完成了。

那天三枝和她们一起去酒馆办了酒席，他来回斟酒，曲着膝盖从一个人的席位挪到另一个，为她们送上慰劳的话语。

12月重启的集约，从那之后的1月开始到一年后的1月为止，执行了大约一年。重启工作结束是在武田上台两年零四个月后，如果从包括两次挫折的本改革项目的最初开始合计，则是五年零八个月后了。

委托各地外包公司的工作全部圆满地结束了。几乎所有的地方派遣员工都工作到了最后一天，一起劳动纠纷都没有发生。三枝从内心感谢他们的合作。而且，米思米员工们都很出色，多亏他们才平安地度过了这次风险。

终于，地方十三处客服中心所有的集约都结束了。

"这个问题要在我是总裁的期间解决，不会交给下一代。"

三枝是这样说的，他的意志也是这样被完成的。米思米的经营团队和与改革相关的员工们租了一个很大的会场，隆重地进行了庆祝。

按一直以来的做法，三枝手拿啤酒瓶在会场里走，给员工倒酒以后再跟他们说两句。如果有人请求合影，他就很爽快地答应。如果女员工招呼他，他就很高兴地挽着站在两边的女员工的胳膊满面笑容地留影。

但是，这场改革并不是到此就结束了。

自主性进化开始了

地方集约的所有工作都被执行，武田的任务告一段落。他感到，自己为了成为经营者而从大商社转战米思米，真是太值了。

三枝给了他下一个挑战——担任米思米起家业务即模具业务的一把手。对于才三十多岁的武田来说，这是一个巨大的挑战。又一次，由总裁进行了"粗暴的人事"。

但是，5C改革还有接下来的路要走。或者不如说，作为到此为止的五年零八个月辛劳的结晶，最后阶段的最"肥美"的地方从这里才刚刚开始。

像之前说过的那样，在第二次挫折中，公司遇到了最坏的事态——新中心和地方中心相比，为完成同样工作要招聘多了近一半的人员，因此才在实验中心开发了新手法。

以这个新手法为基础，十三处所有的集约完成时的生产效率虽然规避了以前那种五成恶化的事态，但效率只是稳定在与以前的地方中心相同的水平。

因为客服中心转移到了东京和熊本，而这两处有很多效率低的新人，所以只是弥补这个差距而实现了相同水平的生产效率，就已经可以说新中心表现出了相当大的革新性。

但是，武田的方案是"集约完成后，真正的合理化效果要显现出来"。和预想一样的事情开始发生了，从那以后的跃进是武田留下的礼物。

当然，这样的进化不是自动发生的，这是因为大家进一步反复努力进行了踏实的改善。武田转岗离开后，继承其职责的是山崎健太郎（前出）。

他的章鱼罐子事件，现在早成了过去的笑谈。山崎经历了"两次挫折"和"三局为定"，不论作为个人还是作为部门长都实现了巨大的成长。

山崎认为，要在今后切实地推进改善活动，需要能作为活动指针的框架和改善工具。他巧妙地把总裁作为自己的智囊使用，请示总裁的指导，创造出了一个叫作改善的"作用机制图"的东西。

这张图上画的是今后用什么招数，将对什么怎么起作用，还有其波及效果（机制）。

这张图表里首先写着米思米 QCT 中心要"成为世界第一的联络中心"这一理念，在它的下边，垂着两个子目标：

"在客户满意方面争当世界最好的客服中心"
"在低成本方面争当世界最好的客服中心"

米思米的商品很复杂。和处理简单消费品的客服中心相比，这里进行的运营要复杂得多。所以，这里的意思是争当"这个行业种类及业务形态中的"世界第一。

聪明的读者已经注意到了吧？其实这两个子目标是相互矛盾的关系。如果肯牺牲客户的满意度，那么降低成本会很简单。同时，如果无需在乎成本，那么想把客户满意度提高多少都能办到。

三枝说：

"山崎啊，只追求这两者中的一个可不行哦。要一边平衡双方一边追求巨大的改善效果。现场的所有人需要平时就时刻意识到这种矛盾关系。"

于是，山崎健太郎在图表上画了一条连接两个子目标的线，在那里写下了"兼顾是绝对条件"。

而且，在《作用机制图》的两个子目标各自的下面，呈树状展开显示着他和部下们今后应该具体着手的改善项目，重要项目还设了KPI。

不仅如此，树状连锁的最后还写着东京和熊本两处中心的员工在当年应该着手的具体的"改善行为项目"。

这张图表的设计，能产生下面两种效用。

- 争当世界第一这个"顶尖理想"会被依次落实到"组织基层的现场行动"中去。其"连接"也被画在了同一张图表上。
- 换句话说，争当世界第一这一"长期目标"在执行中被分解成了这一年、这个月、这一周的短期行为。图表的格式要求每年更新其内容和目标。

在这里，还体现了"不把战略作为高层独享的东西，要落实到组织的基层"这一三枝的经营思想，即"战略连锁（Strategic Chain）"的思路。

三枝对山崎就指导到了这个地方。后边山崎一边自己思考，一边自己执行了所有的工作。他将《作用机制图》在东京和熊本的所有岗位都转入执行阶段，在所有客服人员中贯彻改善行动，从不间断地在每周的会议上加以跟进。

600 人的工作用 145 人来做

山崎接了武田的班以后，又经过了六年的岁月。公司的销售额虽然经历了世界经济不景气带来的大幅下降，但后来又反弹达到了三枝就任总裁时的 4 倍。米思米现在已经成长为联结销售额 2000 亿日元、全球员工人数逼近一万的企业集团。在这六年间，QCT 中心的改善也有了显著的发展。

- 每名客服人员的工作效率达到了原来的 2.2 倍。
- 结果就是，客服人员人数得以削减了 60%。尽管销售额倍增，集约完成时客服人员有 372 名，而现在仅有 145 名。
- 如果把销售额中客服中心经费所占的比例作为指数，则从"三局为定"完成时的 98，六年后下降到了 36。
- 客户的销售投诉对所有交货数的比值减少了 57%。也就是说，不仅成本，对客户的服务品质也有了显著的改善。

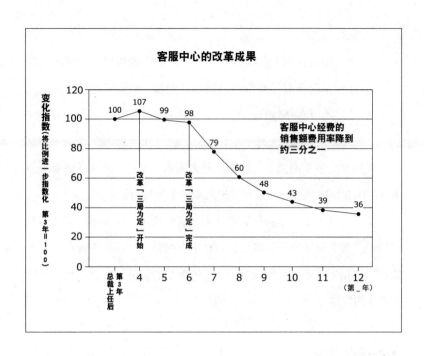

客服中心的改革成果

三枝下决心进行改革是在十三年前，经过两次挫折直到按武田的新设计完成了集约为止，总计用了五年零八个月，而在其后的六年里，因为山崎他们的改善活动而结出了硕果。如果止步于过去的全国十三处体制，无疑是不可能产生这样的改革成效的。

- 如果就按十三处的状态和与当时同样的工作方法持续进行，随着米思米在那之后的发展，估算全国的客服人员总数将会膨胀到600人左右。但是，现实是像刚才讲过的那样，145人就够了。
- 在改善成效中，线上接单比例的增加带来的合理化效果约占三分之一，山崎他们推进的内部业务改善的效果实际占了约三分之二。

· 在所谓间接部门的合理化中，在应对因销售额扩大而增加的工作量的同时把经费降低得如此彻底，用世间已知的手法几乎是不可能办到的。

就这样，多年饱尝辛苦而积累起来的运营工艺，现在是值得米思米守护的知识财产之一，是支撑米思米竞争优势的要素。

据说山崎的下一个野心是把客服人员人数进一步减少。至少现在可以说，那个曾经把自己藏在章鱼罐子里的男人正在发挥他在经营上的创造力和领导才能。每克服一次多灾多难的挑战，都会加快培育经营人才的速度。

从失败中学到的

这次改革对于相关的所有干部和员工都是一段漫长的路途，而这同时也是他们作为个人自我成长的道路。

◎ 滋贺明子的话（前出）

第二次挫折发生，武田部门长上台时，他向我们提出的第一个问题是"这场改革的目的到底是什么？"，这个问题把我们带回了基本方案。

客服中心的工作很复杂，外界的人很难对此提出意见。但是，武田部门长一下就说到了点子上，所以我们马上明白了他不是一个能用借口糊弄的人。

从上次的挫折改革，到为准备重启而做的工作，回想起来，我们工作的进行完全符合"第一页，第二页，第三页"的顺序。这种推进方法现在已经渗透到了我们的思考中。

回顾这场改革，在前途一片茫然的时候，我们抬头望着台阶，看到了往上一点的地方有类似平台的东西，我们暂且就以它为目标了。到了那个平台后，又在往上一点的地方看到了别的平台。然后，我们又一起努力爬了上去。当时就是不断重复这样一个过程。于是，就有了现在的我们自己。

5C 改革告一段落后，我被指派了新任务，就是把日本的运营模式移植到海外当地法人。即使去了海外，也还是有很多事情让我感觉"啊，这是以前曾经走过的路啊"。

我以前是超级国内派，真没想到自己会担任一份满世界到处飞的工作。

◎ 山崎健太郎的话（前出）

直到三枝总裁在米思米出现为止，我一直以为自己的人生在一定程度上是顺利的。

可是，经历了运营改革的第一次挫折后我发现，其实自己根本不是顺利，只是没心没肺地、懈怠地过着公司生活而已。

明白了这一点后，我才在公司的急速变化中，总算找到了自己的职责，并为此刻苦努力。

从总裁那里，我学到了各种各样的经营框架。到能把它们作为自己的东西使用时，我才终于把第一次挫折中失掉的自尊心找回来了。

我已经五十过半了。在这十年中，每天都在经历着让自己发生巨大改变的挑战。

虽然有艰难的一面，但这十年来充满挑战，也是很有意思的。今后作为站在组织顶端的人，我还有很多追求。

◎ 武田义昭的话（前出。那之后经历了事业部长、企业体总裁等职务，成为专务董事）

改革中连续发生了种种失败。每次我们得救都是因为遇到了某种新的改革概念，而那意味着痛苦的转换，即"改变以往的做法"。

在改革中表现出色的，是能正视这一事实的员工们。当然也有人中途离开，但大多数的员工都时而流着眼泪努力克服了难关。

米思米员工痛快地接受了这些方向转换，并一根筋地加以执行——这种态度是一种组织文化，在很大程度上是这种文化帮助了我。

那种感觉就是，大家不论发生什么都一定会在根子上留着对彼此的信赖，并以此为基础再次集结奔跑起来。

传统日本经营的力量就在于这种集体的热情。也许日本企业正在失去这种力量。

最后，我想把自己在这场改革中亲身学到的"失败的教训"整理如下：

· 经营领导者如果没有把混沌的事物简单化、构造化并触及其本质的"工具"即框架，组织就会疲敝，接近极限。

· 流程改革不能拘泥于"每个事象"，而必须要以"整体眼光"着眼于其"构造"。把每个事象单独改善的做法不能达成根本性的改革。

· 流程改革绝不能在全公司的所有方面一气进行。必须掌握分解并控制风险的方法。

米思米运营模式的世界推广

支撑米思米事业的业务运营，不仅有本章描写的"客服中心"，还有运营配送中心的"物流部门"、贯穿业务流程的"信息系统部门"和虽然人数少却承担了战略任务的"营业人员组织"等。

三枝在米思米花了十年以上的时间，同时并举对所有这些部门进行了改革。不论哪一个部门，都走过了和客服中心一样反复摸索的苦难道路。

结果就是，为让"创，造，卖"的循环以高品质快速运转的改革，在所有的部门都实现了进化。

在那之后，米思米开始了把在日本构建的业务模式向全球移植的活动，那就是叫作"MOM（米思米运营模式）"的活动。在全世界的米思米据点工作的当地员工和总公司的 MOM 团队合为一体致力于改善。

这十年来进行的改革中哪怕有一个失败了，本想在它上面叠加的下一次改革就会无法着手进行。那时"改革的连锁"就会停止，很难形成全球性的 MOM 活动了。

虽然这是一条漫长的道路，但众多米思米员工迄今为止不断地踏实努力，积累起来把米思米的国际竞争力推到了现在的高度。但是，一旦认为经营的一切都已经完成，经营就会开始腐化。米思米运营模式的下一次进化会是什么呢？米思米下一代的经营团队将一直思考下去。

给读者出题

出于过去作为扭转局面专家经手的业务重建经验，作者一直说"改革要一气呵成地推进两年，跟进两年，共计四年完成是最理想的"。但是，在本书各章的改革中，他容许它们有两倍，有时甚至接近三倍的时间轴。即使在中途发生挫折，作者也会原谅参与者，把他们再次集结，让他们重新想出主意，并再次发起挑战，最后达到成功。

那么问题来了：与企业重建不同，三枝在米思米的"工作改造"中容许更长的时间轴是出于什么样的逻辑和框架呢？对三枝来说这不是演习，而是他在经营现场被逼迫着做出回答的现实课题。

活力企业的"组织活力的循环动态论"

组织"循环动态论"

在有关商业计划的《三枝 匡的经营笔记❻米思米的商业计划系统》中写道，"米思米组织模式的特征是组织论和战略论的结合"。我（作者）把其框架，即下一章出现的"米思米组织原理❶充满活力的组织"进行了整理，但同时我也觉得光是这些作为米思米的经营方针还不够充分。

后来我制作了一个叫作"米思米组织原理❷组织活力的循环动态论"的框架。名字听起来古板，却最能表现其内容。我把它在公司内部进行了展示。

我认为即使米思米今后成长到了销售额 5000 亿日元或更大的规模，并且组织接连发生了变化，这个"原理"也依然会成立。也就是说，每一段时期这个原理都可能成为米思米组织模式的指导。我相信它具有在社会上的普通企业中也能适用的普遍性。

组织原理❶❷的说明顺序将和它们的序号相反，原理❶将在下面的第 8 章详细说明，这里先讲解原理❷

两个对立的关键词

在组织保持活跃的过程中，存在着两个关键词。

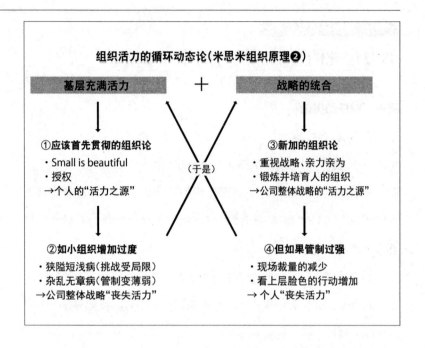

一个是，不仅"组织的上层（管理）追求冒险并且活跃"，其活跃还会传到组织中间产生"基层充满活力"的状态。这种状态下，即使远离总公司的组织里，包括年轻员工在内的每一个人也都在充满活力地工作。

另一个关键词是"战略的统合"。所有人都了解并接受了上层决定的方针和战略构思，在尊重优先顺序的同时团结一致向外部的竞争对手发动攻击。

不可认为这两个关键词理所当然会同时成立。实际上，在现实的企业组织中，这两个概念经常是对立的。

- "战略的统合"过强，则上层会更多地以上情下达的方式推动战略，往往会强烈地表现出对个人自由开明行动的钳制。

- 反过来，个人能自由而充满活力地活动，则公司整体就会缺乏统一，反而会抑制公司整体的成长。这不是用道理能解释的。实际上，我上任时米思米公司内部就正蔓延着这种症状

我在描述"组织活力的循环动态论"过程中注意到，米思米在历史上，是一边自下而上变换自己在这一循环动态中所处的位置，一边走到今天的。所以这个图表在米思米，是一个现实性已经得到了证明的框架

1. 实现"基层充满活力"的出发点是"小即是美"的组织论。它使得"授权（权限委让）"成为可能，也是个人的活力之源。米思米的创始人自创业以来，一直以传统的"按功能划分的组织"进行经营，但后来为增强业务组织的活力而解散了按功能划分的组织，并断然执行组织改革，以"团队制"这一形式引入了"小即是美"组织。这相当于图表的①。由此创造出了员工能以小组织为单位自由活动的组织环境，开始着手进行多元化业务（其经过和团队制组织的概要将在下一章阐述）。

2. 但是，如果小组织的数量不断增加，组织就会从图表的①降

到②，染上下面这两种病的可能性也会增高。

一种是狭隘短浅病。可能会造成下面的状态，比如员工变得只会采取符合小组织业务规模的行动，很难果断出招以求在市场竞争中取得压倒性的胜利。

另一种是杂乱无章病。独立的小业务数量增多，各小组织如果加强自身的动作，公司整体的战略指挥就会难以见效。业务之间的增效（协同效应）会变弱，从公司整体的角度来看可能就是陷入了杂乱无章的状态。对个人来说有趣的业务，也可能在公司整体的层面上引发活力的丧失。

米思米从引入团队制的组织改革到新总裁上台，花了大约十年走过了从①到②这段路。三枝从上任前就在公司内走动，注意到上述两种病症已经在现实中发作了。

3. 在活化得了这两种病的组织时，改革的角度应该是"战略的统合"。三枝上任后沿着图表②→③的上升箭头进行了改革。他在明确了公司整体战略后对业务进行了整理——"七个撤退"、"回归正业"、"强化海外战略"就是这种整理的结果。在此基础上，他还加入了对业务组织提高战略素养的教育和通过商业计划制定战略的手法。他明确了公司整体的战略，将小组织和公司整体的战略进行了整合。

为了切实地执行这种转换，企业高层通过"亲力亲为"进行的先导非常重要。如果这一点执行得好，"战略的统合"就会成为公司整体的"活力之源"。米思米在那之后能急速地扩大业绩，就要归功于这一点。

4. 可是，如果持续贯彻"战略的统合"的时间过长，组织就会从图表的③降到④，就会被新的弊病所困扰。
   如果自上而下的战略手法过强，上情下达增加，那么组织下层看上面脸色行动的习惯就会变强。也就是说，上班族式的行动会增加，会发生个人"活力的丧失"。这种状况持续下去，个人活力的丧失就会导致"公司整体活力的丧失"。

5. 其解决方法是，沿着图表中④→①的上升箭头，返回对①中要素的强化。这张图表是平面图，看起来好像"历史总在重复"（返回过去），但实际不是这样的。只要公司持续发展壮大，就会沿着立体的螺旋楼梯上升。即使同样是①，返回的也是比以前更高水平上的①。
   因此，必须创造出与以前的①不同的、适合于更高一级水平的新"组织模式"。这场改革的关键词是"事业的分权化"、"员工的独立性"、"倡导企业家精神"等。按公司情况不同，可以引入"公司内分公司制"或米思米所言的"企业体组织"。已经拥有这种分权化组织的企业，要对其组织形态和授权的形式进行再定义。或者，对于分立公司化等形态的组织论，要有具独创性的解释与手法。

根据发展阶段变换组合，谋求组织活力的增强

正在发展的公司每发展完成一个新阶段后，其组织都会染上新的病症，简直好像是奖励成功的勋章。为了解决病症，要思考下一个组织形态，登上通往更高一级成功的螺旋楼梯。这是企业发展的基本规律，也是宿命。

读关于日本和外国企业发展或组织的文献会明白，成就了历史性大发展的企业都是根据发展阶段的不同，一边不断变化调整"基层充满活力＋战略的统合"的平衡组合，一边努力把组织的活力保持在极高水平上的。

这样想来，这张图表"组织循环动态论"不仅适用于米思米，还能普遍适用于普通企业。如果企业在经营时长期将公司置于同一种组织论中，恐怕是无法实现企业的长期发展的。而现在很多日本企业恰好陷入了这种状态。

这样一想，这张图表组织循环动态论有着不仅适用于米思米还可以用在普通企业的普遍性。把公司长期放置于同一个组织论中的经营方式，恐怕无法实现长期的企业发展。而现在，染上了这种症状的日本企业很多。

第 8 章

公司改造 8
"有活力的组织",
该怎样设计？

　　"组织基层充满活力"与"战略的统合"能同时成立，是公司的理想。可是，虽然"米思米组织模式"作为日本经营的实验场反复摸索，创造出了很高的增长率，却也日渐受到了大企业病的威胁。

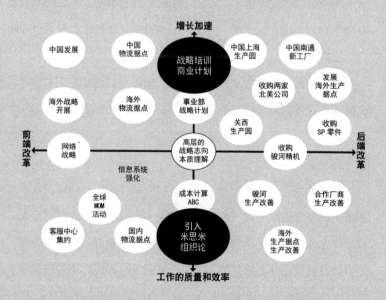

米思米原有思想"业务团队制"的革新性

就任米思米总裁时，三枝想"在这失去了活力的日本，创造出一种从日本传向世界的新'经营模式'，让人感叹公司的活力"。这是他赌在人生终局上的野心。

在即将上任之前，三枝就绘制出了展示米思米业务强项的"米思米 QCT 模式"（第 1 章），但他还想要一个"米思米组织模式"来与之配套。他觉得以这两项经营模式作为支柱打造米思米优势至关重要。

三枝宣称过，要把米思米打造成新的日本组织论的"实验场"。对于跳槽到米思米的人们来说，自己下了很大决心换了新公司，结果这里却被叫作"实验场"，可能是件很难受的事吧。不过还是有很多有个性的人才接受这一点，汇聚到了米思米。他们在实验场里摸爬滚打，创造出了这十四年来的业绩。

在三枝作为新总裁上台十年以前，米思米的创业总裁就曾对工业机械零件业务的未来感到不安，并把公司方针转换成了开展多元化业务（第 1 章）。但其实，当时他还配合多元化，对组织形态也进行了很大的改革。

改革的成果就是米思米的"业务团队制"组织。创业总裁试图将米思米的经营组织变成一种在日本从没实行过的、划时代的形态。三枝当年在杂志报道中读到这件事时，对创业总裁的远见十分惊叹。因为当时三枝正在业务重建的工作中反复摸索，努力让不景气的企业恢复活力，而他感觉米思米的创业总裁与自己的想法在原理上非常接近。

可上任前他在米思米公司内部走了一圈，注意到组织上有着很严重的问题。这里的制度和他从杂志上读到的内容有着明显的不同。而且随着调查的深入，他发现了一连串让人吃惊的事情。

米思米的业务团队中，有在工业机械零件领域销售额高达 200 亿日元的，也有在多元化业务领域销售额为几亿日元的，还有新成立的、销售额为零的团队，它们有一个令人惊奇的特征——业务团队通常是仅由几人，多也不过十几人的员工来运作的。

米思米的"业务团队制组织"是这样的：

1. 把总公司的人事部和销售部、采购部、促销课等所谓按功能划分的组织全部废除，将其职务和责任交给各"业务团队"。

2. 团队领导者从在每年一次的"愿景发表会"报名候选的员工中任命，只要是员工，谁都可以自由报名并被董事会选拔任命，任期为一年。

3. 如果同一个团队领导者的位置有两名以上的候选人，就要举行"竞选发表会"。以前还发生过上司和部下争夺一个职位的事——三枝还是独立董事时曾见过那种场面，简直就是历史剧里"下克上"的情节。

4. 领导者可以同时报名竞选两个以上的职位，但如果所有的职位都落选，那么他在公司里就会无处可去，只能在降级或者离职这两条路中选一样。现实中选哪条路的例子都发生过，三枝觉得这里真是个弱肉强食的世界。

5. 团队领导者掌管人事权力，即团队内部的员工任用和外界招聘、工资的决定、绩效奖金的分配等，也就是由他来当雇主。

6. 有能力的员工会收到不止一家团队的邀请，有些人的工资在经过谈判后还会有升降。工资会在公司内部公开，数字精确到一日元，听说这样做的目的是让公司内部形成"雇用行情"。

7. 员工每年都可以申请调动去其他的业务团队，也可以再次应聘现在的业务团队。受欢迎的团队应聘者会超出名额，而没人气的团队则会招不满。每年有大约三成的员工发生调动。

8. 没招满人的业务团队要从外界进行招聘，而领导者可以自由决定录取与否及应聘者的待遇。

9. 普通企业所说的奖金，是相当于四个月的固定工资，而且包含在年薪里。除此以外，如果团队的业绩刷新了"过去最高利润额"，米思米还会将利润的一部分以"利润分配"的名义再支付给员工。"利润分配"在团队内部如何分配，是由领导者来决定的，包括他自己的分成也是。借用某高管的说法，这种分配颇有"土匪头子分财宝"的气氛。当时还曾发生过，因业绩增长太大，利润分配的钱高过自己年薪的事。

　　三枝从"土匪头子分财宝"中感到了日本人已经完全丧失的野性。但是，看到公司内那过于悬殊的收入差距，他在上任后改变了计算方式，让分配变得更均匀了些。

　　即便如此，创业总裁建立的这种制度能在东证一部上市企业持续近十年，这是非常让人惊叹的。这种人事体系别说在日本很独特，在世界上恐怕也是绝无仅有的。

创业总裁的思想"自由和责任自负"

这可不是对日本式组织稍加改动，如果背后没有非常坚定的思想，是想不出这种创意的。创业总裁的基本思想可以整理成以下四项：

1. 员工的业务活动要在"自由和责任自负"的状态下进行。

2. 要尽可能在公司内部引进"市场原理"。

3. 基于"人会自己成长起来"这种想法，公司不对员工进行任何教育或训练。

4. 公司是一个"平台"，在平台之上进行怎样的事业则是员工的选择。

再说一遍，笔者不是在批判创业总裁的想法。创业总裁的想法是——在已经完全丧失了活力的"日本式经营"中，把员工从传统人事制度的束缚下解放出来——三枝认为这是一种积极的经营理念。

第1章也提到过，米思米通过报纸和杂志宣传这种制度，所以庆应义塾大学商学院会把它作为教学案例，还有很多的大学教授在书籍和论文中分析它。但这种制度后来在现实中如何发挥功能，得出了怎样的成果？对此跟进的评论或报道几乎为零——当初公司的宣传原封不动地留在了世人的印象中。

对于新总裁来说，这项制度的功过是非，是将会左右今后米思米业绩的重要课题。他需要确认公司的真实状态，如有必要则必须果断进行改革。

米思米业务团队制的优点

米思米业务团队制有着在传统日本企业组织中不可能
实现的优点"Small is beautiful"

1.自主性的快速经营
·全体成员都在考虑盈亏的同时用最快的办法开展事业

2.人才培养
·适宜于培养经营人才

3.组织的灵活性
·人才在公司内部灵活移动

4.自我净化作用
·驱逐懒惰者

但在长年的运用中，本公司的业务团队制逐渐显露出了
严重的问题

新总裁的思想

　　前面说过，出于过去的组织改革经验，三枝对于如何让日本企业充满活力有他自己的一套组织论。在《重返问题现场·逆转篇》这本描绘小松公司产业机械事业改革的书中，展示了他的组织论是如何被实践的。他的组织论包括两条基本原理：

　　1."创，造，卖"

　　　　企业竞争力的原点在于每种商品"创，造，卖"循环运转的速度［在"开解经营者的谜团（11）创，造，卖（生意的基本循环）"中有详述］。

2. "小即是美"

组织要能将员工从臃肿的、按功能划分的组织的制约中解放出来，做到能不在公司内部调整上浪费过多精力就进行决策。

将事业分割成小一号的组织，每个组织都拥有全套的"创，造，卖"功能，也叫"一条龙组织"。这样能让事业组织比竞争对手运转得更快。然后提拔"有志气的人才"做该事业组织的一把手，让此人获取战略素养，让他自己策划能够在包括海外的市场竞争中取胜的战略，并加以执行（实际应用的例子参见前作《重返问题现场·逆转篇》第3章）。

纳入了这些原理的组织论，不是以裁人等为目标的所谓合理化策略，它的目的是让"此时在这里的人们"精神振奋起来。它追求的是创造出富于热情的事业团队，划时代性地提高组织的战斗力。如果能压制住缠绕着公司内部改革的反抗势力，实实在在地引进这种组织论，就会在组织活化和业绩恢复上产生令人惊奇的效果。

作为新总裁，三枝需要尽快做出鉴别：原有制度中什么应该保存，什么是该丢弃的？其界限在哪里？三枝认为，如果不先把作为判断标准的框架确定下来，很可能会执行错误的改革。

对培育人才的态度

三枝随即判断，米思米原有制度和他的想法中有两点决定性的不同：

一是看待"失败者"时的价值观。米思米原有制度的思路是"失败者离开公司也无所谓"，而三枝的想法是"失败才能培养人"。除非搞出了丑闻或不知廉耻的事件，失败者是公司的重要财富——这是三枝的信念。他自己的人生也总是在反复"正因失败才有后来的飞跃"这种模式。

> 开解经营者的谜团
> **44**
> 失败是宝贵的财富

如果轻易地让失败者辞职，公司就等于既在这个人身上花了钱，又把失败经验这一宝贵的财富白给了这个人接下来去的公司。不让经历过失败的人充分发挥作用，公司里是积累不起来人才的。

当然，把失败者"好好责备一番"是很重要的，这一点不可以含糊。在责备过的基础上，只要本人深刻地反省了，就该把失败这一页翻过去，爱护这个人才。

> 开解经营者的谜团
> **45**
> 好好责备一番

有没有在失败时把该部下"好好责备一番"的组织文化，会影响一家公司的强大程度。和以前相比，日本人变得不那么责备部下或后辈了。只会含糊责备的公司，不论组织还是个人的成长都会迟延。经营人才有必要积累"有关责备方法的框架"。

另一个决定性的不同，是对于"人才培养"的态度。米思米原有制度的基本思想是，"人会自己成长起来"。米思米里没有由公司组织的教育制度，根本连人事部都没有。业务团队的任期是一年，包括领导者本身，谁都不确定自己下一年是否还会在那个团队里。在流动性这么高的组织里，上司能有心思专心培养部下吗？三枝对此十分怀疑。

在领导者的资质中，先天性因素占的比重较大，但三枝认为"经营素养"是可以后天获得的。优秀的经营人才是通过不断往来于"从课本知识学到的经营素养"和"在经营现场的尝试"之间锻炼起来的，他认为公司应该为员工准备好这种机制。

重要的分界线——经营者的解谜和判断

· 事业的成功来自员工的"长期投入"。必须否定米思米内部那种弱肉强食的气氛，将其转换成让所有人都能沉着地挑战风险的环境。

· 不这样做的话，就不会产生能给企业带来巨大飞跃的下一代事业。真正的竞争对手不在公司内部，而在公司外部——关键是要引入能让人意识到这一点的具体战略手法。

· 公司应该采取对员工"指导和支援"的体制，加快对经营人才的培养。

· 当然，如果让组织过度地沉稳，米思米就会因自主性减弱而变成普通的上班族公司。要不停地判断其界限所在，每次都适当地对组织制度做出调整。

三枝上任四个月后的 10 月 13 日，召开了"全公司经营论坛"，就是第 2 章中长尾说明 FA 业务改革方案的那场会议。在那里他向全体员工展示了组织制度的改革方案，这是对已持续了十年以上的原有制度的大幅度更改。

　　组织问题总是很复杂的，不管是打出理应很好的新方针或是废除某种坏制度，也就是说，只要做了什么以后，就会有某种形式的"危害"或"反作用"。如果用错了发挥切割力的方法，可能会动摇员工的信任。

1. 废除在公司里公开下克上的"竞选发表"。

2. 继续领导者的候选制，本人主动举手并主动争取升职的制度是非常好的。

3. 引入叫作"公司指定人事"的制度。在快速运转的战略性业务中，要用公司的权限来决定人事。在普通公司里，所谓人事全都是这样的，但在米思米，很有必要特地造一个"公司指定人事"的词出来。

4. 将每年都进行的员工自由调动（即公司内部的公开招募制度，名为"嘎啦嘎啦砰"或"嘎啦砰"）减少为每两年进行一次。可能的话，期待员工至少能两期（四年）都投入到同一项业务中去。

5. 从团队收回绩效评价和人事管理、工资奖金的决定等权利，改为由公司管理。设置人才开发室以恢复人事部的职能。废除公开员工工资的制度。

充满活力的组织（米思米组织原理❶）

组织的特性	僵化的 传统组织		充满活力的 变化创造型组织
·组织构造 ———	阶层型（集权）	●	分散型（平等化、团队）
·业务流程 ———	复杂	●	简单（一条龙）
·个人的业务范围 ———	狭隘（分工）	●	宽广（多面手化）
·组织的统管 ———	管理（控制）	●	发挥自主性（授权）
·上司的角色 ———	管理人员	×	教练式领导者（先导者）
·员工的职业意识 ———	被雇用（劳资）	×	专业人士
·满足的对象 ———	上司	●	客户
·评价的对象 ———	行动（努力）	×	追求成果（利润）
·报酬形态 ———	月薪（时薪）	●	按成果计酬
·被视为明智的行动 ———	规避风险	●	创造机遇（高风险）
·受赞誉的行动 ———	改善（修改操作方法）	●	变革（修改方案）
·企业经营风格 ———	维持延长（农耕）	×	追求战略（狩猎、游牧）

6. 把制订商业计划（事业战略计划）定位为"米思米组织模式"
   的重要体系。在这方面要讲究制订"战胜竞争对手的战略"。
   即使业务团队的风险投资或亏损再多，只要公司批准商业计
   划、就意味着宣布公司也"上了同一条船"。这样一来，业
   务领导者就会与公司共同拥有危机感和对业务的责任，更容
   易采取果断的经营行动以摆脱狭隘短浅的经营。

7. 在业务团队业绩增长、组织壮大以后，要将团队分裂。这叫
   作"细胞分裂"。对于实现了细胞分裂的业务领导者，要给
   予"细胞分裂特别酬金"，以表彰他让事业取得了如此之大
   的发展（细胞是把丰田生产方式的"细胞式生产"套用在业

务组织上的米思米用语。不仅如此，细胞分裂还有助于给争当经营人才的员工提供职位）。

米思米组织论"充满活力的组织"

三枝试图对这种业务团队制进行修正，但他眼前一片模糊，总感觉在框架方面少了点什么。

没有框架的企业，其经营只能随波逐流。当时米思米的销售额还只有 500 亿日元，而到了 10 倍即 5000 亿日元或更多时也能让组织充满活力的组织论是什么呢？三枝进行了思考。他想把米思米作为实验场，尝试这种组织论。

"说到底，什么是'充满活力的组织'？它需要有哪些因素？"

周末或工作日的夜里，三枝在家里把从二十几岁时积攒起来的笔记和剪报、自己做的培训教材和文献等重读了一遍。还有请到公司里来做培训的讲师说过的故事也给了他很大参考。他把这些进行汇总，做成了一张表。

这就是"米思米组织原理❶"的图表，题目就叫作《充满活力的组织》。在这张图表上，"僵化的传统组织"就是日本的老式公司，而关于右边的"充满活力的变化创造型组织"，可以想象比如硅谷那些创业公司。

· 两者各自有哪些特别的"组织构造"？传统型的组织中，阶层（等级）型的集权组织是主流。而与之相对的是，变化创造型组织有很强的分权分散型组织特性，如平等化或项目团队等。

- 关于公司内部的"业务流程"：传统组织中有很多按功能进行的分工，往往不把所有相关者召集起来商量就无法做出决定。而在变化创造型组织中，采取的是个人能自己完成各种事情的"多面手化"方式，工作的"移交"较少，所以组织比较简单。
- 关于"组织的统管"：在传统的组织中"管理（控制）"的倾向较强，而变化创造型组织倾向于发挥自主性（授权）。
- 因此，"上司的角色"在传统组织中是"管理人员"，而在变化创造型组织中是"教练式领导者（先导者）"。
- 关于公司内部"被视为明智的行动"：在传统组织中"规避风险"和"改善"的比例较高，而变化创造型组织中，"即使高风险也要创造机会"和"变革"的行动会受到更高评价。
- 关于"企业经营风格"：很多传统组织的真实状态要算是"农耕型"，而变化创造型组织是"狩猎、游牧型"。前者以"改善"为主流，而后者重视"伴随着方案修订的变革"或"创新"。也可以说两者分别是草食动物和肉食动物。

这个组织不成功的理由是什么？

三枝悉心制作框架，做好后，他心里自然而然地涌上了下面的问题："米思米原有的组织，拥有的是哪种特性呢？"

他一项一项检查下去，发现创业总裁理想中的组织居然在"原理"和"思路"上都具有右边的"充满活力的变化创造型组织"的特性。

"原来如此。作为能创造出充满活力的组织的'原理'，米思米原有的组织制度果然非常优秀。"

可是，"原理"虽然很好，现实却是公司内发生着很多的问题。这个组织不成功的理由是什么呢？

三枝再次把问题逐个调查了一遍。首先，他判断出在两个项目上的"崩溃"导致了其他的"崩溃"。

崩溃 1　"专业素质"（员工对专业的追求）太差
崩溃 2　"追求成果"（作为公司严正地要求成果）太差

这两个崩溃看起来是问题的出发点。聚集在米思米的人们称不上专业的经营者，他们是一群普通人。本来经营水平就不够，他们却仍然对"追求成果"掉以轻心，结果就是"亏损也能连做八年"的糊涂经营。对业余人才，如果不严正地要求成果，就不会产生专业意识。

然后，这两种崩溃成为原因，波及下面两个项目。

崩溃 3　"教练式领导者"（指导并锻炼部下）太差
崩溃 4　"战略追求"（意识到竞争对手的存在，创造出能赢的方案）太差

新业务要想超越"死谷"，全靠战略本领。但是，因为米思米在这方面的意识不够，建立起来的是温暾的战略，并且这种战略还在公司内部蔓延了开来。

与美国相比，日本的创业者中取得成功并成为大企业中翘楚的企业极为稀少。笔者在 80 年代作为 60 亿日元基金的总裁对风险事业进行投资时，看到美国的风险事业企业家为发大财而奔忙的姿态，感觉"这简直就像描写淘金潮中闯西部的老电影一样，为暴富不择手段"，疑惑"这真能给美国的产业带来活力吗？还是只会产生一部分有钱人？"。无论如何，"以日本人这种农耕民族的心性是怎么也赶不上的"。日本人现在连中国人的野心和速度也比不过。但是，日本的经营领导者就算不能完全变成游牧民族，至少必须掌握能跟他们那种速度抗衡的战略力量，不这样做就无法在世界上取胜。

三枝就这样解释清楚了米思米的业务团队制所具有的"四个缺陷"，在很大程度上说明了在这十年来没创造出大成果的理由。如果认为狭隘短浅病和杂乱无章病都产生于"公司整体战略的缺乏"，那它们就是"崩溃 4"的一部分。

终于，米思米所需要的组织论框架显现出来了。

请允许我把讲述的顺序颠倒一下，这之后三枝还制作了一个叫作"米思米组织原理❷组织活力的循环动态论"的框架（参照《三枝匡的经营笔记❾》）。这样一来，米思米组织原理的❶和❷两条就齐全了。三枝认为，这些框架在米思米成为大型企业后，也会作为普遍的思路而一直成立——"米思米组织模式"会随着米思米的成长发展变化，而这些框架会一直是它的基础理论。

改革的手段

于是三枝决定为解决"四个缺陷"而推行改革。下一页的图表中央那些从"改革的手段"出发向左的箭头，说的就是这个。如果执行了这项改革，就能把米思米逐步改造成重视战略的组织。

第一个具体手段是开设"战略培训讲座"。该讲座的目的是提高员工的经营素养，而进行授课的"塾长"就由三枝本人来担任。

把高管和部门长、团队总监分成30人左右的小班，每三个月一次，花上一整天时间对他们进行战略讲座。从早晨到傍晚8小时左右，三枝一直在培训教室里站着到处走动，连珠炮似的向大家抛出各种问题。事后他还会布置课题，让大家提交报告。当天的讲义结束后，大家还会小酌一番。

- 三枝想在从米思米引退之前，把自己在过去的经验中积累的所有框架都亲手传给干部们。米思米的员工们可以在一天之内就获得过去已经验证完毕的框架。
- 最开始时的关键是要拥有尽可能多的框架，哪怕用从总裁那里借来的框架也行，抄袭的也行。今后的实践中，我们的目标是让员工养成习惯——自己对战略进行逻辑性的思考并制作战略。

三枝没有把这个培训托付给外界的讲师。他的目标是让米思米的组织浸染自己的战略经营风格。为此他做好了心理准备，要自己担任"战略的传教士"。

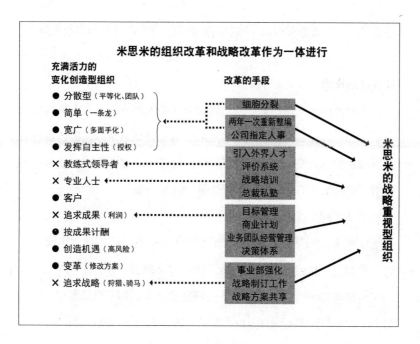

作为上市企业的总裁，完成这份工作并不容易。不过虽然这已经超出了普通总裁的工作范围，但三枝有足够的体力和心气。而对干部和员工来说，眼前的讲师就是总裁，在这种文武夹攻之下，自然既不能打盹也不能偷懒了。

这个战略讲座一直持续到现在，几年前开始还开设了面向年轻员工的"基础讲座"。三枝上任已经过了十四年，所有的讲座总计起来，举办次数接近一百次。

起初，三枝从制作教材到讲课及课后的报告指导都自己一人来做——为了保证培训的高水平，只有这一个办法。后来新升入下一代经营团队的人们也开始分担。现在他们每次轮流担任辅佐塾长的"指导教官", 负责指导员工。通过这份职责, 他们的经营素养也提高了。

商业计划系统

但是, 如果光做培训, 就可能像某大企业那样, 产生大量的知识分子上班族。在这一点上, 米思米的"商业计划系统"扮演的角色及其应用正如《三枝 匡的经营笔记❻》所述。商业计划起到了合页的作用, 将米思米的"组织"与"战略"连为一体。

某位干部说过这样的话:

"最近, 我把四年前自己刚进米思米时做的商业计划重读了一遍。看到当时自己的水平那么低, 不觉非常羞愧。"

从这句话中可以看出两件事:首先, 此人在这四年里长进相当大。另外, 即使是他本人现在觉得寒酸的内容, 在当年也是能及格的。

也就是说, 公司把商业计划的及格线控制在了一个差不多的水平上。当时是出于这样的考虑:如果员工本领小, 那么制订商业计划就要花费相当多的时间, 让他因此把其他工作长时间搁置也不好。

三枝在上任后的数年间, 一直是自己一个人主持公司内部所有业务团队的商业计划审议。事业部长和总裁一起坐在议长席上, 不折不扣是"亲力亲为"的指导。说实话, 三枝一边指导着坐在正对面的业务总监, 实际的教育对象却是自己旁边的事业部长。

等到事业部长能独立对业务总监进行战略指导以后, 三枝希望能把工作交给他们, 自己从议长席上撤走。这是乌龟爸爸养育小乌龟的连锁。

如果一个业务总监不能很好地完成商业计划, 他就会停滞不前,开始一个人原地打转。三枝从上方望着，感觉他已经接近极限了，就飞落到他身边开始单独指导。这就是第 2 章中长尾经历的场景。无数次，三枝就这样和员工一起工作到深夜，给他们做批卷老师。他认为，不做到这个地步就难以把自己在人生中获得的诀窍传授给员工，在着手传授时就做好了心理准备。

比如，曾经有过这样一件事，那是在某商业计划的最终审议上，业务总监进行发表的时候。

在会议室里，有事业部长和几名业务团队里的员工。总裁最后说出"批准！"，然后走出了房间。当他还在走廊上时，从背后的房间响起了"太棒了！"的喊声和鼓掌声——可能是以为总裁已经走远了，不论事业部长、总监还是员工，所有人都一起发出欢呼："审完了！我们把总裁给赢了！"。

通过这样的事，三枝多次感觉到这个商业计划体系对员工是莫大的负担。但是，不论他们多困难，三枝还是坚持执行了这项制度并坚持自己指导。每当事业干部的力量增长，干部和员工突破壁垒时，他都能感觉到他们的成长。

在那些不善于逻辑思考的人中，也有一些掉队的，这是没办法的事。相反，习惯了战略性思考的人们逐渐增长本领，掌握了指导部下的能力，晋升到了公司的上层。

几年后，三枝不再亲自进行商业计划的指导了，因为他感觉米思米已经成了一个能由高管来履行这项职责的组织。他有时会去旁听商业计划的审议，后来连这个也放手，把所有的审议和指导都托付给了后继的经营干部。

当然，有时三枝也会看到一些场面，让他怀疑下一代的部门长和业务总监是否真的正确继承了战略思考。"乌龟爸爸锻炼乌龟儿子，乌龟儿子锻炼乌龟孙子"的连锁是否还持续着？或者这个连锁在中间什么地方断掉，米思米将逐渐变成普通的公司？这是该由下一代经营团队决定的问题。

与员工沟通

三枝刚一上任，就开办了一个强化员工战略思维的机构——"经营论坛"，每月一次，把干部和员工按级别分别召集起来举行。这个论坛最初也由三枝担任每次举办时的"塾长"。

总裁和干部会对公司里的高难度项目或经营课题进行发表，然后展开讨论。参加讨论的部门长需要提交报告或感想，其中必须包含听讲者本身的回顾，也就是"第一页"（自我反省）。

所有交上来的报告和感想，三枝都会过目，刚开始时还会给所有的报告做批复。后来他忙了起来，就只对内容特别在意的报告进行反馈。他从星期六早晨开始这项工作，有时要到周日晚上才能做完。

说实在的，这种报告很多都是投讲师所好的所谓"好学生"式答案。更何况对方还是总裁，大家是不会在报告里写什么让他不高兴的话的。

但是，三枝还是不由分说地让他们动笔，哪怕写的是讨巧的内容——只要通过书写这种行为，他们本人的头脑里能有一点想法在揣摩思考后被留下来，这就够了。

也有员工交上来很有趣的感想作文，三枝会把他们叫来谈话，连平时很少接触的年轻员工也叫过，因为经营人才的预备队不知会藏在哪里。

此外，三枝还把所有员工集合起来召开过"开放论坛"。论坛就是约两小时的对话，年轻员工可以直接向总裁咨询任何问题，由总裁做出回答，这是没有剧本的。

以前开放论坛每年召开两次，最近改成了由继任总裁和企业体总裁担任塾长，按级别或组织在各自的组织单位里举行。

不仅如此，三枝还以三四个月一次的频率向全体员工写公开信，公开信的标题为《经营的思路》，副标题是《以建立米思米经营干部的共同语言为目标》，用邮件形式发给全体员工。

公开信的主题包括战略的思路和理想的绩效管理方法、制订商业计划的方式、合理的高管报酬、员工的着装等，十分多样。

KJKJ——来自总裁的建议信

在上任一年以后，三枝还开始秘密向少数几个干部发送私人邮件，收信人是那些被三枝寄予希望，期待他能作为经营人才好好较量一番的人。这是一对一的交流，除当事人以外没人能看到。

他写这种邮件是在对某人感觉"想培养那个家伙"或"应该趁现在把这点先告诉他"的时候。

三枝给这种邮件取名为"KJKJ"。KJKJ的含义连公司内部都没几个人知道，其实它就是"经营、人才、教育、信息"的缩略语。

因为这是把对方定位于"望能作为经营人才发展成长的人"，所以即使内容很严厉，对方也能把它作为个人的建议来接受，而不会感觉自己被责备了。

KJKJ 的第一号，是在三枝上任后的第二年，发送给了第 4 章里为筹建中国事业而反复折腾的加加美。在那之后的十二年里，三枝发出了约 200 封 KJKJ 邮件。

工作日的深夜或清晨以及周末，能在自己家里安静思考的时候，三枝就会写邮件。只要收到的人自己不说，KJKJ 到底发给了谁至今仍然是谜。听说干部们在喝酒的时候会议论"我这儿不来 KJKJ，原来我不是培养对象啊"，所以在米思米上层之间应该是有一些人知道的。

三枝还曾每月一次跟作为当地总裁去海外赴任的干部们通私人邮件，标题是《经营杂感》。这种邮件的通信对象是那些作为一国的经营之长力量还有些不够的人，三枝希望自己的邮件能多少让他们的经营视野更开阔一些。

人才开发室的设立

在组织变革方面不能落下的一笔是人才开发室的设立，就是把米思米曾经的人事部恢复起来。

◎ 水田由希的话（水田由希，人才开发室长，当时三十七岁。此后申请转去业务方面，挑战了事业部长和海外当地法人总裁等新职历）

我的上一份工作是人事顾问。我去米思米总公司应聘时，是总裁面试的。当时他这样问我：

"你觉得现在米思米的事业风险是什么？"

这个问题出乎我的意料。普通的公司是不会问人事部门的应聘者这种问题的。我事先没怎么了解过事业方面的情况，所以有些犯难。我是这样回答的：

"如果在业务团队制下创建出很多小组织，那么作为公司就会难以掌管，这可能会带来事业风险。"

我是把事业问题偷换成组织问题来回答的，可三枝总裁说"正是如此"，还给我看了一张叫作《米思米组织原理❶》的图。

做上一份顾问工作的时候，我接触过很多的企业经营者，但经营者把"组织论"作为"战略"的一部分来讲述的情景，还是第一次遇到，所以这件事给我留下了很深的印象。

顺便说点别的，那以后又过了三年，我作为人才开发室长每天都会见到总裁，有一天总裁突然问我：

"我说啊，你想做事业吗？我觉得你能行。"

我非常吃惊——我确实是在想什么时候要转做事业方面的工作。我自以为从没把这种想法摆在脸上过，结果却早就被看出来了。

"是的，我想做"，我马上回答。

快四十岁才从人事专业过来的人能转成事业部长或海外当地法人总裁，这种事是求也求不来的，而总裁却如此爽快地把机会给了我。

企业体组织

三枝上任后，米思米开始了快速的发展，急需为配合发展而扩大组织——公司里总是人手不足，忙得不可开交。

组织按照三枝的设计，开始了活跃的"细胞分裂"。例如，长尾担任事业部长的 FA 事业部在三枝上任时只有两个业务团队，四年后那里的团队达到了 11 个。

公司整体在三枝上任时有 20 个团队，四年后增加到了接近两倍的 38 个。第二年，包括国际市场，团队数量达到了约 3 倍的 57 个。

总裁上任四年，销售额年平均增长 19%，超过了 1000 亿日元。米思米从创业开始到销售额达到 500 亿日元为止、一共用了四十年，但仅四年就在此上叠加了下一个 500 亿日元。这不是别的，正是商业计划制度创造出的成果。

米思米在那之后也持续增长，在世界性经济不景气的前夕，即三枝上任的第六年，销售额达到了 1266 亿日元。上任以来六年的总计，销售额达到了 2.5 倍，其间的年平均增长率为 16%。配合这种高增长，组织也一直在膨胀。高管和管理人员来不及补充，每个人要在身兼数职的同时谋求世界战略的发展，那段时期大家都十分辛苦。

总裁直属的高管和部门长在三枝上任时有 7 个人，而按三枝的经验，他能给大概 10 个人进行充分的指导。好像通用电气的杰克·威尔奇说过，他指导的上限是 13 个人。

可是，组织的扩大还在继续，总裁上任四年后，向三枝汇报的人变成了 20 名。他的时间表总是挤得满满的，很难约时间。甚至有人钻这个空子，一连三个月都不来汇报。

三枝感觉糟糕了。他意识到，必须要动手准备，给"米思米组织模式"添加新的概念了。如果没有这样的急速发展，新概念本来可以放到几年后再考虑的——是成功带来了下面这道壁垒。

三枝想过要把组织再增加一个层级。一般的思路是在事业部长之上设置事业本部长，但三枝对在屋顶盖屋的组织没有兴趣，于是他开始考虑一个"在企业内部做企业"的方案。

这和社会上所谓"公司内分公司制"很相似，但三枝不想模仿第一个这样做的索尼公司。总裁上任第四年的 8 月，他召集起高管们在东京市内的酒店集训，研究这个组织概念。大家决定把企业内部的企业叫作"企业体"。三枝执着于要赋予企业体一把手"企业体总裁"的头衔——重要的是要让他们在年轻时就体验总裁这一立场。最后决定的方案是在企业体总裁手下配置数名高管，每个企业体要组建一个管理团队。

组织的设计图虽然做好了，但实施被延期了一年。因为当时的干部水平普遍比较低，三枝感觉硬要选出"企业体总裁"会很危险。

结果，企业体组织在总裁上任第五年的 7 月成立了。这是米思米转舵离开创业以来的"总裁直辖型组织"，驶向"事业分权化组织"的历史性转变。

今天，企业体组织的自主性正在不断增加，甚至拥有了模拟董事会等机构。能否发挥自主性、进行有主见的经营，全看每一个被任命为企业体总裁者的经营能力了。

组织在不断变化

将组织形态长期固定，不宜于保持企业高度活跃。而乍一看是对原有组织理念反其道而行之的变更，如果从新角度看来，也可能被判断为适合于战略。

重复一遍，"米思米组织原理❶❷"里从最开始就嵌入了"动态论"，所以它们可以配合公司的变化，每次都让组织做出改变。不同时期的"米思米组织模式"将会一直是一个动态的模式。

这十四年来，米思米从修改"创业总裁的组织论（业务团队制、责任自负）"出发，完成了"三枝的组织论（基层充满活力、战略的统合）"、"分权化"这三大变化。而现在，接替三枝上台的下任总裁已经开始实践他自己的新组织论，为世界四极的企业体组织等面向未来的计划做准备。

今后米思米的组织也会一直不断地变化吧，保持事业和公司活力的关键词就是"不断变化"。

给读者出题

对于那些通过"公司改造"积累起高风险的"改革连锁"并成功地将国际竞争力推上新高度的企业来说，组织活跃起来后如何维持它才是大课题。如果从广义理解"米思米组织原理❶❷"的图表，它具有在任何公司都适用的普遍性。对照思考，你的公司现在的组织处于哪个阶段？如果你在公司内部发现了新的组织问题，该用何种手段进行突破？对三枝来说这不是演习，而是他在经营现场被逼迫着做出回答的现实课题。

个人的"跳跃（越级晋升）"
与组织"矮小化"的力学原理

你工作的格局是否很小？

在米思米公司内部，有一个由我（作者）传播，现已成为干部们共同语言的概念，那就是"职位矮小化"。在米思米这种组织急速扩张的成长中企业里，这种现象总是会造成严重的问题。

比如，对于十年前自己做的工作，自己现在是否在用比当时的自己更小的格局要求该职位上的年轻人工作呢？反过来，现在的自己，和十年前处在这个位置上的前辈相比，工作的格局有没有变得更小呢？

在组织的官僚化或上班族化不断加重的公司里，必定会出现这种现象。

这么写的话，看起来就特别像组织的问题，但其实如果把问题分解成一个个的案例来看，就会发现它是"由接受提拔者本人个人所造成的、与公司用意相反的现象的集合"。

"职位矮小化"不仅发生在公司内部提拔的情况里，从公司外部跳槽来的人被任命到比以前公司的职位高得多的职位时也会发生。

好不容易得到了"巨大跳跃（越级晋升）"的机会，如果本人没有相应的实力、心理准备（觉悟）不够，就无法采取符合新职位需要的意识或行动。这样的人会把自己以前做的"低阶工作的格局观念"带到"新的高阶职位的职责"中。这样就会自己把新工作原本的职责范围变得狭小。

这就是"矮小化"。这样一来，公司果断提拔人才的意义就在相当程度上被他本人消解掉了。而且，成长中的公司如果下了很多这样的调令，就会在全公司到处出现矮小化的管理人员，公司整体会变得琐碎狭隘。

一旦陷入了"职位矮小化"，除非一直接受上方的严格指导，是很难摆脱这种状态的。因为不论本人还是周围都会认为这种矮小化的风格是理所当然的。

在因高速发展而必须尽快扩大组织的公司里，这种症状一定会加重。如果你现在正身处发展中企业，而又感觉公司和以前相比变得上班族化了，很可能公司已经长期发生着"职位矮小化"。

在公司里晋升快的人，会很快在自己目前的岗位上做出一种"自己不在也行"的状态。他会尽早培养或从岗位以外的地方获得继任者。反过来，认为"这个岗位离了自己就没法运作"、"自己是不可或缺的存在"的人升职会较迟，因为周围会认为"现在调动他会有麻烦"。

你是否故意忽略了自己能力的不足？

可笑的是，有些引发"职位矮小化"的人还会说什么"自己嫌这份工作不过瘾"、"自己没有人尽其才"或"这里没有配得上自己能力的工作"。

本来呢，与其责怪公司，更应该责怪的是把工作变得琐碎狭隘的自己，可越是说这种话的人越不会有这种自我认识。部下或同事对他的期待是能充分履行其本来的职责，可他既不这么做，自尊心又特别强，所以就成了别人眼中"不好用的人"。

这种人过一阵就想跳槽的概率很高。在上司看来，自己果断提拔了他，他却引发了职位的矮小化，还对公司心怀不满，然后他的跳槽又让自己失去了部下，真是一连串的倒霉事。

某些例子让人感觉：早知道会这样，还不如别急着让其升职，把他停在还差一步的地方，让他在那里努力的话，会好得多。高速发展的公司里人才不足，晋升较快，所以这样的例子相当多。

引发"职位矮小化"的人离职后，公司里会说他"这么辞职不就是半途而废吗？""我们明明给了他那么多的帮助"等等。那个人没有完成交给自己的工作，所以对公司来说，他可以叫作"退学生"。公司不会挽留这样的人，或者即使挽留也不会用力。

公司以外的人无法透视公司内部，所以没法看出某人是否在那家公司里引发了"职位矮小化"。因此，如果当事人说"现在的工作太不过瘾"，外界就会误以为他有很强的实力。如果那家公司的社会形象高大，则对该人能力的好印象更会膨胀，可能在他跳槽过来时给他超过其实力的高职位和高薪。

但是，社会可不会跟谁客气——把自己以高过实力的价格推销出去的人，一旦跳槽后就会露馅。高兴的只有跳槽时那一刻，到了新地方又会引发"职位矮小化"。

如果事先知道该人的能力不够，但还是让他越级晋升了，就需要相应的给那个人宽裕的时间和宽容的态度。但是，跳槽后去的公司不一定会宽容。在新公司里每天都被指出能力的不足，同时只能虚张声势挺着，会很难熬吧。当然，如果因此怪罪公司是不对的。

这样的人想再次跳槽的概率会很高。那时他又会故意忽略自己的问题，说些"这家公司不适合自己"之类的话。

这样重复两三次后，社会怎么也该注意到了——不正常的不是公司，而是他本人。这样一来，即使本人再次尝试跳槽，后半生也只能得到普通的职位了。

这种人职业生涯的巅峰，往往就是把最初越级提拔他的公司当垫脚石跳槽后得到的那个较高的职位。那个瞬间他看起来是个成功者，但恐怕几年之后别人对他的评价会变成："那个人啊，后半辈子不是平移就是略微走下坡路"。

如果明明能力不够，却被社会称为"专业经营者"，而本人也当真了，那以后的日子会很难过。就算担任过总裁，充其量一家公司的经验也达不到被称为"专业经营者"的水平。正如"开解经营者的谜团（37）经营本领的通用化"里写的那样，除了松下幸之助那样的天才，一家公司的经验是不足以让经营本领"通用化"的。

我清楚地意识到了这一点，不管怎样都想要达到专业经营者的境地，所以一直不断地挑战风险、积累经验。经营者的本领大小取决于他曾经历过多少次"死谷"。

日本存在着一种风潮——本来年轻的人才是应该不断挑战新高的，有些人却在他们本领不够时就把他们按专业经营者对待，把"专业经营者"这个词廉价派送。这本身暴露了日本人经营素养的低下。这种"称号的廉价派送"甚至会阻碍那些能在世界通行的、强有力的经营者的涌现。

"跳跃（越级晋升）"能将人生的学习收获最大化

同时，即使辞掉了现在的公司，一个作为公司"毕业生"离开的人，等着他的将会是"走上坡路的人生"。

公司的"毕业生"，指的是那些对于自己的职责全心投入、在至少数年的时间里拼上健康和精神、被周围的人信赖、对于公司要求的产出一直努力坚持完成百分之百甚至更多的人。不论他是年轻人还是高管，也不论年龄或责任的等级，这种有志气的人才在很多公司都或多或少地存在。

这样的人因为什么理由辞职时，作为一个"毕业生"，不论他的年龄或职位，会听到"你给我们的帮助真是不少""做了很大贡献"这样的话语。对这样的人，大家会真心地为他送行，他辞职以后仍会时常收到过去的上司和部下的联系，会和他们一直相处下去。

这就是对作为"毕业生"离开组织的人颁发的勋章吧。他们是那些可以挺胸抬头说自己是那家公司前员工的人。

在米思米，这样的前员工再次回来入职的事情也很多——他们的说法是"去外边看过了，还是米思米好"。米思米对于这样的人会欢迎并接受。他们曾经辞职过这一事实，不会在公司内部的人事安排上成为不利条件，随后大家连这件事本身都会忘记。在本书出版时，这样的人有20人以上，其中还有晋升为部门长或海外当地法人总裁的。

"退学生"中还有说前公司或前上司坏话的人。能意识到在公司时是自己引发了矮小化才"退学"的人是很少的，意识到了的人也很少会主动说。在和前公司的人联系时，他们也不太会接近原来的上司，而是摆出前辈的面孔跟当时的同伴或下级见面，这种会面也往往是在背地里鬼鬼祟祟进行的。

与此相对，几乎所有"毕业生"都会以在前公司的经历为自豪。他们认为，在那里受到的锻炼虽然有时痛苦，但却是能支撑人生的经验。他们强烈感谢那段经历成为垫脚石，让自己得到了人生的下一个机会。当他们来访问公司时，也会绕到前上司那里汇报自己的近况。

我一直对米思米的员工说："对于艰巨的任务，自己主动接近并跳跃（越级挑战），能让你人生的学习收获最大化"。我自己的人生也由一个接一个的艰苦的越级挑战组成。

即使多少有些不安，也要超越自己过去经验的范围，瞄准几乎是自己能力所及的上限努力进行跳跃。我把这叫作"合乎能力的跳跃"。如果看错了上限，步子跨得过大，就会成为"冒失的跳跃"。跳之前要先谦虚地想想，如果感觉可能失误，那么避免一步跳完并采取必要的步骤才是明智之举。

重要的是，不论是在目前公司的内部还是在跳槽的时候，如果得到了人生中巨大的越级晋升机会，首先要在接受这份工作前冷静一下，谦虚地思考该怎样弥补新职位和自己能力之间的差距。

如何消除职位矮小化

我时常进行的"粗暴的人事"会让当事人和周围的人都很吃惊，但我追求的是那个人能力的最大极限。在培养人才时，这种对"拉伸的极限"的判断非常重要。优秀的人才接受"粗暴的人事"时，即使那是相当大的越级挑战，也会从第一天开始就表现出不一样的态度——他不会缩手缩脚，更重要的是，他有"觉悟"。

从本书来看，当时四十三岁的西堀阳平就是这种情况。骏河精机的改革停滞，公司对那里的领导处于搁置状态时，他一边说着"对于生产我可什么都不懂"一边作为总裁进入骏河精机，用毅然决然的态度让公司的体质以惊人的速度发生了转变（第6章）。

还有，在客服中心的改革第二次陷入挫折时，被送到那里的当时三十六岁的武田义昭。他也是一边说着自己是这个领域的外行，一边空降到迷失出路的组织里展示新的战略，决然地面对公司内部的反抗（第7章）。

他们都正确地认识到了自己肩负着的新任务，对自己能力的不足之处有着清醒的自觉，从最开始就进行能切实弥补差距的行动。这就叫"觉悟"。

在困难的状况中支撑他们每个人这种觉悟的，是"谦虚地彻底思考"这种态度。这需要有高度的经营素养和框架，它们会创造出简明的方案。这一方案告诉给周围的人们后，大家都会变得热情起来。

不论什么样的跳跃（越级晋升），重要的都是尽早消除"职位矮小化"，然后发挥出比职位要求得更多的职责。然后，要为下一次跳跃做准备。这样的人会被评价为"人生是一步一个台阶"，和那些"隐约感觉在走下坡路"的人相比，即使他自己不去要求，也自然会有下一份重任落在他的肩上。

当然，即使那些导致"工作的矮小化"并遗憾地作为"退学生"从一家公司离职的人，如果能意识到这一点，谦虚地为超越下一道壁垒而努力，更好的工作机遇也总是会等着他们的。

对于那些作为经营人才在米思米工作过一段时间的人，我希望他们一定要发挥这段时间的经验，实现让自己满意的人生。每当回忆起他们每一个人的面容，虽然我是个企业经营者，却感觉自己更像一个目送学生毕业的老师。我也希望各位读者一定要努力，祝你们勇敢奋斗。

结束语　"战略"与"热情"的经营

以经营者为目标的人，跟我来！

好了，挑战"公司改造"的故事马上就要讲完了。让我回到第一人称"我"的文体，最后做一个总结。

我描述了米思米各部门进行的国际战略和生产革新、运营改革等的实践过程。每个改革主题都各自包含着"时间策略"的概念。这些主题互相连接到一起，使得"米思米业务模式"诞生并日渐完善，这种模式能对抗源自美、欧的"业务创新大趋势"。米思米在这十二年里转变成了以前无法想象的公司。

而且，在担任 CEO 的十二年里，我时刻都要面对的是上任以来一直宣称要做的"培育经营人才"这一课题。我上任三个月后，在全国发行的报纸上刊登了总共 5 段招聘人才的广告。

"立志成为明天经营者的人，报上名来！"

"堂堂正正较量的工作就在这里！"

追求上班族的稳定生活，那当然也是一种生活方式。但是，热血沸腾的人、对现在位置不满的人、立志成为经营者的人，"跟我来"，到米思米来！——这就是我登出的广告词。

几年后我引退时，真的实现了自己一直以来的目标——建立一个能把米思米的经营交付给四十多岁的经营者们的组织。

在以往的工作中，我向很多经营者都推荐过一种做法——到新职位上任后，立刻悄悄列出 3 名该职位的接班人。但是，来到米思米时，我却举不出来 3 名总裁继任的候选人——别说 3 名，我觉得在那个阶段就连定下来 1 名都是危险的。

但是，作一个独裁经营者，一直到老态龙钟还赖在公司里——这样的态度和我本人提倡的培育经营人才的想法是矛盾的。所以，我定了一个前提——等接班人培养起来以后，自己就抽身离开。

于是，我计算了一番。自己作为总裁将在大约几年以后引退？如果那时指定一个四十多岁的接班人，能成为指定对象的人们现在到底该是多大年纪呢？

通过这样反推，我决定了要把当时年龄为三十六到四十四岁前后的人们作为候选接班人来锻炼。我决定，把以前就在米思米的人和今后从外界录用的人们集合起来，给那个年龄段的人才富有挑战性的职位，促使他们作为候选经营者而成长。

我在购买自己在米思米乘坐的公司配车时，上了一个独特的车牌号——用自己上任那年的公元纪年和当时的年龄组合而成的数字。我每天看着它就会想起"当上总裁后已经过了多少年了"——车牌成了我在任年数的计数装置。

"事业发展"和"人才培养"你追我赶

但是，一段时间以后我就意识到，限定培养对象年龄段的方针是不可行的。

如果那个年龄段的哪个人看着像有志气、让我觉得他能行，我就果断地让他跳跃（越级晋升），但他们就像胀得鼓鼓的气球一样，在履行那些自己不习惯的职责时明显非常吃力。

所有人的性格都很开朗、认真，也充满了干劲儿，但他们作为经营者的成长并不算快。

我四十岁时，已经积累了包括战略顾问和两家事业公司总裁、风险投资公司总裁在内的经历和经验。这份履历在几十年前的日本就过于"少年有成"，现在也不能用来给别人当标准——虽然我也明白这一点，但还是不能不痛感——这些四十岁上下的日本人经营本领之弱，远超我的预想。

米思米给的职位，他们如果一直留在以前的公司的话，是再过十年、二十年也轮不上的。对他们来说，这是一种必须让自己的脚去适应大鞋子的状况，但他们所有人都是奔着这个而聚集到米思米来的"志愿兵"，我以为他们应该是那个年代的佼佼者。

但是，几乎所有的部下都不习惯领导别人，对数字不敏感，对于赚钱也不够执着。他们光是口才好，会讲道理，但制订战略的能力很弱。而且到了执行的时候，很多人领导力太弱，难以脚踏实地把组织拧成一股绳。

为了纠正他们养成的上班族习性，我对他们进行了一些基础性的指导，耗去了大量的精力和时间。而且，我们还要面对预想以外的因素——

米思米的业绩和组织规模、国际事业都开始了急剧的发展。经营人才们到米思米上任本身就已经需要付出最大努力了，而业务的复杂程度却每天都在增加。但这是因为改革的效果在以超出预想的速度显现出来，所以对我来说倒也算是"痛并快乐着"。

但是，这种状况给公司里的干部和员工造成了莫大的压力。尤其国际战略是几乎从零开始建立的，对任何一个总公司干部都是巨大的挑战。

也就是说，一种奇妙的、你追我赶的状态出现了——他们要是进步的步伐不够大，其经营本领就会赶不上工作的需要。

轻松的手法是什么？

一旦认定某人是有潜力的人才，在让他担任高阶的职务后，即使发现他明显不够成熟，只要没陷入太糟糕的局面，我总是会让他连续挑战两到四年。在那期间，我会一次又一次地对他进行指导。

好好地教育和责备一个人，对我自己来说也是件很累的事情，在时间上也是很大的负担。粗暴点说，我甚至曾经觉得这些预备役经营者们还在上少年军校，而自己就是校长。

而且，有时我觉得自己是在锻炼某人，而被指导者本人却觉得"没意思"。对于那些光是自尊心强，却意识不到自己做得有多糟糕的人，我甚至曾经把他们训得趴下过，但意识不到的人始终还是意识不到。

米思米开始急速发展后，我的工作也在连轴转。起初我每年一定会休假两次，但过了一段时间以后，休假变得越来越难——作为公司的高管，报酬越高就越要拼命工作，作出配得上报酬的贡献，不然就对不起员工们——我从三十多岁第一次站到经营者的立场上时起，一直都是这么想的。

但是，工作过度也不行。为了保持可靠的判断力，经营高层必须保证精神和体力上的从容。人才的培养和补充总是跟不上公司的成长，大家都身兼数职，我这个CEO甚至有段时期还兼任过部门长。不仅我很拼命，大家也都很拼命，结果所有人都疲惫不堪。

说实话，我也曾经对于自己打出的"培育经营人才"理念感到怀疑。现在我可以倾诉当时的真实想法了——我想过好几次：放弃"就算他现在能力不足，也要照应他，让他成长"这种做法，也许"加快对人才好坏的判断，一旦感觉某人不行就干脆利落地把他替换掉"才是摆脱这种辛苦的捷径？

但是，如果我为了应对事业的急速发展而舍弃了"召集青年人才进行培养"的方针，会用什么样的做法来取代它呢？

答案很明显——把他们上面的一代，即当时五十多岁的"成熟、有经验的人们"集合起来。这样做的话，应对米思米的急速扩大对我来说就会轻松多了。

当然，就算去找上一代的人才，又能找到多少能干的人呢？根据以往的招聘情况判断，形势很不乐观。到就业市场里来的那一代人，很多都是一副"上班族型管理人员"的做派——所有的事都让下面的员工做，自己光是在上面等着。但即便如此，我的脑子里还是不时会闪现转换经营人才培养方针的念头——两害相权取其轻嘛。

不过，先说结论吧——我选择了忍耐。因为如果改变方针，那么已经雇来的年轻年龄段的人们升入经营团队的日子就要推迟将近十年。从外界来的高管会成为他们的上级，特意响应召唤才到米思米来的年轻人才们一定会寒心。

最重要的是，我那"引退时把未来托付给四十多岁的经营者们"的梦想也会成为泡影。

这样一来，米思米就会变成普通的日本企业。只要看看在很多日本企业已经发生的事，就知道那么做带来的影响必然会进一步波及米思米公司内部那些三十多岁和二十多岁的年轻员工们。想到这里，我决定不改变方针，努力到底。这种纠结我没告诉过任何人，我是不折不扣地一个人在战斗。

米思米今天这种以四十多岁或稍大一点的员工为中心的年轻经营团队，作为一部上市、销售额超过 2000 亿日元的企业可说是阵容相当独特。如果当时我服输改了主意，今天的阵容是绝对不可能实现的。我很庆幸自己一直努力坚持，把我召集的这一代人培养了起来。

培育人才之难

得到了越级晋升的机会却因能力不够而辞职的人也不在少数。但是，让人放心的是，更多的人才留在了公司里，经过努力脱颖而出。本书各章的改革里，打破停滞或挫败局面、创造出巨大成功的强有力领导者们全都是从正面展开较量，然后崭露头角的成功者。即使他们将来离开米思米，也是优秀的"毕业生"。

最后我算是实现了"培育经营人才"这个当初的理想吗？我的目标一直是把米思米打造成日本经营的新"实验场"，这个尝试成功了吗?

担任 CEO 这十二年里, 我一直感觉到培育人才的艰辛。从结果来看, 培育经营人才需要准备一个甚至几个"十年"的时间。即便如此, 其他日本企业要花二十年的事, 米思米用十年; 而其他企业花十年的事, 米思米用五年——我一直在用心以"两倍的速度"培育人才。

然后, 我达成了"引退时让四十多岁的高层经者们接班"的目标。但是, 我在米思米的人才培养是否成功, 真正的答案要再过十来年以后才能看到吧。

或者说, 乌龟爸爸锻炼乌龟儿子, 乌龟儿子锻炼乌龟孙子……这一连锁是否被真正地贯彻下去才是关键。作为结果, 从现在的部门长或总监级别的人中将来会涌现多少经营者呢? 或者, 从现在的三十多岁和二十多岁的员工中会有多少支撑日本未来的经营人才萌芽呢?

我认为, 和平均水平的企业相比, 米思米聚集着大量的有志之士。但是, 他们要想真正提高经营本领, 作为无可置疑的人才站到世界商业社会的最前线, 还需要进一步积累经验, 包括经历困难和那些被称为修罗场的状况。

我还希望, 对于那些从米思米辞职的人们, 米思米的工作也能成为有意义的经验, 希望他们未来会作为经营者活跃于世界舞台上。

公司是"有生命的"

我就任十二年后从米思米的 CEO 位置上引退了。销售额从我上任时的 500 亿日元增长到近 2000 亿日元，员工人数从 340 人增长到全球有望达到一万人时，虽然我个人精力还很充沛，但还是决定结束自己的任务。现在我担任的是董事会议长，不再对运营负责。

公司和人一样是"有生命的"，决定公司命运的正是每个时期的人。究竟今后米思米会进一步发展壮大，还是成为混日子的平庸公司，或者出了毛病进而倒闭？它的命运完全掌握在每一个时代经营这家公司的 CEO 与经营干部们手中。

"公司属于谁"，是个经常被讨论的问题。我完全不赞成"公司为股东而存在"这种意见。公司的命运，要在向事业倾注了无限热情的企业家领导下，由响应他的经营领导者们自己来决定。这是原点。这里需要的是"战略"和"热情"。

接手米思米的经营时，对于过去的经营中那些让我感觉应该否定的事物，我毫不客气地进行了否定，对公司进行了大幅度的改变。对于我的做法，创始人田口弘先生没有说过一句不满。我想田口先生一定是领悟到了这一点——企业是有生命的，要遵从每段时期的经营者所指引的命运——所以他才放手让我自由地经营。同样，我也对下一代经营团队这样说："不管怎么否定过去的时代都没关系，要打造一个你们自己喜欢的公司"。

在本书的读者中，应该有很多人作为经营人才在向着上层努力，希望将来能达到专业经营者的境地吧。这本书也许能成为契机，让有些人重新审视自己的生活方式，或者重新思考自己公司的经营和战略。

现今的商务人士必须要在世界竞争中生存下来，如果本书能在各位思考新生活方式时成为某种契机，那么作者的心愿就达成了。

■作者介绍

三枝 匡 （Saegusa Tadashi）

株式会社米思米集团总公司资深主席第 2 期创业者。

1967 年毕业于一桥大学经济学部。经历在三井石油化学的工作后成为波士顿咨询集团在日本国内录用的第一位顾问。在斯坦福大学获得 MBA 学位后，以成为专业的经营者为目标，三十几岁时作为总裁分别经历了两家亏损企业的重建和风险投资公司的经营。从四十几岁起的十六年间，作为业务重建专家活跃于业绩低迷企业的重建支援领域。2002 年就任米思米（现米思米集团总公司）总裁 CEO，2008 年任董事长 CEO，2014 年开始担任董事会议长，2018 年就任现职。期间将该公司从 340 人的商社转变成了全球万名员工的国际企业。同时担任一桥大学研究生院客座教授，著有《重返问题现场·经营篇》《重返问题现场·决策篇》《重返问题现场·逆转篇》等（均由日本经济新闻出版社出版）。